授業デザインの最前線
理論と実践をつなぐ知のコラボレーション

高垣マユミ　編著

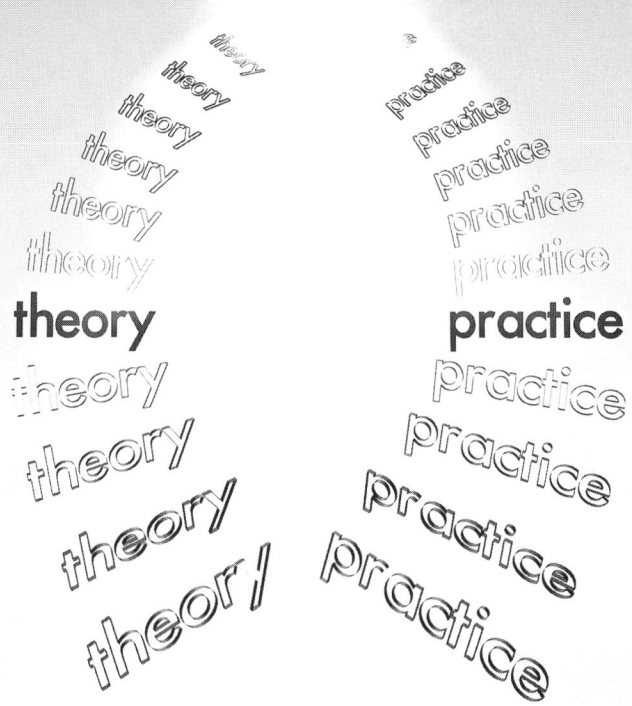

北大路書房

本書は，教育心理学と教科教育学の研究領域において，実際に教育現場に入り，授業研究の第一線で活躍している研究者によって執筆されたものである。今日，「授業の理論と実践」を結びつけるような授業研究に対する要請はきわめて高い。しかし，わが国において現在，教育現場の授業を研究対象としている研究者の絶対数は少なく，教育現場に貢献できる研究を行なっている研究者となればさらに微々たるものとなる。このようなことから，本書の執筆者は，将来の専門家養成を見据えて，教育現場の実践者や授業研究の研究者の卵に，実践的な研究の方法論やアプローチのしかたを教えていかなければならない立場にあることを自覚しており，本書を上梓することが企画された。

　現在のところ，教育実習や通常の授業実践に対して，「授業の理論と実践」を結びつける有用な手がかりを得ることができる大学テキストはあまり見受けられない。本書は，大学の教職科目のなかの「教育心理学」，「学習心理学」，「教育方法・技術」，「教育実習指導」，「教育評価」，「児童指導」，「各教科教育法」などで取り扱う「授業」の内容に対応した，テキストあるいは副読本として編纂されたものである。

　本書の特色は，すべての章が「授業の理論編と実践編」から成っている点にある。教育心理学と教科教育学の各専門領域のコラボレーションをとおして，教育心理学の研究者の立場から，実際の授業場面に生かす最新の理論や方法を取り上げわかりやすく解説するとともに，教科教育学の研究者の立場から，小・中学校の教材の解釈，指導案づくり，授業実践例の具体的提案を行なった。また，各章で紹介した推薦図書も学習に役立てて頂きたい。

　本書の内容構成について述べる。第1章「授業研究の新しい視点と方法」は，新しい視点から授業をとらえる理論的枠組みと，それらを背景とした実証的研究を紹介した。第2章「新しい授業理論の構築」は，教授＝学習のプロセスという観点から，学習者の理解過程の解明に注目し，新しい授業理論に基づく教

授モデルを取り上げた。第3章「授業づくりの手がかり」は、授業のなかでの子どものつまずきを示し、それらを改善するための教授法や教材を、具体的な教科内容に即して解説した。第4章「授業を理解する」は、学級の集団指導のなかで最大の問題である能力適性の問題に焦点を当て、個人差と教授法との関係について解説した。第5章「授業を計画する」は、小学校算数科および理科に焦点を当てて、授業設計、指導案、授業モデルの具体的な方法論を示した。第6章「授業を実施する」は、効果的な教授スキルに焦点を当てて、説明のしかた、非言語的行動、教材の提示法について解説した。第7章「授業の効果を上げる」は、教室や学校という閉じられた時空間を越えて、日常性の文脈や社会・文化的な営みとの繋がりを含めて、効果的に授業を展開していくスキルとは何かを論じた。第8章「授業を分析する」は、授業場面のダイナミズムおよび教室談話の多面性をとらえる分析手法を紹介した。第9章「授業を評価する」は、新学習指導要領の「新しい学力観」に基づく「確かな学力」を、学習者が確実に身につけたかどうかを測定・評価する方法を総覧した。第10章「カリキュラムから授業を考える」では、教育目標・教育活動の領域・教育内容から、教師の指導や役割のくふう・評価のしかたまで、カリキュラム全体の視点から授業を検討した。

　21世紀を迎え教育全体が大きく変化している現代にあって、「授業の理論と実践」の乖離にどう迫ればよいか、という大きな問いはくり返し議論がなされている。本書は、この問いを模索してきたメンバーによって書かれた、現時点での成果をまとめたものである。各執筆者が、各人の専門的知識を生かし、各人の研究課題にどう実証的に迫ったかは、各章の内容を読んで頂きたい。

　「授業の理論と実践」の乖離を解決する明確な答えはない。重要なことは、現状では何が問題となっているか、また何を解決していけばよいのかをその時どきの具体的な事例に即しながら考察していくことであろう。

　一例を挙げよう。『―みずから進んで考え、確かめながら、問題を解決することができる子どもの育成―』これは、小学校算数科で掲げられた研究テーマなのだが、正直なところ、どのような子どもを育成したいのかが、明確に伝わってこない。実際、学校現場のなかで取り交わされているこうした実践的言語

の数々は，当該実践者以外には理解できないというのが現状なのである。一方，小学校算数科の研究テーマを教育心理学の言葉で説明すると，以下のようになるであろう。『―小学生は自分の解決を制御するメタ認知の能力が未熟であるため，問題解決の計画を立案するプランニング能力や，自分の解決を監視して制御するモニタリング能力を高めることで，効果的に問題を解決に導くことができるようになる―』このように，教育心理学者は，実践的言語を心理学の理論や概念に基づいて説明し意味づけることになるが，学校現場からは，「言葉が通じない。実際的にどう役立てていったらよいのかわからない」という答えが返ってくることが多い。

　日本の教育界では，これまでに斉藤喜博や大村はまに代表されるすぐれた実践家たちが，創造的な実践を長い間歴史的に積み重ねてきた。こうした教師の実践知は膨大な量であり，授業実践のみならず，心理学の理論にも示唆を与えてくれる興味深いものが少なくない。これらの実践知をどう記述し，心理学の理論がどう関わるかの問題意識なしには，心理学と実践の間の関係は乖離したままであろう。

　言語のみを介して実践知にアプローチすることには，限界がある。では，教育心理学者はどのような貢献が可能なのであろうか，またどのような視点での研究が今後必要なのであろうか。

　第一に，これまで教育心理学研究で採用されてきた研究法の多くは，ある変数を取り出して各条件に1クラスを割りあてるという，実験計画法に基づいた実験的研究が主流であった。そのときの実験状況は，現実の教室場面とはまったく異なったものとなる。学校の現場を単にフィールドとして位置づけ，あくまでもデータ収集のために教育の場を利用するだけでは，学校教育と教育心理学研究との間の乖離は依然解消されないであろう。教室は，理論研究の「応用」の場ではない。目の前で行なわれている日々の教育実践は，個別独自的でさまざまな状況要因に左右されるところが多い。授業における厳密な要因統制など不可能である。授業のダイナミックな状況要因が捨象されずに，実践の場，実践の知，実践のコミュニティといった教育現象が，そのまま研究されることが必要なのである。

第二に，これまで教育心理学者が行なってきた授業研究は，教科内容という側面に立ち入らない研究が多かった。学校現場で取り上げている教科内容のなかで，今まさに問題とされている，より現実的な課題が研究としてめざされなくては，その知見はほとんど意味をなさない。当該学校の年間カリキュラムのなかに研究授業を位置づけ，具体的な教科内容に即して効果的な教授法を検討し，個々の生徒にどのような変化がみられたのか，実践した教授法はどのような点で効果があり，またどのような点で不十分だったのかを明らかにしていく研究が，現場にとって望まれる研究といえるのではないだろうか。教科内容をいかに効果的に教えるかにとどまらず，さらに一歩踏み込んで，現状のカリキュラムをどのように改編し，編成したらよいかを提言していくことも考えられる。その際には，教育心理学の知と教育実践の知とを繋ぐ仲立ちとして，教科教育の知が大いに参考になるであろう。

　第三に，教育実践への研究のアプローチのあり方については，「研究者と実践者の双方が対等の立場でコラボレイトする」という関係の持ち方が有効な方法になると考える。新しい理論を教育現場に一方的に持ち込んで，その有効性を検証するという，実践から一定の距離をおく「観察型のアプローチ」から，いっしょに教育実践を創っていくという「参加型アプローチ」への転換は，新しい研究の方向性を示唆してくれるであろう。実践者と研究者は，授業の指導計画を共に考案し，授業者の発問や提示教材を協同で作成する。また，授業中の教師の発話の意図や，生徒の発話事例の解釈に関して，適宜カンファレンスを行ないながら，教育実践を創り上げていく，というアプローチが一案として考えられる。

　本書の執筆者はいずれも，教育現場に入っての授業研究を実践しており，その意味で，教育の現場に貢献できる研究の必要性を実感している。本書では，大学とフィールド，研究者と実践者，理論と実践といった二項対立を乗り越えるために，研究者と実践者が協同研究を通じて，どう問題に取り組み，どう問題を解明していったか，その試みを具体的に提示した。教員をめざす学生，教育現場に携わる実践者，授業研究に取り組む研究者など，広く教育に関わる読者にとって，本書が21世紀の「授業の理論と実践」を結ぶ架け橋になることを

願うしだいである。

　最後に，執筆者各位には，編者の構想に快く応じて頂いた。また，北大路書房編集部の奥野浩之氏には，企画から編集までの段階で多大なるご尽力を頂いた。この場を借りて，心から感謝の意を表したい。
　　2005年2月

　　　　　　　　　　　　　　　　　　　　　　　　　　　高垣　マユミ

目　次

序

1章　授業研究の新しい視点と方法 ―――――――――――――― 1
1節　授業研究の新しい視点 ――――――――――――――――― 2
1―分かちもたれる認知　2
2―拡張による学習　3
2節　授業研究の新しい方法 ――――――――――――――――― 5
1―社会的相互作用過程の分析　5
2―個人内の認知過程の分析　10
■1章のまとめ　15
■推薦図書　16

2章　新しい授業理論の構築 ――――――――――――――――― 17
1節　授業における学習者の理論 ―――――――――――――― 18
1―子ども特有の概念の特徴　18
2―プリコンセプションの強固さ　19
2節　教授方略の理論と実践 ―――――――――――――――― 22
1―概念変容モデル　概念変容の理論的枠組みと実践　22
2―橋渡しモデル　アナロジー学習の理論的枠組みと実践　25
3―相互教授モデル　相互教授の理論的枠組みと実践　27
■2章のまとめ　31
■推薦図書　32

3章　授業づくりの手がかり ――――――――――――――――― 33
1節　授業における子どもの学び方 ――――――――――――― 34
1―学ぶということはどんなことか　問題解決と学習　34
2―学び方の2タイプ　個別的な事実の学習とルールの学習　36
3―問題解決とは　その3つのレベル　40
4―問題解決としての学びを左右するもの　課題関与状況と自我関与状況　42
2節　授業における子どものつまずき ―――――――――――― 44
1―子どもはなぜつまずくのか　問題解決と誤答，誤解　44
2―授業における子どものつまずき　その2つのタイプ　45
3節　つまずきを修正する授業の手がかり ―――――――――― 51
■3章のまとめ　53
■推薦図書　53

4章　授業を理解する ─────────────────────── 55

1節　授業の特質 ───────────────────────── 56
　1──教授学習過程として見た授業　56
　2──一斉授業と個別指導　57
　3──優れた個人指導教師の研究　58

2節　子どもの学びと授業 ─────────────────── 63
　1──子どもの能力適性と教授学習　63
　2──適性処遇交互作用　64
　3──知能と不安を同時に扱ったATI研究　67

3節　教師の役割と授業 ────────────────────── 72
　1──ATIパラダイムから見た教師の役割　72
　2──一斉授業における教師の役割　74
　■4章のまとめ　77
　■推薦図書　78

5章　授業を計画する ─────────────────────── 79

1節　算数科授業のデザイン ───────────────── 80
　1──授業の設計　80
　2──教科教育の指導案と授業モデル　87

2節　理科授業のデザイン ────────────────── 90
　1──指導案づくりをとおして理科授業を構想する　90
　2──子どもの学習の広がりをめざして授業実践を進める　93
　3──授業をとおして子どもの学習を評価する　97
　■5章のまとめ　100
　■推薦図書　101

6章　授業を実施する ────────────────────── 103

1節　説明 ────────────────────────── 104
　1──説明とは　104
　2──説明の要素　106
　3──よい説明の条件　108

2節　非言語的行動 ────────────────────── 110
　1──非言語的行動とは　110
　2──教師の姿勢　111
　3──教師のジェスチャー　112
　4──教師の表情　114

3節　教材の提示法 ―――――――――――――――― 115
　1―板書　115
　2―図表のレイアウト　117
　3―図表の種類　119
　■6章のまとめ　120
　■推薦図書　121

7章　授業の効果を上げる ―――――――――――――― 123
1節　授業のスキル ――――――――――――――――― 124
　1―教える営みの特異性　124
　2―教授スキルを構成するものとは　125
2節　教授者のスキル ―――――――――――――――― 132
　1―状況に支えられた営みとしての授業ができるには　133
　2―対話を中心とした授業実践　137
3節　学習者のスキル ―――――――――――――――― 148
　1―授業に能動的に参加し，主体的に関わるには　148
　2―聞き取る力をつけることのたいせつさ　151
　■7章のまとめ　156
　■推薦図書　157

8章　授業を分析する ――――――――――――――― 159
1節　授業を分析する ―――――――――――――――― 160
2節　授業における学習者の個人差をとらえる ――――――― 162
　1―個人差の多面性　162
　2―複数の変数を一度に扱った研究　163
　3―学習者プロファイリングの利点　167
3節　授業の動的過程をとらえる ―――――――――――― 169
　1―談話分析とは　169
　2―問いの設定　理科における「ゆさぶり」の効果性を検討する　170
　3―教授効果の検証という側面から見た教室談話　171
　4―社会・文化プロセスとして見た教室談話　174
　5―談話分析についてのまとめ　178
4節　授業実践との接点 ――――――――――――――― 178
　■8章のまとめ　180
　■推薦図書　180

9章　授業を評価する ―――――――――――――――― 181

1節　評価の意義 ――――――――――――――――― 182
1―評価の意義と役割　182
2―評価の対象　184

2節　評価の種類 ――――――――――――――――― 186
1―目標達成状況の判定基準の視点からとらえる評価　188
2―学習過程の進捗状況の視点からとらえる評価　192

3節　評価の方法 ――――――――――――――――― 194
1―4つの評価の観点と評価方法の適合関係　194
2―総合的な学習の時間に適しているポートフォリオ評価法　197

4節　評価の実際 ――――――――――――――――― 199
1―習熟度別指導と評価活動　199
2―習熟度別指導における評価のしかた　200

■9章のまとめ　204
■推薦図書　204

10章　カリキュラムから授業を考える ――――――――― 205

1節　カリキュラムの構成要素とその検討 ――――――― 206
1―教育内容と教材　206
2―教育目標　学力論を基に考える　207
3―学習活動　210

2節　開かれた学びと学習環境 ―――――――――――― 212
1―「学びを開く」ということ　215
2―学びを開く多様な活動を考える　217
3―学びの文化としての学習環境　218

3節　個への着目からの授業改善 ――――――――――― 219
1―学習相談とは　219
2―カリキュラムの視点から　多様な時間のもち方　223

■10章のまとめ　224
■推薦図書　224

引用文献　225
索引　233

【編集部注記】
ここ数年において、「被験者」(subject) という呼称は、実験を行なう者と実験をされる者とが対等でない等の誤解を招くことから、「実験参加者」(participant) へと変更する流れになってきているが、執筆当時の標記のままとしている。文中に出現する「被験者」は「実験参加者」と読み替えていただきたい。

1章
授業研究の新しい視点と方法

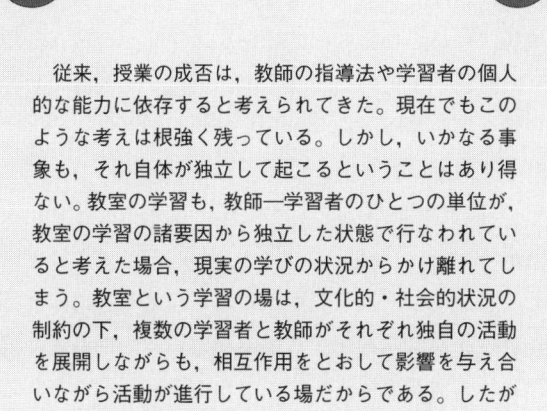

　従来，授業の成否は，教師の指導法や学習者の個人的な能力に依存すると考えられてきた。現在でもこのような考えは根強く残っている。しかし，いかなる事象も，それ自体が独立して起こるということはあり得ない。教室の学習も，教師―学習者のひとつの単位が，教室の学習の諸要因から独立した状態で行なわれていると考えた場合，現実の学びの状況からかけ離れてしまう。教室という学習の場は，文化的・社会的状況の制約の下，複数の学習者と教師がそれぞれ独自の活動を展開しながらも，相互作用をとおして影響を与え合いながら活動が進行している場だからである。したがって，教室の学習を考えるとき，教師の教育的はたらきかけばかりではなく，仲間との相互作用的なはたらきかけや，まわりの社会・文化的なシステムといった外的諸変数を同時に取り扱っていく必要がある。
　本章では，こうした新しい観点から授業をとらえた研究を取り上げるとともに，授業過程において時々刻々と展開していく相互作用のダイナミズムを分析する理論的枠組みと，それらに基づいて行なわれた実証的研究を紹介する。

1節 授業研究の新しい視点

1── 分かちもたれる認知

　これまでの伝統的な学習論においては，教室における教授・学習とは，知識を熟知している教師が，その知識が未熟な学習者へと伝達する作業だととらえられてきた。たしかに，教師は，さまざまな文化，価値，歴史を持ったエージェントとして位置づけられるが，そのとき，従来の教師―子どもの関係（エキスパートとナービス）という「垂直的次元」だけではなく，同じ年齢の子どもどうしの間の解釈や視点の多様性を含む「水平的次元」をも考慮に入れなくてはならない。教室における教授・学習は，教師から学習者への「一方的な情報の伝達」が機械的に行なわれるものではなく，仲間との相互作用的なはたらきかけや，まわりの社会・文化的なシステムといった外的諸変数の影響を受けながら学習者自身の「内的論理が変容」していくものととらえ，学習者を取り巻くすべてのコンテクストに目を向けていくことが重要になる。

　こうした新しい学習論は，「分かちもたれる認知（distributed cognition）」とよばれる（Brown et al., 1989）。「分かちもたれる認知」に基づいて教授・学習過程をとらえ直した場合，以下の点が強調される（大島・丸野，2001）。

①個々の学習者のなかに内在化する知識や方略は，他者との協力的な活動のなかで実行され，他者の視点をみずからのなかに取り入れることをとおして獲得されていく。

②社会的・文化的に意味のある文脈のなかにおいて学習活動は生じる。つまり，獲得すべき知識とは「それを利用して問題を解決せねばならないような状況」のなかに置かれる。

　ブラウン（Brown, 1997）は，こうした視点から，学校の授業を「学びの共同体」にする「分散された専門性（distributed expertise）」という学習デザインを提案している。これは，共通の課題に対してグループごとに異なる下位課題を選定し，各自がそのエキスパートになるべく探究活動を行ない，成果を持

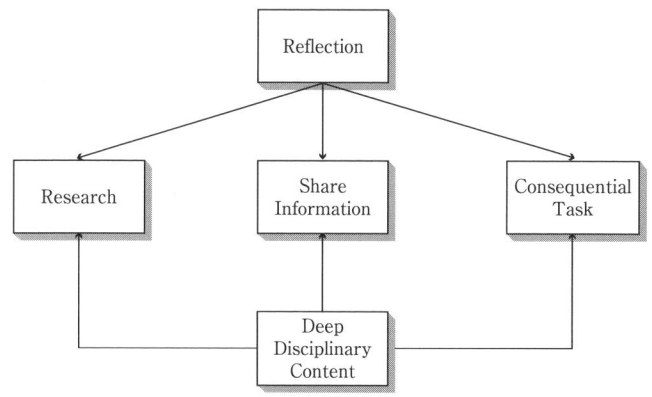

図1-1　学びの共同体の基本構造（Brown, 1992）

ち寄り交流することで，課題をより広くかつ深く学ぼうとするものである。ブラウン（Brown, 1992）は，このような「学びの共同体」の基本構造を図1-1のように示している。学びの共同体における学習活動は，大きく「必然性のある課題（consequential task）」，「研究活動（research）」，「情報の共有（share information）」の3つの要素に分けられる。この学びの共同体においては，共通の課題に対して個々の学習者が持っている既有知識や経験のちがいを学習の基盤とするため，互いのちがいを認め合い協調し合いながら，さらに高次の理解を獲得していくような学習活動が進められる。こうした学習活動が促進されると，「より深いレベルの学問領域（deep disciplinary content）」の知識を扱う必要性が生じ，それらの活動はすべて「反省的思考（reflection）」の対象とされるのである。

2 ── 拡張による学習

コールとエンゲストローム（Cole & Engeström, 1993）もまた同様の視点に立ち，学習活動は学習者を取り巻く実践の組織やコミュニティのなかでの共同活動を通じて生起するとし，「拡張による学習（learning by expanding）」という理論を提唱している。この「拡張による学習」の理論によれば，学習活動は個人の内的な特性からではなく，また外的環境の影響からでもなく，その両

者が実践において交わる場としてとらえられる。学習活動のシステムの構造は，図1-2に示すように，「主体」，「道具」，「対象」，「共同体」，「仕事の分割」，「ルール」という6つの要素から構成される。

①主体：当の活動を行なう個人あるいはサブグループ。

②道具：道具（狭義）やコンピュータのような物理的道具と，概念，言語，図式，記号，技術などの心理的道具がある。

③対象：主体とすでに関係を持った，主体の動機を含む客体。対象は，素材あるいは問題空間として存在し，道具を媒介とした協同的な活動によって，結果へと変換される。

④共同体：同一の対象を共有する活動システムへの多様な参加者。参加者は，自分たちは何をしているか，それが自分たちの共同体にとってどういう意味があるかについての理解を共有している。

⑤仕事の分割：共同体の成員間での，課題・力・地位などの水平的および垂直的分割を示す。水平的分割が行なわれるのは，成員間に対称的な関係がみられるときであり，他方，垂直的分割が行なわれるのは，成員間の非対称的な関係（権力関係）がみられるときである。

⑥ルール：活動システムにおける行為や相互作用を制約する，明示的あるいは暗黙的な規則，規範，慣習。

「拡張による学習」においては，主体が道具を用いて対象にはたらきかけるという行為は，それ自体独立して行なわれているのではなく，主体が属する活

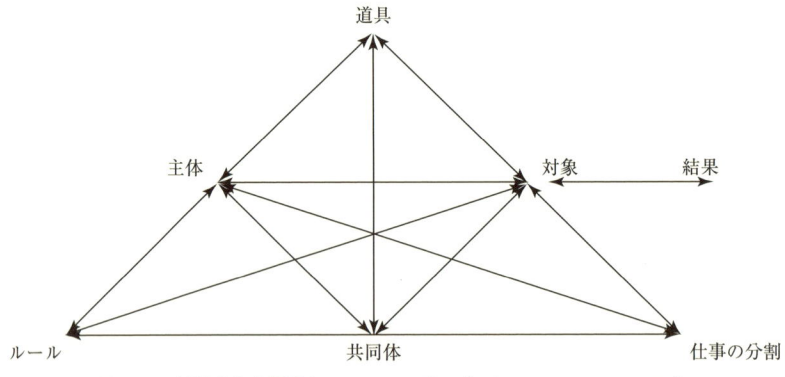

図1-2　拡張された活動システムのモデル（Cole & Engeström, 1993）

動システムのルールや共同体，仕事の分割という要素に支えられて行なわれている。これらの要素は，見えにくいながらも，主体の行為に大きな影響を及ぼしているのである。

2節 授業研究の新しい方法

1 ── 社会的相互作用過程の分析

(1) 社会的相互作用による学習状況

本項では，授業における教師と学習者，あるいは学習者どうしの相互作用による知識獲得に関する研究の動向について概観する。近年，学習や問題解決に効果を及ぼす社会的相互作用の重要性が注目されているが，社会的相互作用による学習状況とは，1つの目標（問題解決）に向かって，同じような知識や経験を持つ者あるいは異なる知識や経験を持つ者が複数で，問題や状況を共有し，相互に影響し合いながら，考え，行動していく活動である。この相互作用の過程には，次のような要因が潜在している（丸野，1987）。

①新しい情報や異なる見方や考え方を提供する。
②問題状況をよりなじみのあるわかりやすいものに定義し再構造化する。
③効果的な解決方略の選択，発見に導くようなディスカッションを生成する。
④何が誤りの原因であるか，現在の遂行のしかたは適切か否かの評価やフィードバックを与える。

また，相互作用の過程では，少なくとも2つの認知的葛藤が生じている。1つは，他者間葛藤（ひとつの課題や問題状況を介して自分の考えや解決方略とは異なる他者のそれとの間に生じる葛藤）であり，もう1つは，個人内葛藤（自分自身が持っている知識や仮説や解決方略と課題や問題状況との間に生じる葛藤）である（丸野，1994）。

(2) 相互作用を深める対話

　従来の研究は，社会的相互作用の効果を，相互作用前後の数量的な遂行の伸びや知的水準の変化から指摘するにとどまり，時々刻々と展開していく相互作用のダイナミズムの分析が不十分であることが指摘されている（丸野，1991）。しかし近年，こうした相互作用のダイナミズムの問題に答えようとする新しい動きがみられるようになった（Berkowitz & Gibbs, 1983 ; Pontecorvo & Girardet, 1993 ; Orsolini, 1993）。これらの研究では，「相互作用のなかで何が原因となって子どもに認知的変化が生じるのか」，また，「対話の内容や方向性は話題の展開とともにどのように変化していくのか」という問題を解明するために，手がかりとして対話分析を利用している。対話分析では，相互作用のある対話（TD：transactive discussion）」に焦点を定め，そのラリーや方向性や状況などの分析を詳細に行なう。TDとは，「自分自身の考えをより明確にしたり，相手の考え方や推論のしかたにはたらきかけ相手の思考を深めたりするような相互作用のある対話」と定義される（Berkowitz & Gibbs, 1983）。これまでに，発話者の主張とそれをめぐる反論，さらにその再反論といった論争的な対話過程を中心にした相互作用分析に力点を置いた発話カテゴリー項目が開発されている（Pontecorvo & Girardet, 1993 ; Orsolini, 1993）（表1-1, 1-2）。

　バーコヴィッツとギブス（Berkowitz & Gibbs, 1983）は，同性ペア（大学生）の道徳課題の討論におけるTDの質的分析を行なった結果，TDを2つの方向性に分類している。1つは，他者の考えを引き出したり単に表象したりする「表象的トランザクション（representational transaction）」であり，正当化の要請，言いかえ，併置などに下位分類される。もう1つは，「操作的トランザクション（operational transaction）」であり，拡張，比較的批判，精緻化，統合などに下位分類される（表1-3）。そして，同性ペア（大学生）によって知識が協同的につくり上げられていく議論の方向性や認知的変化などの相互作用状況が浮き彫りにされた結果，討論過程における相互作用の変化を引き起こす重要な要因は，他者の考えを引き出したり単に表象したりする「表象的トランザクション」ではなく，互いの考えを変形させたり認知的に操作したりする「操作的トランザクション」の対話の生成であることを見いだしている。新しいTDのカテゴリーとコーディングシステムの開発によって，相互作用状況の

表 1-1　子どもの論争的な対話過程における発話ターンのための分析カテゴリー（Orsolini, 1993）

相互作用的ムーブ	アーギュメント・ストラテジー	正当化ストラテジーを実行するコミュニケーション行為
反論 話し相手が以前行なった行動または主張に対立する発話	否定 自分と意見が違うことを伝えるだけの発話	修正 話し相手の主張を否定し，代替情報を提供する発話
反駁 反論を退け，自分の立場を擁護することによって，反論に対抗する発話	固執 話し相手に話者の立場を押しつける発話	ルール 所有などの暗黙のルールを引き合いに出す発話
継続 最初の二人の話し手または新規の参加者が，それまで反論されてきた立場を擁護したり，それに反論したりしながら，論争を拡張する発話	緩和 自分の立場が話し相手に受け入れやすくなるよう試みる発話	権威 権威のある情報筋からの情報を引き合いに出す発話
	正当化 理由を提示して自らの立場を正当化する発話	背景 以前出された情報を，その背景となる情報と関係づけて精緻化する発話
		証拠 反論された主張を支える証拠について説明する中で，状況や目撃者について言及する発話
		動機 反論された行動の背後にあった必要性や意図を表明する発話
		結果 相手の主張や行動によって起こるかもしれない否定的または非論理的な結果に言及することで，主張や行動に反論する発話
		原因 話者の主張の正しさを証明するために，ある事象の原因を特定する発話
		一般化 話者の立場を保証するために，規範やルールを明白に表現する発話

表1-2　議論的操作と認識論的操作（Pontecorvo & Girardet, 1993）

議論的操作	認識論的操作
自分の推論や思考を構築したり支持したりする手段として使用される	歴史的な事象を記述したり解釈したりするために，説明的手続きとして使用される
主張	定義
（主張され得る）立場を述べるようなあらゆる節	事象の本質または言葉の意味（意味の移行を含む）についての陳述
正当化	断定
主張を支持する適切な根拠と保証を提供するようなあらゆる節	トピックについて，評価的な次元を全く含まずに何かを主張する行動
譲歩	評価
論争において，主張点を認めながら，相手に何かを譲歩するようなあらゆる節	トピックについて，評価的な次元を含めて何かを主張する行動
反論	アピール
他者によって主張されてきたことを否定するような，理由づけのある，または理由づけのないあらゆる主張	話者がトピックに関連していると考える何かに訴えることで，主張を支持する行動
反駁	
他者の反論に対立する，多かれ少なかれ正当化され得るようなあらゆる主張	

表1-3　TDの質的分析カテゴリー（Berkowitz & Gibbs, 1983を改変；高垣，2004a）

	カテゴリ	分類基準
表象的トランザクション	1-(a) 課題の提示	話し合いのテーマや論点を提示する。
	1-(b) フィードバックの要請	提示された課題や発話内容に対して，コメントを求める。
	1-(c) 正当化の要請	主張内容に対して，正当化する理由を求める
	1-(d) 主張	自分の意見や解釈を提示する。
	1-(e) 言い換え	自己の主張や他者の主張と，同じ内容をくり返して述べる。
操作的トランザクション	2-(a) 拡張	自己の主張や他者の主張に，別の内容をつけ加えて述べる。
	2-(b) 矛盾	他者の主張の矛盾点を，根拠を明らかにしながら指摘する。
	2-(c) 比較的批判	自己の主張が他者の示した主張と相容れない理由を述べながら，反論する。
	2-(d) 精緻化	自己の主張や他者の主張に，新たな根拠をつけ加えて説明し直す。
	2-(e) 統合	自己の主張や他者の主張を理解し，共通基盤の観点から説明し直す。

ダイナミズムを浮き彫りにすることができるようになり，対話内容の方向性や構造から，相互作用のダイナミズムの分析が可能になった。

> **実践事例1-1：社会的相互作用におけるTDの質的分析**

　高垣（2004a）は，小学校理科「力の作用・反作用」の4時間の授業を授業者とともに考案し，授業者とのカンファレンスをとおして，協同学習場面で得られた発話データを，TDの質的分析（Berkowitz & Gibbs, 1983）に依拠して分析を行なっている（表1-3）。バーコヴィッツら（Berkowit et al., 1987）は，男女のペア（6歳～20歳）における道徳的ジレンマ課題の討論過程に基づき，「振り子型モデル（Oscillating model）」（図1-3）を提示しているが，このモデルでは，相互作用のスタイルは議論の段階が進むにつれ，①単一の理由づけ，②関連づけ，③反証，④分析の共有，と「自立・個別的」vs.「結合・統合的」の二項対立的なスタイル間を螺旋を描きながらシフトしていき，最終的に理想的な談話に到達することが示されている。

　高垣（2004a）で展開された理科授業（図1-4）では，①《スタイル1》：対話者間の相互に関連しない単一の理由を述べる。②《スタイル2》：自己の主張と他者の主張を関連づける。③《スタイル3》：自己の主張が他者の示した主張と相容れない理由を述べながら，反証する（〈事例〉シゲの解釈（「力は単独で存在する」（⑧，⑪）と，タケの解釈（「力は物体間で相互に作用し合う」（⑦，⑮，⑯）との根本的な対立点が明らかにされる）。④《スタイル4》：互いの主張を理解し，共通基盤の観点から説明し直す（〈事例〉前時のVTR教材による学習内容を想起し（既有知識），それに新たな根拠をつけ加えて精緻化する（⑱，⑳，㉑），乖離している「力は単独で存在する」と「力は物体間で作用し合う」という解釈を力の相互作用性の観点から統合する（㉓），という《スタイル1》～《スタイル4》の二項対立的な相互作用間の組織的な変化を経て，知識の協同的な構成が成立していった。

　知識の協同的な構成を考える際には，「個別的」vs.「統合的」の二項対立的な相互作用のスタイル間の組織的な変化が重要であることを示した高垣（2004a）の結果は，教室の協同学習を考慮するうえで，重要な示唆を与える。

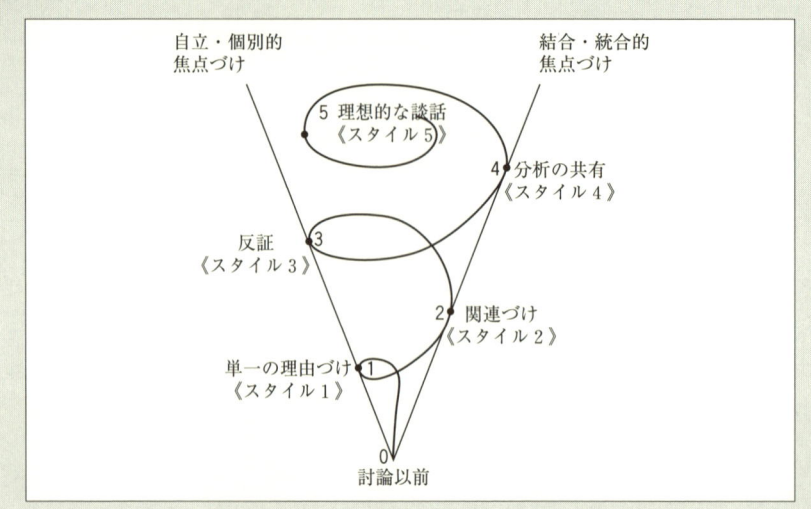

図1-3　振り子型モデル（Oscillating model）（Berkowitz et al., 1987）

2──個人内の認知過程の分析

（1）言語報告の分析

　本項では，授業における一人ひとりの学習者について目を向ける。個人内の心的構造や心的プロセスは，直接観察することはできない。そこで，個々の学習者に関して，問題を遂行する状況を観察したり，遂行成績を測ったりして，その結果から内的な認知プロセスを推測することになる。しかし，観察された行動のパターンと最終的な遂行成績だけから，内的な認知プロセスを推測することはきわめて困難である。そこで，問題解決の過程を詳細に調べるために，学習者に内的なプロセスを外化してもらうという方法が採られる。具体的には，「内省報告」，「発話思考」によって言語報告データを採取し，得られたデータを文脈から切り離すことなく分析し，内的な認知プロセスを推測していくのである。ただし，言語報告データについては，次に上げるような事項に留意しなくてはならない。

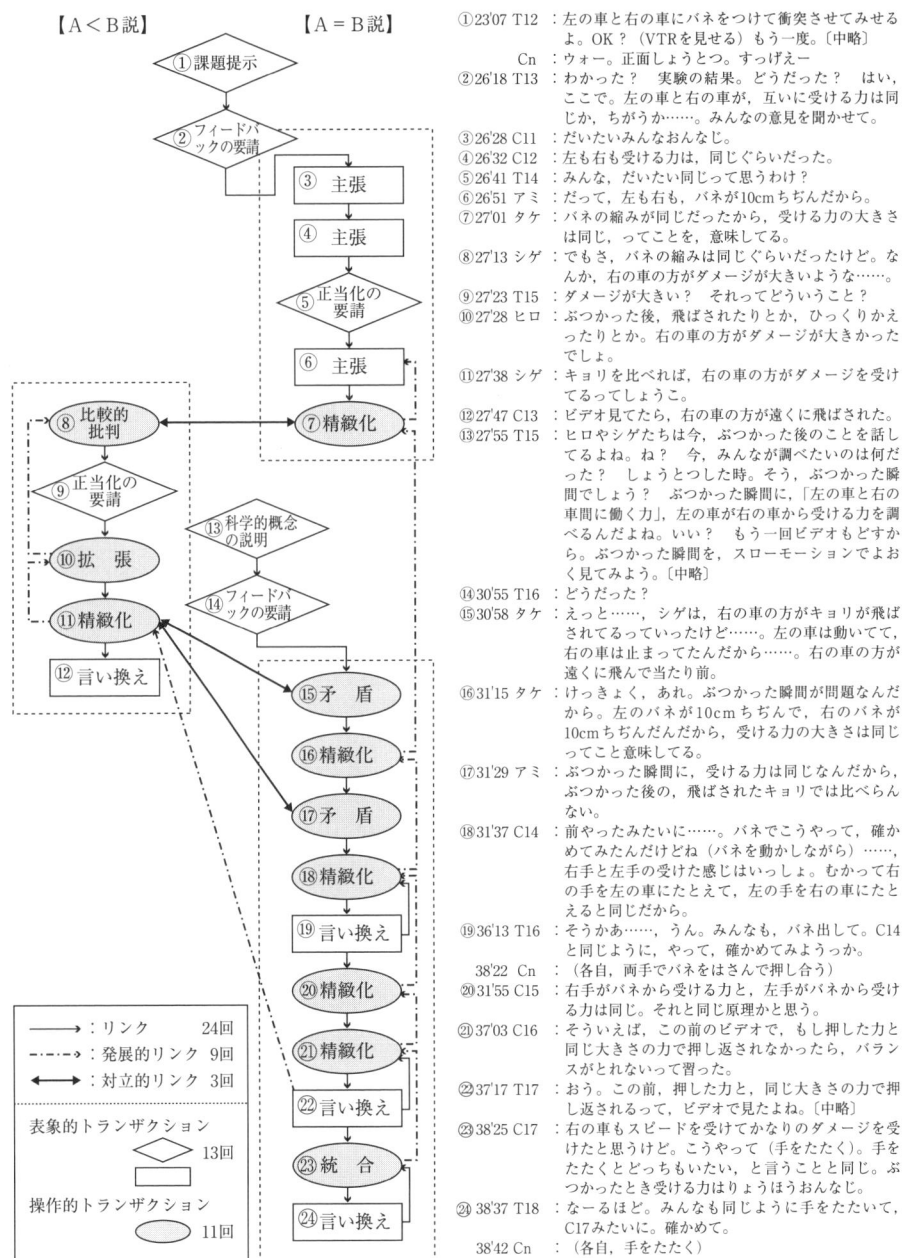

図1-4　理科協同学習における討論過程（高垣，2004a）

①報告者は自分の行なった選択判断や遂行について意識的・無意識的な正当化を行ない，言語報告の内容が歪曲される可能性がある。この対策については，事後報告的な内省報告と実時間的な発話思考とを区別して考える必要がある。発話思考法（thinking aloud method）の場合には，処理が今まさに行なわれているそのときに報告されるため，報告者が内容について歪曲する（できる）可能性はきわめて少ない（海保・加藤，1999）。

②析出された概念やカテゴリーが，妥当な手続きを踏んで得られたものではなく，分析者のたんなる思い込みになる可能性がある。この対策については，解釈の恣意性を回避するために概念化とカテゴリー化の作業を行なう必要がある。概念化とは「諸現象に対し，その特徴を表す簡潔な言葉，表現によって命名すること（Strauss & Corbin, 1990）」である。内省報告・発話思考などのデータを概念化する際には，常に全体の文脈を範囲に入れつつ，個人の文脈を考慮することがたいせつである。さらに，概念化を続けながら，諸概念をまとめる抽象度の高い概念を探すカテゴリー化を行なう。カテゴリーの析出にあたっては，ラベルづけした概念やデータを何度も読み直す。そこにくり返し現れる概念に着目し，「その概念が鍵ではないか」との暫定的な仮説をたて，再びデータを読み直す，という作業をくり返す。カテゴリーは，何度も立て直し，修正し，データと概念との絶えざる往復をくり返し立ち上がってくるものである（大村，2000）。

（2）記述報告の分析

　記述を用いて認知構造を外化する方法としては，知識表現法，命題分析法，ポートフォリオ法などがある。ここではノバックとゴーウィン（Novak & Gowin, 1984）によって開発された「概念地図作成法（concept mapping）」という技法を紹介する。

　この方法は，関係のある概念どうしを線（リンク）で結び，それらの関係（リンクラベル）をその線上に書きしるし，概念をネットワークとして体系的にまとめる方法であり，図に描かせることによって，視覚的な認知構造の外化を試みる。図1-5に示すように，学習者自身は与えられた鍵となる上位概念に対する下位概念を選び出す。そこから連想する相互の関係を考えながら概念

間をリンクで結ぶ。二項関係を意味する結合語（linking word）をリンク上に書く。この作業をくり返すことで，概念地図は完成する。学習者は，それまで混沌としていた未整理の，ないしは意識されていなかった概念の関係に気づく。他方，教師は，概念地図が作成された後，個人面接によって学習者の概念地図の誤りを訂正したり指導したりする（皆川，1997）。近年わが国においても理科教育を中心に，さまざまな学習者の学年や単元で，概念地図作成法を用いた学習方法が提示されている（福岡・植田，1992；森田・榊原，1996）。

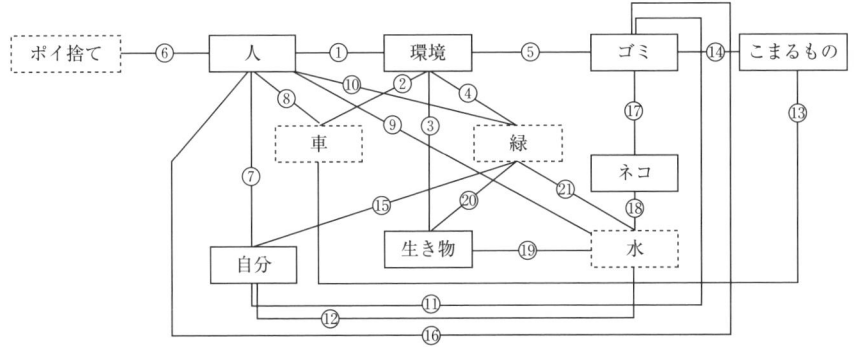

①環境がよくないと生きていけないこともある　②環境に悪い　③環境がよくないと生きていけない　④よくなる　⑤大沢ゴミがあると環境に悪い　⑥する人もいる　⑦自分も人　⑧人が使っている　⑨飲まないと生きていけない　⑩緑がないと生きていけない　⑪ゴミを捨てる　⑫飲まないと死ぬ　⑬事故とかが起こることが環境を悪くする　⑭ゴミが多いとこまる　⑮緑がないと生きていけない　⑯ゴミを捨てる　⑰ゴミをあさる　⑱飲んでる　⑲水がないと生きていけない　⑳必要　㉑水をあげないと枯れる

図1-5　人とネコの関係を表した概念地図（大貫ら，2002）

実践事例1-2：個人内の認知過程の分析

　高垣（2004b）は，「自己の既有の考え方と新たに提示された情報との関係をメタ認知的にとらえ，発話思考することが可能である」という点を考慮したうえで，実験参加者として大学生を選定し，個人内において，いかにプリコンセプション（既有の概念）を意識化，言語化，モニタリングしながら変容させていくのか，を調査している。概念変容のプロセスを外化するために，思考が生じているその時点での内的状態を説明するように求め，詳細に分析を行なっ

表1-4 認知的葛藤の生起，認知的葛藤の解消，知的好奇心の活性化の理由と報告例
（高垣，2004b）

カテゴリーの内容	報告例
1．認知的葛藤の生起の理由 ①混乱：「プリコンセプション」か「提示された新情報」か，いずれを肯定したらよいのか不明の状態。 ②当惑：「プリコンセプション」も「提示された新情報」も，両方とも肯定（あるいは否定）できそうである状態。 ③疑い：「提示された新情報」は肯定できそうであり，肯定できないようでもある状態。 ④その他	①今まで自分の考えてきたことと，全く異なることを初めて聞いたので，びっくりした。／自分が持っている知識以外の新事実なので，混乱している。 ②自分の考えと一致しない部分があるので，間違っているかも，というおそれがある。／文章を読んで，自分の考えに確信が持てなくなった。 ③本文は正しいと思うが，あやふやなところもある。／自分の考えと大体同じだったが，文章を読んでいて，新たな疑問が出てきた。 ④すでに知っていること。／この内容は理解できている。
2．認知的葛藤の解消の理由 ①一般化：「プリコンセプション」は学習者の限定された経験に基づくものであるが，「科学的概念」はより一般性を有しているものであることに気づく。 ②関連づけ：既有の「プリコンセプション」と新しく提示された「科学的概念」を関連づけることができる。 ③再生：以前に学習した内容が再び提示されたため，記憶に保持された内容を思い出した。 ④その他	①いかなる現象にも通用する真相がわかったので，既成概念を壊すことができた。／自分の考えと違う部分を知り，もっと深いことが分かったので，今まで考えていたことがくつがえされた。 ②自分が有する考えと理論が結びついた。／当たり前に考えていた自然の現象が，実は科学的根拠を持っていることが分かった。 ③中学時代に一度教わっていたことを思い出した。／少し混乱して覚えていたので，改めて再確認した。 ④すでに理解していることなので，解消したとはいえない。／見たことのある内容だから，詳しく知りたいと思わない。
3．知的好奇心の活性化の理由 ①意外性：力学の法則が，意外にも，今までその原因や理由は意識していなかった現実世界の現象と，結びついていることを知った驚き。 ②理解しやすさ：予想→検証という文章の流れが，興味を喚起し，理解が深められた。日常の現象と関連づけて説明しているため，内容が理解しやすかった。 ③知識の有効性：力学の法則それ自体を記憶するのではなく，その法則が関与している日常の事例とともに記憶することで，記憶の再生が容易になり，他の問題への転移が可能となることを感じ取った。 ④その他	①今まで意識していなかった現象は，物理の法則と結びついているとは意外だった。／当たり前で気にしていなかったことの原因が見えたことは，驚きだった。 ②例外で疑問を生じさせ，次のページで解消させていくという話の展開に興味がわいた。／公式を用いず，日常の現象を用いた説明が分かりやすかった。 ③印象に強く残ったので，忘れないと思うから。／学習した考えを，他の現象の問題を解くときにも利用できそうだから。 ④学習済みであり，おもしろみに欠ける。／説明がありふれていた。

ている。

　大学生の多くは，現実世界における物体にはたらく力の諸現象を説明する際に，「designated forces：力は現象をもたらす原因である」，「motive forces：物体の運動方向に力は作用する」，「operative forces：力は物体に蓄えられ，増えたり減ったりする」という，ニュートン物理学の世界とは異なる説明的枠組みを持っていた。そこで，こうした力のプリコンセプションにはたらきかけて，その変容を試みる教授を行なった。教授を受けて概念が変容していく心的プロセスを外化し，a．認知的葛藤の生起，b．認知的葛藤の解消，c．知的好奇心の要因間から「カテゴリー化」を行なった。その結果，表1-4に示すような概念変容の内的状態の変化を見いだしている。これらの外化された，概念変容の内的状態の様相は，実際に理科の授業や課題提示を考える際に，ひとつのヒントを提供するものとなろう。

1章のまとめ

　授業における教授・学習活動は，教師から学習者への「一方的な情報の伝達」が機械的に行なわれるものではない。仲間との相互作用的なはたらきかけや，まわりの社会・文化的なシステムの影響を受けながら，学習者自身の「内的論理が変容」していくものととらえ，学習者を取り巻くすべてのコンテクストに目を向けていくことが重要になる。

1．新しい授業のとらえ方
（1）**文脈に依存した学習**（Brown, 1992）：学びの共同体における学習活動の構造は，大きく「必然性のある課題」，「研究活動」，「情報の共有」の3つの要素に分けられる。さらに学習活動が促進されると，「より深いレベルの学問領域」の知識を扱う必要性が生じ，学習活動はすべて「反省的思考」の対象とされる。
（2）**拡張による学習**（Cole & Engeström, 1993）：学習活動は個人の内的な特性からではなく，外的環境の影響からでもなく，両者が実践において交わる場としてとらえられる。そのとき，学習活動の構造は，「主体」，「道具」，「対象」，「共同体」，「仕事の分割」，「ルール」という6つの要素から構成される。

2．新しい授業分析の方法
（1）**社会的相互作用過程の分析**：TD（transactive discussion）のコーディングシス

テムの開発によって，対話内容の方向性や構造が容易にとらえやすくなり，相互作用状況のダイナミズムを浮き彫りにすることが可能になった。
(2) 個人内の認知過程の分析
  ① 言語報告の分析：「内省報告」，「発話思考」などを用いて言語報告データを採取する。得られたデータを文脈から切り離すことなく分析することで，個人内の認知のプロセスを推測していく。
  ② 記述報告の分析：概念地図作成法（Novak & Gowin, 1984）は，関係のある概念どうしを線（リンク）で結び概念をネットワークとして体系的にまとめる方法であり，図に描かせることによって，視覚的な認知構造の外化を試みる。

推薦図書

『教育実践を記述する——教えること・学ぶことの技法』　野嶋栄一郎（編）　金子書房
　状況や文脈に埋め込まれた認知的能力を，いかに測定し，記述するかの手がかりを与えてくれる。

『認知心理学から見た読みの世界——対話と協同学習をめざして』　佐藤公治　北大路書房
　対話と協同学習について解説した「理論的考察編」と，小学校国語の読解過程を詳細に分析した「実践資料編」から成る。

『認知心理学者教育を語る』　若き認知心理学者の会　北大路書房
　知識の獲得を援助するための学習指導，学習意欲や思考力を高めるための授業のあり方などの新しい教育の方法が論じられている。

2章 新しい授業理論の構築

　教育心理学や学習心理学の教科書を概観すると，授業理論としては，「プログラム学習」，「発見学習」，「完全習得学習」，「有意味受容学習」などが中心に扱われている。こうした旧来の授業理論では，教授法のさまざまな方法論が，学習の成果にいかに効果的な影響を及ぼすかを説明することはできる。しかし，なぜそのような効果がみられるのか，教授＝学習のプロセスでは何が起こっているのか，といったことを説明することはできない。

　一方，新しい授業理論では，教授＝学習のプロセスという観点から，学習者の理解過程の解明に注目している。学習者は，単に与えられた情報を受容するのみではなく，いかにみずからの持っている概念を組みかえたり修正したりしながら，新しい情報を既有の枠組みと調和させていくのか，その具体的な諸相を明らかにすることが研究の焦点になっている。本章では，こうした新しい授業理論に基づく諸研究を紹介するとともに，それらの研究成果に基づいて行なわれた授業を実証的に示す。

1節 授業における学習者の理論

1 ── 子ども特有の概念の特徴

　子どもたちが教室で授業に臨む場合，彼らはすでにみずからの経験を通じて，その領域におけるなんらかの概念を構成している。そこで，授業を行なう際には，教師は教えるべき内容を熟知していなければならないが，それに加えて，子どもたちが授業にどのような概念を持ち込んでくるのかを知っておかなくてはならない。たとえば，砂糖を水や湯に溶かしたとき，溶け残った砂糖が沈んでいるようすを観察し，実際に飲んでみたら下の方が甘いという経験は，溶けたものが沈むことを暗示し，そこからものは溶けて下に集まると推論するのはきわめて自然である。このような日常的経験から得た概念（「溶けた砂糖は下の方で濃い」，「物質を水に溶かすと水溶液の下の方で濃くなっている」）は，理科の授業において，「水溶液の濃さはどこも均一になる」という科学的概念が教えられるときに障害になり得る。

　授業で扱われる科学的概念に特異な意味づけをもたらす，こうした子ども特有の概念はさまざまによばれているが，おもに3つの種類に整理される。

（1）「プリコンセプション」：日常生活のさまざまな経験をとおして獲得され，日常生活の事象の解釈や予想をたてることにくり返し用いられる概念。日常的表象のレベルで暗黙のうちに獲得されているため，いったんある条件が整ったときに自動的・無意識的によび起こされる。プリコンセプションは，一般化された科学的概念の形式を有してはいないけれども，初歩的なモデルあるいは理論の性質を有しているため，すでに科学的概念と競合し，最終的には科学的概念へと変化し得る資質を持つ（Hashweh, 1986, 1988）。

（2）「誤概念」：科学的概念そのものを評価の基準として考察した場合に，学習者自身が構成した考えや思考のプロセスは，誤り，誤解，なんらかの欠如としてとらえられる（Clement, 1993）。

（3）「素朴概念」：日常生活のなかで体系的な教授なしに獲得される概念であ

り，日常生活のなかでは適応的な性質を持っているが，科学的概念に照らし合わせてみると必ずしも正しくないことが多いため，「誤概念」あるいは「もうひとつの概念（alternative framework）」ともよばれる（岡本ら，1995）。素朴概念は，授業で教えられる科学的な概念とは異なっており，通常の授業によって組みかえることは困難である（村山，1994）。

「誤概念」と「素朴概念」は，科学的概念とは異なる「もうひとつの概念」であり，科学的概念に「置きかえる」必要があるものと定義される。一方，「プリコンセプション」は，科学的概念の「特別なケース（special case）」であり，最終的には科学的概念へと「変化し得る資質を持つ」ものと定義される。この点を考慮し，本章では，授業に持ち込まれる子ども特有の概念に対して，「プリコンセプション」という用語を用いる。

2 ── プリコンセプションの強固さ

プリコンセプションは，現実世界でのある特定の領域の相互交渉には十分な役割を果たし，事象の解釈や予想をたてる際にくり返し用いられるため，従来の教育方法では科学的概念に変容させ難いほど強固である。

これまでに，さまざまな領域（地球の重力（Champagne et al., 1980），生物（Anderson & Smith, 1983），時間や空間（Posner et al., 1982）など）において，広い年齢層（小学生から大学生まで）で，学習者がプリコンセプションを持つことが確認されている。通常の授業では，必ずしもプリコンセプションは変容に向かうとは限らず，学習者は教授された科学的概念を既有のプリコンセプションに同化しようとしたり，何のかかわりももたないと拒否しようとしたりする。たとえば，科学領域において教授された概念（「物体は自由落下で加速する」）が，学習者が教授前から表象しているプリコンセプション（「速さは物体の重さに比例する」）と正しく関連づけられなかった場合，教授された概念が既存のプリコンセプションへ取り込まれてしまう（「重さは物体が落下するにしたがって増加する。それゆえ速さは増加し加速が起こる」）（Champagne et al., 1980）。

実践事例2-1：プリコンセプション

　ここでは，「高さ」のプリコンセプションを取り上げた実践事例を紹介する。「高さ」の概念について，現行の教科書（平成16年度版大日本図書小学校5年生算数科用教科書）を見てみると，三角形の内側に垂線をひいた事例を用いて「高さ」の定義を提示している（図2-1）が，実際には，垂線が図形の外部にある鈍角三角形の場合に高さを適切に表すことのできない学習者が多いことが問題とされている（作間，1983；山口，1992；Fischbein，1993）。

　この問題に対して，高垣（2000，2001）は，小学1年生～6年生272名の子どもたちを対象として，高さの概念を調査した。その結果，表2-1に示すように，子どもたちは，日常物（身長，木，ビルなど）の高さの測定経験に基づき，「高さ」は対象物を垂直方向の状態に移動して測る（『鉛直型』），「高さ」は対象物の内部に存在しその全長を測る（『内包型』）などの「高さのプリコンセプション」を獲得していることを見いだした。さらに，教科書の提示のしかたをなぞるような教え方で「数学的な高さ（『平行型』あるいは『ベクトル型』）」の概念が教授された場合にも，学習者の約半数は，学習以前の高さのプリコンセプションに固執し続ける状態にあることがわかった。

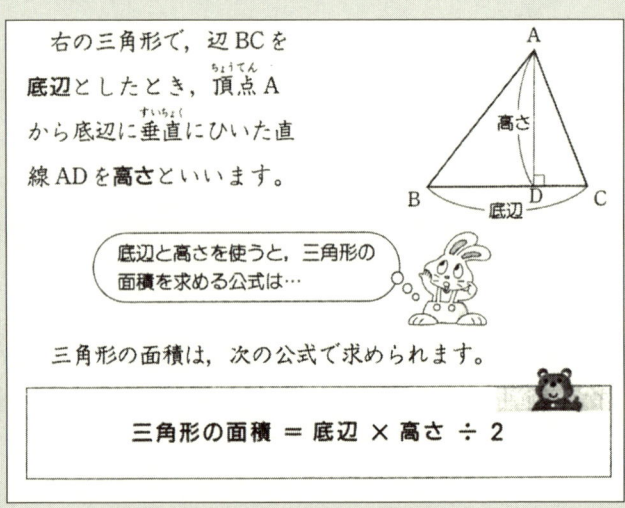

図2-1　三角形の高さの定義（大日本図書，2004）

表2-1　子どもたちの考える高さの概念（高垣，2000）

カテゴリーの分類基準	報告例	理由づけの内容
①「高位置型」 高さは，高いところのある一点を示すと理解している。		「てっぺんだから」(1)／「とんがっているから」(1)／「（上部を指差して）高いところだから」(1)／
②「たて型」 頭の中で対象を垂直方向になるように移動させて高さを考える。	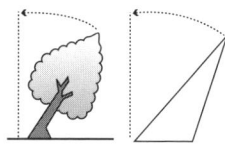	「せの高さと同じに考えた」(1)(2)(3)／「身長計でもまっすぐにした方がちゃんとせをはかれるから」(2)(3)／「木がまがってるから，まっすぐに立たせて考えた」(1)(2)(3)(4)／「ななめだと本当の高さじゃないからまっすぐにする」(2)(3)／「地面からてっぺんまでだから」(1)(2)(3)／「下から上までだから」(1)(2)(3)(4)(5)(6)／
③「辺依存型」 高さは，全長（ある点〈端〉から，ある点〈端〉までの距離）と考え，「長さ」と「高さ」を混同している。	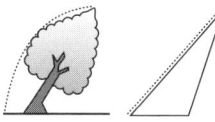	「ものをはかるとき，はしからはしまではかるから」(2)(3)(4)／「山みたいにかんがえると，ここがまっすぐな道だから」(2)(3)／「一番わかりやすいところだから」(2)(3)／「こっち（左辺）より，こっち（右辺）の方があんがいまっすぐだから」(2)(4)／「ここ（左辺）が一ばん長いから」(2)(3)(4)／「一番長いところを上から下までひく」(6)／「先から先まで直線をひく」(6)／
④「中心型」 高さは，対象の内部に存在するとし，対象の中心を通ると考える。	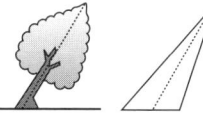	「身長をはかるときも足から頭までのまん中をはかるから」(2)(3)(4)／「地面のまん中からとんがりまでが一番高いから」(2)(3)／「木をはかる時まん中をはかるし，高さが木の外にでちゃうとおかしいから」(2)(3)／「ななめになっているから，線もななめにした」(3)(4)／「底辺から頂点までが高さだから」(6)／「一番低い所から，一番高い所が高さ」(5)／
⑤「平行型」 基準線と頂点を通る平行線の存在を想定し，明示できる。その間の最短距離を高さと考える。	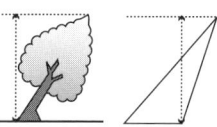	「ここ（頂点を通って底辺に平行な直線を引く）からここ（底辺）までが高さだから」(4)／「垂直のてっぺんが，地面と平行に線を引いたところにあるから」(5)／「底辺から直線で平行に高いところまではかったところが高さだから」(5)(6)／
⑥「ベクトル型」 頂点と基準線に着目して高さを考える。高さは，頂点から基準線に垂線をおろすようなベクトル（大きさ，方向性をもった量）で表される。		「これ（底辺）をここまでのばして（延長して）考えた」(4)／「底辺から垂直にひいた線が高さだから」(5)(6)／「ちょう点から垂直にひいた線が高さだから」(5)(6)／「中とはんぱな所に高さがあったら，面積が出せないから」(5)／「底辺の延長線上から垂直にのばした所に頂点がくるから」(6)／「辺にそって長さを出すんじゃなくて，地面からてっぺんまでの高さ」(6)／

注：木の高さの「中心又は辺型」については，表現方略の顕著な違いが見られなかったため1つのカテゴリーにした。（ ）は学年。

2章　新しい授業理論の構築

上記のように，プリコンセプションが，授業で体系的に教授される科学的概念に影響を及ぼすことは，学校教育現場では周知の事実である。これまでの研究では，プリコンセプションは教授後も固強に固執され続けることや，生起する条件（年齢や領域など）は明らかにされてきているが，学校教育現場では，「いかなる教授を行なえば，プリコンセプションの変容（＝概念変容）を生じさせられるのか」という点を実証的に解明することが切実に求められている。次節では，こうした要請にこたえる「教授モデル」を紹介する。

2節 教授方略の理論と実践

1——概念変容モデル　概念変容の理論的枠組みと実践

　ハッシュウェー（Hashweh, 1986）は，プリコンセプションを変容させる方法として，「概念変容モデル」を提案している（図2-2）。
　このモデルによれば，思考の世界（world of ideas）においてプリコンセプション$C1$を持つ学習者は，現実世界（real world）の特定の事例$R1$のみが理

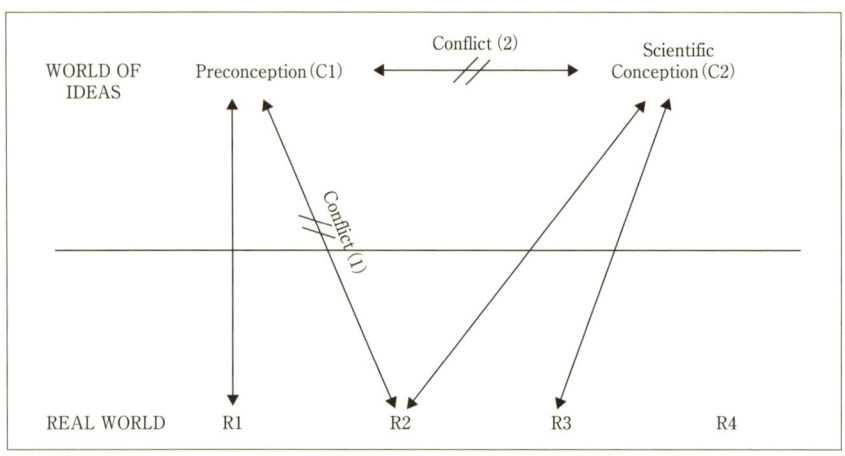

図2-2　概念変容モデル（Hashweh, 1986）

解可能である。そのため，プリコンセプションC1を持つ学習者は，現実世界の事例R2と遭遇した場合，理解困難となり認知的葛藤（Conflict（1））を起こし，かつ，授業で科学的概念C2が示された場合にも認知的葛藤（Conflict（2））を起こす。これらの認知的葛藤を解消させるためには，以下の2つの教授法が必要となる。①暗黙的に使われているプリコンセプションに直面させ，明白に意識化させる。②プリコンセプションC1は学習者の限定された経験に基づくものであるが，科学的概念C2はより一般性を有していることに気づかせる。

実践事例2-2：概念変容モデル

ジオボード（Gail, 1982）

カバリエリの原理（守屋・進藤, 1989）

切り取り・つぎたしによる変形（Charles, 1991）

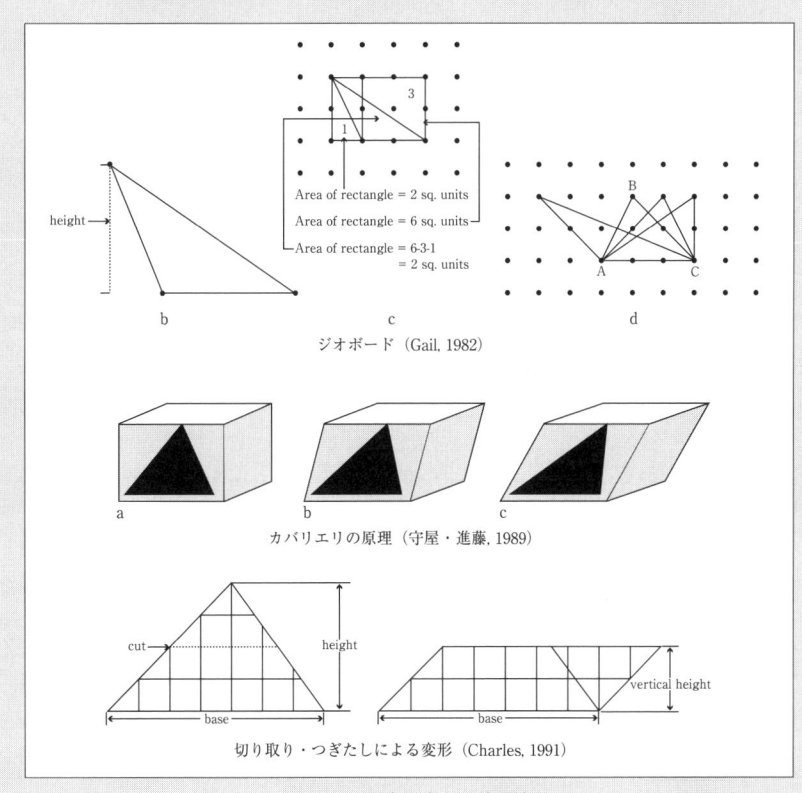

図2-3　従来の高さの教授法

高垣（2001）は，ハッシュウェー（Hashweh, 1986）の概念変容モデル（図2-2）を基本的枠組みに据え，小学5年算数の授業で教授される高さの概念に適用可能となるように修正を施した教授法を考案した。図2-3に示すように，子どもたちは現実世界をとおして高さのプリコンセプションを獲得しているため，現実の世界と数学の世界では，「高さ」という用語の持つ意味は異なって解釈されている。したがって，従来の高さの教授法（図2-3：カバリエリの原理（守屋・進藤，1989）；ジオボード（Gail, 1982）；切り取り・つぎたしによる変形（Charles, 1991）など）のように，数学的な事例のみを用いて「プリコンセプション」を「数学的概念」へ変容させようとしても，そう簡単には変容しない。そこで，高垣（2001）は，ハッシュウェー（Hashweh, 1986）の概念変容モデルに依拠し，以下のような高さの教授（図2-4）を行なった。

①プリコンセプションC1（表2-1の『内包型』or『鉛直型』の考え方）を明白に意識化させる。そのうえで，R2（垂線が外にある図形）に対して「慣れ親しんだ操作（身長計の測定方法）」を用いることによって，「数学的概念C2（＝腰の曲がったお年寄りの身長を取り上げ，頂点から地面に垂直に引いた直線の長さを測定することの利点）を説明する。その結果，プリコンセプションC1はR1にしか適用しないことに気づき，プリコンセプションC1とR2の間の認知的葛藤Conflict（1）が解消に向かう。

②数学的概念C2はより一般性を有しているため，すべての事例（R1（垂線

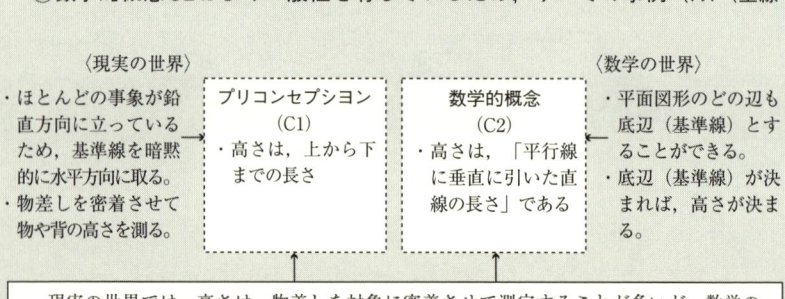

〈現実の世界〉

・ほとんどの事象が鉛直方向に立っているため，基準線を暗黙的に水平方向に取る。
・物差しを密着させて物や背の高さを測る。

プリコンセプション（C1）
・高さは，上から下までの長さ

数学的概念（C2）
・高さは，「平行線に垂直に引いた直線の長さ」である

〈数学の世界〉

・平面図形のどの辺も底辺（基準線）とすることができる。
・底辺（基準線）が決まれば，高さが決まる。

・現実の世界では，高さは，物差しを対象に密着させて測定することが多いが，数学の世界では，高さは「平行線に垂直に引いた直線の長さ」を示し，図形の外部にも存在し得る→Conflict（1）
・現実の世界では，高さの方向は，暗黙的にも鉛直方向に限定されているが，数学の世界では，高さの方向は任意であり，底辺との相対関係によって決まる→Conflict（2）

図2-4　現実の世界と数学の世界における「高さ」という用語のもつ意味（高垣，2001）

が内にある図形），R2（垂線が外にある図形），R3（図形のどの辺も底辺にできる））に適用し得ることに気づかせる。その結果プリコンセプションC1の限界に気づき，数学的概念C2との間の認知的葛藤Conflict（2）が解消に向かう。教授の結果，2つの認知的葛藤（Conflict(1),(2)）が解消され，多くの学習者のプリコンセプションに変容がみられた。

「高さ」のような日常的によく用いられる基本的概念を授業で教授する場合には，概念の外延の範囲を数学的な事例だけではなく，日常生活の事例にまで広げ，プリコンセプションが生じたルーツにはたらきかける方略が概念変容に有効といえる。

2 ── 橋渡しモデル　アナロジー学習の理論的枠組みと実践

学習者の既有知識の概念に依拠しながら概念変容を引き起こすためには，アナロジー（あるいは類推）が重要な役割を果たす。アナロジーとは，以前に経験したことがら（ベース）を，現在直面していることがら（ターゲット）に当てはめる（写像する）ことである。すなわち，過去の経験を利用して，未知のものについての学習や推論を行なうことである。アナロジーを用いた学習は，次のようなプロセスを経て成立すると考えられている（鈴木，1996）。

①ターゲット問題の表象：問題が与えられ，それをなんらかの形で表象する。
②ベースの検索：関連する過去の経験を長期記憶から検索する。
③写像：検索されたもののなかから重要なことがらを現在の問題に当てはめてみる。
④正当化：その当てはめを正当化する。

ベースとターゲットは本来異なったものであるが，アナロジーにおいては，この2つはある観点から同一である（共通点がある）と認識される。それゆえベースあるいはターゲット，もしくはその両方に対する認識が変化することになる。したがって，アナロジーのメカニズムを教授・学習に取り入れて概念変容を促そうとする場合には，以下の点に留意しなくてはならない。

①ベースとターゲットが表層的に類似しているからといって，それがアナロジーに役立つとは限らない．ベースとターゲットはより深いレベルで，構造的な一貫性を持つことが必要である．
②アナロジーとはカテゴリー化であるととらえ，ベースとターゲットのおのおのを事例とするカテゴリーを考えさせると効果的である（たとえば，ある猫xと別の猫yが同一視できるのは，猫というカテゴリーによってである（鈴木，1996））．
③ベースとターゲットは本来異なったものであるため，ターゲットを理解させるためのアナロジーの活用は，誤った概念の獲得を引き起こす危険性を含んでいることに留意しなくてはならない．

また，アナロジーを用いた場合には，以下の学習効果が期待される．
①現象をすでに親しみのある習熟した領域の知識と関連づけて表象されるので，理解は深まる（Duit, 1990；Simons, 1984）．
②いかに"AはBのようであるか"を正確に記述することで，アナロジーが最初に生成されたときには認識されなかった，両者の関係を生み出す（Clement, 1988；Gick & Holyoak, 1983；Petrie, 1979）．
③アナロジーを用いた理解とは，唯一の正しい答えを見つけることではなく，むしろもっともらしい説明を見つけだし，構成していくプロセスを反復することで促される（Vosniadou & Brewer, 1987）．
④アナロジーは唯一のものではなく，生成，評価，修正のサイクルをくり返してより精緻なものになっていく（Wong, 1993）．

実践事例2-3：橋渡し方略

　アナロジーを用いた教授方略として，クレメント（Clement, 1987, 1993）の主張する「橋渡し方略（The Bridging Analogies Strategy）」が挙げられる．この教授方略は，学習者に親しみのある経験や知識（アンカー）を学習の出発点とし，最終的に獲得されるべき科学的概念（ターゲット）との間に存在するジャンプを橋渡しするために，両者のアナロジーとなり得る概念（ブリッジ）を媒介させる．図2-5に示すように，「本が机から受ける力」はわかりにくく，

「上向きの力（垂直抗力）」が作用していることは直観的には理解できない。そこで，バネを押し縮めた場合，絶えずバネを押している手に力が作用していることを確認させ（アンカー），重い本を薄い板の上に載せた状況へと橋渡しを行ない（ブリッジ），外見は固い物体でもバネのような性質を持つ（ターゲット）ことを理解させた。このとき，アンカーとターゲットはおおよそ表層的には類似していないが，「力は相互作用である」，「物体にはバネ的性質（弾力性）がある」という構造的な一貫性を有しているのである。

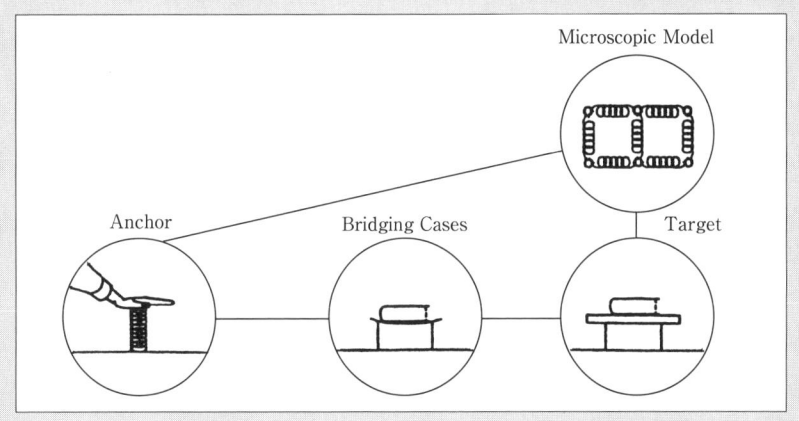

図 2-5　橋渡し方略（= The Bridging Analogies Strategy）（Clement, 1987）

3 ── 相互教授モデル　相互教授の理論的枠組みと実践

（1）説明文の読解

概念変容をもたらすためには，異なる見方や考え方を持つ他者から，みずからの有する概念が適切か否かの評価やフィードバックを受けることが重要である。相互教授（reciprocal teaching）は，生徒どうし，あるいは生徒と教師が共通の課題を成し遂げていくなかで，本来は個人内（=intramental）で行なわれる学習の方略を，個人間（=intermental：生徒どうし／生徒と教師）の役割として明確化し，対話による相互作用をとおして学習活動を進めていく教授法である。「足場づくりされた教授：scaffolded instruction（Wood et al., 1976)」

ともよばれる。パリンサーとブラウン（Palincsar & Brown, 1984）は，説明文の内容を理解させるために，熟達者が取るような読解方略の組み合わせ（a．要約：読んだ内容の要約，b．質問：読んだ内容に対する質問，c．明確化：読んだ内容についての意味の明確化，d．予測：読んだ内容の次の内容に関する予測）を，対話をとおして教授した。対話は自由に行なわれるのではなく，少人数のグループ（平均して6〜8名）をつくり，本来は個人内で処理するa〜dの読解方略を，個人間の役割という形で割りあてる。グループ討論のはじめは，教師がこれらの読解方略に基づいた，対話形式のモデルを示す。その後，生徒は教師から対話の先導役を引き継ぎ，教師のフィードバックを受けながら，対話をとおしてこれらの読解方略を身につけていく。相互教授を実施した結果，読解成績の向上とその持続的な効果は，広範な年齢層の子どもたち（小学1年生〜中学1年生），あるいは学力不振児や学習能力に障害のある子どもたちに対しても，広く適用することが示されている（Palincsar & Brown, 1984；Palincsar, 1986；Palincsar et al., 1993）。

（2）科学的概念の獲得

近年では，相互教授を用いた説明文の読解における研究成果が，科学的概念の獲得にも向けられるようになってきた。ヘレンコールら（Herrenkohl et al., 1999；Herrenkohl & Guerra, 1998；Palincsar et al., 2000）は，科学的な説明を協同構築していくための文化的道具として，科学者が研究を進めていく過程で取るようなa．指導枠組み，b．教授方略，c．参加構造を提示し，相互教授による議論を展開している。

a．指導枠組み

GIsML（Guided Inquiry supporting Multiple Literacies）の指導枠組みでは，探索，調査，説明，報告のサイクルをくり返す（図2-6）。

ア．探究：新しい課題や現象に直面したとき，小グループにおいて何度も実験・観察の経験をくり返して慣れ親しみ，課題や現象に対する理解を深めたうえで，仮説を生成する。

イ．調査：小グループにおいて，仮説を検証するために必要な器具・用具が集められ，実験・観察のデータが収集，記録される。

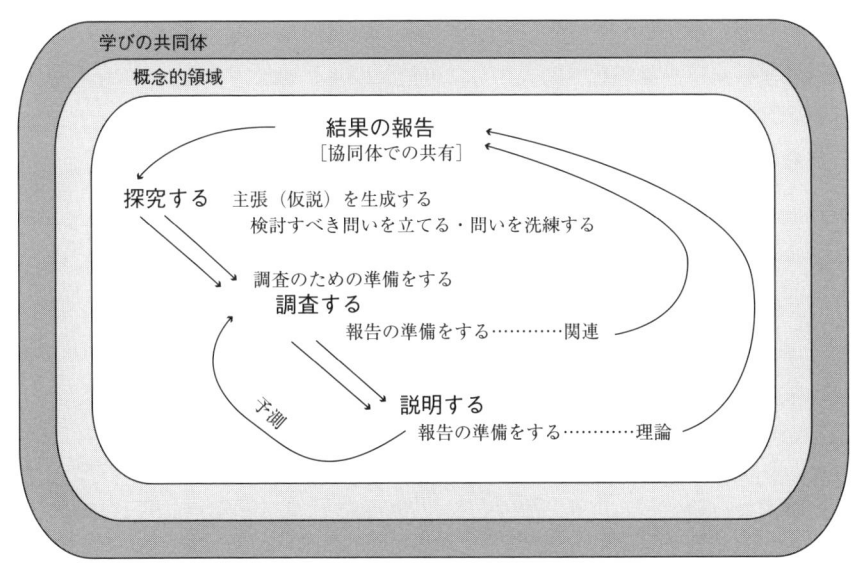

```
┌─────────────────────────────────────────────┐
│ 学びの共同体                                  │
│  ┌─────────────────────────────────────────┐ │
│  │ 概念的領域                                │ │
│  │              結果の報告                   │ │
│  │              ［協同体での共有］            │ │
│  │    探究する   主張（仮説）を生成する      │ │
│  │              検討すべき問いを立てる・問いを洗練する │ │
│  │              調査のための準備をする       │ │
│  │              調査する                     │ │
│  │                 報告の準備をする……関連    │ │
│  │          予測                              │ │
│  │                 説明する                  │ │
│  │                 報告の準備をする……理論    │ │
│  └─────────────────────────────────────────┘ │
└─────────────────────────────────────────────┘
```

図2-6　複合的リタラシーの獲得を援助するガイドされた探究の教授手続き
（Palincsar et al., 2000）

ウ．説明：課題や現象に対する調査結果を，科学的推論に基づきながら説明する。小グループの議論の過程で，互いの多様な考えを取り入れる。

エ．報告：小グループで得られたデータやアイデアを，クラス全体の公の議論の場において，口頭，描画化，図式化などの多様な方法を用いて説明し，議論を再構築する。

b．教授方略

小グループの議論の場において，科学的な説明を協同構築していくために，以下の3つの教授方略にそって，議論を進める。

ア．予想の理論化：理論を構築するためには，まず予想をたてることから始め，次に実験・観察の経験と，そのデータに基づく科学的な議論をくり返すことが必要である。

イ．発見の要約：同一の現象に対するメンバー間の発見が明らかにされる。メンバー相互の発見の観点や主張の矛盾点を論破し合い，自分より最もらしい考えが存在することを見いだすなかで，自分の考えの限界に気づく。

ウ．証拠と予想・理論との調整：新しい理論は，既存の理論と新しいデータ

（証拠）との相互作用から生成される。理論と証拠を調整するためには，結果の集積を描画化，図式化して再検討すると効果的である。

c．参加者の構造

「重要かつ決定的な認識上の役割が付与された小グループにおける参加者の構造」では，メンバーは役割を固定せず，毎時間ローテーションをくり返す。

ア．リーダー役：教師役を任され，質問を生成し，3つの教授方略を用いて対話をリードする責任を持つ。

イ．聞き役：リーダー役の貢献をチェックする。

ウ．レポーター役：グループの活動を要約し，クラス全体に報告する。

エ．記録役：レポーター役が報告する情報を適切にまとめる。

オ．評価役：グループのメンバーが議論に行き詰まったときに，使用すべき有効な方略を示したり，やりとりのよい点や改善すべき点に対して即時にフィードバックを与える。

実践事例2-4：相互教授

　ヘレンコールら（Herrenkohl et al., 1999；Herrenkohl & Guerra, 1998）は，相互教授の理論的枠組みに基づき，小学4年生の「もののつりあい」の理科授業を10時間にわたって実施した。

　その結果，第一に，生徒たちは，自分自身，および他者や課題に対して対話的に向き合い，科学的概念を獲得していくプロセスにおいて「真正な質問（authentic question）」を多く産出した。真正な質問は，典型的な教室談話で見られるI-R-E系列（発問（initiation）─応答（reply）─評価（evaluation））で組織される「テスト的質問（test question）」とはまったく異なるものである。真正な質問は，質問を出していくという役割を生徒たちに取らせ，より適切な解答を見つけだすために，議論をとおして相互に反駁し合ったり受け入れ合ったりする過程で生成される質問であり，後続する議論の思考装置の役割を果たす（Nystrand, 1997）。

　第二に，理解状態をモニタリングしたり，証拠（データ）と理論を調整したりする議論を，通常の授業よりもはるかに多く行なった。その結果，もののつりあいに関する科学的概念の獲得が促進され，科学的な推論に基づく説明をも

可能にしている。科学的な推論を展開していく教授方略（予想の理論化，発見の要約，証拠と予想・理論との調整）の使用は，半年後の授業においても継続されることが確認された。

2章のまとめ

新しい授業理論においては，「教授＝学習のプロセス」という観点から，学習者の理解過程の解明に注目している。

学習者が教室の授業に臨む場合には，彼らはすでにみずからの経験を通じて，その領域におけるなんらかの概念を構成していることを考慮しなくてはならない。こうした授業に持ち込まれる学習者特有の概念には，①「プリコンセプション」，②「誤概念」，③「素朴概念」などの種類がある。本章では，「いかなる教授を行なえば，学習者特有の概念を科学的な概念へと変容させることができるのか」という，学校教育現場の要請にこたえる教授モデルを提示した。

〈教授モデル〉

1. 概念変容モデル（Hashweh, 1986）

プリコンセプションと科学的概念との間に生じる「認知的葛藤」を解消させるためには，以下の2つの教授法が必要である。①暗黙のうちに使われているプリコンセプションに直面させ，明白に意識化させる。②プリコンセプションは学習者の限定された経験に基づくものであるが，科学的概念はより一般性を有していることに気づかせる。

2. 橋渡し方略（Clement, 1987, 1993）

学習者に親しみのある経験や知識（アンカー）を学習の出発点とし，最終的に獲得されるべき科学的概念（ターゲット）との間に存在するジャンプを橋渡しするために，両者のアナロジーとなり得る概念（ブリッジ）を媒介させる。

3. 相互教授（Palincsar & Brown, 1984）

生徒どうし，生徒と教師が共通の課題を成し遂げていくなかで，本来は個人内（＝intramental）で使用する教授方略を，個人間（＝intermental：生徒どうし／生徒と教師）の相互作用という形で外化し，対話をとおして，科学的な概念を協同構築していく。

推薦図書

『授業が変わる──認知心理学と教育実践が手を結ぶとき』　ブルーワー，J.T.　松田文子・森　敏昭（監訳）　北大路書房
　現代の学校教育の問題点を示したうえで，認知心理学の手法を用いた「授業の理論と実践」を橋渡しする方法を教えてくれる。

『授業を変える──認知心理学のさらなる挑戦』　米国学術研究推進会議（編）　森　敏昭・秋田喜代美（監訳）　北大路書房
　学習者の認知過程についての最新の学習科学の知見を踏まえて，授業実践のあり方を解説している。

『心理学者教科教育を語る』　新しい教育心理学者の会　北大路書房
　教科教育の内容にテーマを絞り，認知心理学と教育実践の橋渡しをめざした研究成果が紹介されている。

3章 授業づくりの手がかり

　授業崩壊などの教育病理現象が取りざたされている現在，よりよい授業づくりが重要になっている。授業のなかで子どもたちにとって望ましい学びとは何か，子どもたちは何につまずくのか，これらの問題を解決するための授業づくりの手がかりが求められよう。
　本章では，これらの問題の解決を試み，よりよい授業づくりに取り組んだ具体的な事例を用いて解説する。

1節 授業における子どもの学び方

1 ── 学ぶということはどんなことか　問題解決と学習

　授業を通じて，子どもたちは多くのことを学ぶ。学ぶとは，本来は，「個人のなかで生じている，外部から観察できない能力の獲得過程」なのであろう。この過程は，心理学では学習（learning）とよばれ，「経験や練習による多少とも永続的な行動の変容」と定義される。実際，子どもたちは，練習した後ではできなかった逆上がりができるようになったり，解けなかった算数の文章題が解けるようになるなど，行動の変容を示す。こうした行動の変化が生じたとき，心理学では学習が起こったとみなすのであって，学ぶとはこうした学習ということがらが関係している。

　子どもの学びは，授業のなかで，教師やクラスメートの援助，共同作業のもとで，問題解決の過程として進行する。問題解決の過程が学習の過程であるという考えは目新しいものではない。40年も前に，ガーニエ（Gagné）は，問題解決は既知のルールを使って新しいルールを学習する学習のタイプであると主張した（Gagné, 1964）。ガーニエによれば学習には8つの型があり，私たちはその8つの学習によって行動レパートリーを増やしているという（表3-1）。

表3-1　ガーニエにおける8つの学習型とそれぞれの例（例は筆者）

学習型	例
第1型：信号学習	幼児にとって白衣が注射の信号となり，白衣を着た人を怖がる。
第2型：刺激反応学習	イヌが"おてっ"と言われると，前足を手にのせる。
第3型：連鎖づけ	パソコンを開け，電源を入れて，ワープロソフトを立ち上げる。
第4型：言語連鎖	第3型を手順としてことばで言う。
第5型：複合弁別	鍵束の鍵を用途に合わせて見分ける。
第6型：概念学習	見た目の違う鍵に鍵として同じ反応をする。
第7型：ルール学習	丸いものは転がるというルールを言え，使うことができる。
第8型：問題解決	重い石を運ぶという問題を先のルールを用いて解き，コロに載せて運ぶという新しいルールを学ぶ。

ガーニエによれば，問題解決は，たとえば重い石を運ぶという問題を，丸いものは転がるというルールを用いて，石を丸太の上に載せ転がして運び，重い石は丸太に載せて運ぶという新しいルールを獲得することになる。すなわち，問題解決とは既知のルールをもとに新しいルールを学習する学習型といえる。また細谷も，すでに1970年代に，次のように述べている。

　「問題の解決は，内的な論理演算の所産として得られる。そして論理演算は，一群の演算ルールによって得られる。この一連の演算ルールをルールシステム（rule-system）とよべば，問題解決は，rule-systemを内蔵せしめることによって，もたらされる」（細谷，2002）。

　実際，授業における教授プランとなる教師の指導案は，基本的には発問系列として構成されるのであり，授業は発問として提示された問題の解決とそれによるルールの学習が主な活動となるのである。表3-2は，筆者らが仙台市内の小学校6年生を対象とした理科授業（単元「植物のからだと日光」）のために作成した授業プランの一部である。

　この表からもわかるように，教師は5や6のような発問を行なうことによって問題を提示し，学習者による問題の解決を援助するのである。実践事例を示そう。

表3-2　6年理科「植物のからだと日光」の授業プラン（一部を抜粋）

5．いろいろな場所に落ちたソラマメのタネたちも，みんな発芽できるとはかぎりません。タネが発芽するまでにどんな危険があるのだろうか？
　　ヒント：タネの発芽の条件は（　　　　）でしたね。この発芽条件がそろわないと，タネはどうなるんだろう？
　　　　　：タネのおべんとうには発芽のための栄養がいっぱいつまっていましたね。この栄養は誰かにねらわれないのだろうか？
6．運よく芽を出したソラマメたちは，みんな花を咲かせることができるのだろうか？　発芽してから，花をつけるまでには，どんな危険があるのだろう？
　　ヒント：植物が生長するには，どんなものが必要だったかな？
　　　　　　野原にはえているソラマメは，まわりの他の植物たちとどんな競争をするのだろう？

＊日本教育心理学会第44回総会発表資料より（工藤・宇野・白井・荒井，2002）

実践事例3-1

　白井（宇野ら，2003に収録）は上述の授業プランに沿った授業を行ない，その実践記録を残している。それによれば，白井の援助のもとで学習者たちはこれらの問題を解決し，①発芽には水，空気，温度が必要であり，これらが欠けると発芽できない，②タネは芽や根になるところ（胚珠），芽や根のおべんとうになるところ（胚乳），それらを守る着物（種皮）からできており，おべんとうの栄養は虫や人間が自分たちの栄養にしようとねらう，③光取り競争，水取り競争，肥料取り競争などに勝ち残ったものだけが生長し，花を咲かせ，子孫を残せる，などのルールをソラマメを代表選手にして学んでいる。

2 ── 学び方の2タイプ　個別的な事実の学習とルールの学習

　授業における子どもたちの学びは，教師の援助のもとに，問題解決による学習として進行する。この問題解決では，2つのタイプが区別できる。1つは問題と正答を覚えることによる問題解決であり，他の1つはルールとその事例を学習することによる問題解決である。前者を再生的問題解決，後者を生産的問題解決とよぶ。まず大学生の例で，これらの2タイプを説明する。

　筆者は，砂漠の成因としての気象条件を教材に問題解決について授業をしている。学生にまず，「砂漠は地球の陸地の3割を占めようとしています。緑地の砂漠化は，私たちに大きな影響があります。だから，砂漠がどこにあり，どうしてできるかを考えることは意味があります。さて，現在，砂漠は地球のどんなところにあるといったらよいでしょう。世界白地図に，ここだと思う砂漠の位置を斜線で書き込もう」と問う。そして，世界の主な山脈が書き込んである世界白地図を渡し，答えを書かせる。その後，「あっていると思う」「たぶんあっていると思う」「たぶんまちがえていると思う」「まちがっていると思う」という選択肢で自分の解答への自己評定をさせる。「たぶんまちがえていると思う」という評定がほとんどである。そこで，「じゃあ，砂漠は本当はどこにできているのか知りたい。どうやって調べますか？」と問うと，「砂漠のでき

方にはきまりがあるはずだからそれを調べる」という学生は5％，「地図帳（地球儀）で正しい砂漠の場所と名前を調べる」という学生が95％位である。問題に対する正答，個々の砂漠の位置と名前を直接追求するという学生が多い。そこで，前者の砂漠のでき方に関するルール学習の実習を行なう。

実習は概略表3-3に示したような展開で進行する。この実習では，問題を

表3-3 ルールによる問題解決の例（実習）の概要（太字はルール）

① 砂漠の特徴は？ →いつも天気がよく降水量が少ない。

② じゃあ，仙台でいったらいつの季節か？ →それは冬。異常乾燥注意報がよく出る。

③ なぜ仙台は冬に雨が少ないのだろう？ 他の場所も少ないのか？ →日本海側，例えば山形は雪が降るから降水量が多い。

④ じゃあ冬は日本海側はビシャビシャで太平洋側はカラカラなのはなぜだろう？ →北西の季節風が日本海を渡るとき水蒸気をたっぷり持ち，奥羽山脈に乗り上げて雨を降らし，乾いた風が蔵王を下りて仙台に来るからだ＝**山脈風下カーラカラ**だ。

⑤ このルールがあれば，世界の風向きがわかればどこがカラカラかわかる。じゃあ，世界では風はどう吹くのか？ →地球の表面を吹く風は，緯度0度～30度は東風，30度～60度は西風，60度～90度は東風。**風向は30度毎に東，西**だ。

⑥ 世界の山脈に風を吹かせるとどうなるか？ →ロッキー山脈の東側にアメリカ砂漠がある，……南北アメリカ大陸やオーストラリア大陸の砂漠も当てはまる。

⑦ でも，アラビア半島やアフリカの砂漠は山脈もなく風下でもない。なぜ，ここは砂漠になるのか？ →世界の風の吹き方をよく見ると，緯度0度や60度では風が集まっている。ここは集まった風が上昇気流になっているはず。30度付近は風が別れていっているから，ここは上空から空気が降りてきていて下降気流になっているはず。そういえば，**上昇気流は低気圧，天気が悪い，下降気流は高気圧，天気がいい**。

⑧ （じゃあ）緯度0度，60度は1年中天気が悪く降水があり，30度は晴れて降水がないということか？ →降水量の緯度分布を見るとそうなっている。**30度あたりは高気圧帯**だ。

⑨ （じゃあ）砂漠は30度近辺にあるのではないか？ →**砂漠は20度～40度にある**。ゴビ砂漠を例外として，多くの砂漠はこの地帯にある。

解きつつ気象ルールを学び，それを用いて「砂漠は（緯度にして）20°〜40°だ」という新しいルールと事例を学習し，「砂漠は地球のどこにあるか」という問題を解決することになる。つまり，この解決のしかたは，直接的に正答を追い求めるのではなく，解決の過程で成立するルールやルール成立の理由を学び，学んだルールを使って次の問題を発見し，解決するというルール学習になる点が特徴である。

　学生たちは，授業後のミニレポートで，「今日の教育心理学は地理の授業みたいだった」といいつつも，「支倉常長が仙台からローマに行ったときの航路はいわれてみればそのとおりだ」とか，「日本は20°〜40°内にあるのに砂漠にならないのはラッキーだ」とかと面白がってくれる。そして，「私のいままでの勉強は正答の丸暗記だった」「正答を暗記するのに抵抗してきたがそれでよかったのですね」「こんなふうに勉強するとおもしろいし，忘れないと思う」などとも書いてくれるのである。

　学生の多くがやろうとした，正答（個々の砂漠の位置と名前）を確認し記憶することによる解決は前述のように再生的問題解決とよばれるが，これは問題の解決が暗記した個別的な事実を再生し適用することによって得られるからである。この学習のしかたは従来は機械的学習（rote learning）とよばれたタイプで，個々の砂漠の位置と名前の暗記という個別的な事実の学習になり，絶えずくり返さない限り忘れやすく，学習しにくいことが知られている。また，「将来砂漠になりやすいところはどこか？」といった問題には答えられない。一方，学生があまりやろうとしなかった砂漠の成因に関する気象上のルールを学習し，それを用いて砂漠のある場所を予測するという解決のしかた，学び方は生産的問題解決とよばれるが，従来は有意味学習（meaningful learning）とよばれた。

　生産的問題解決といわれる理由は，見たように，すでに学習したルールを使って新しいルールを生産し，そのルールを用いて解決をするところにある。また，この問題解決が有意味学習に入るとしたのは次のような経緯があるからである。もともと有意味学習と機械的学習というタイプ分けを提唱したのはオーズベル（Ausbel, D. P.）であるが，彼によれば有意味学習とは認知構造内に格納された既有知識と新しい学習内容が関連づいて学習されることであり，その

ような関連づけがされない機械的学習よりも学習しやすく，学習内容を忘れにくいという（Ausubel & Robinson, 1969）。また，ルールによる解決の特徴について，細谷（2002）は，「ルールの先取りによる予想の適中（当たった喜び）は，用いたルールへの確信を強め，次の問題予想での使用の確率を高めるだろうし，予想の失敗（はずれた驚き）は，使用したルールの改変を促し，適中しうるルールの発見へと動機づけられるだろう」と述べる。たしかに，多くの砂漠はこの地帯（中緯度高気圧帯）にあるのにゴビ砂漠はもっと高緯度にあり，ルールの例外である（はずれた驚き！）。それはなぜかが知りたくなる。生産的問題解決はこうした学習の動機づけの面でもすぐれているが，さらに，再生的問題解決では解きえなかった「将来砂漠になりそうなところはどこか？」という問いにも，「緯度にして20°～40°にある陸地の山脈の風下側」と答えることが可能である。したがって，授業のなかでの子どもの学びを，利点の多いルールによる問題解決，有意味学習にするためには，教師はどのようにふるまえばよいかが問われることになるが，一例となる実践例を次に紹介する。

実践事例 3-2

　佐藤（1988）は，当時の小学校5年理科の単元「音」に対応する，興味深い実践をしている。
　この授業プランの一部と使用した教具を表 3-4 と図 3-1 に示す。この授業プランでは，最初に［1］音を出すもので，音叉を鳴らして水につけたり体につけてみることで「振動している」ことを実感させ，ストロー笛をつくり吹いてみて振動しているところを探すことで，「音はものが振動して鳴る」というルールの学習を援助するようにしている。その後に続くのが表 3-4 の内容である。とくに（5）では，実際に振動して音を伝えるものを音叉とオルゴールを使ってたくさん調べるという活動をしている。子どもたちの活動は活発で，多いグループでは50余，どのグループも10個だけという最初の目標をはるかに上まわるものを探し出している。また，オルゴールを体につけてみて，体からも音が聞こえることから，からだ（タンパク質）も振動して音を伝えることを発見したりしている。
　この実践は，問題を解決していくなかで子どもたちに音に関するルールを確

表3-4　5年理科「音」プラン（部分）

[2] 音を伝えるもの
(1) はだかのオルゴールがある。鳴らしてみよう。何が振動して音が出るのだろう？　もっと音を大きくするにはどうしたらいいだろう？　木の箱につけてみよう。黒板につけてみよう。
(2) この時，オルゴールのほかに振動しているものはないだろうか？　木の箱や黒板にさわってみよう。耳をつけてみよう。何の音が聞こえるかな？

図3-1　使用したオルゴール

◆木は振動して音を伝える。
(3) 金属（カナモノ）やガラスのような固体（図3-1）でも，振動して音を伝えるだろうか？　うんと遠くでも音が伝わるかどうか，何で調べたらいいだろう？
(4) スチームでも調べよう。スチームはとなりの部屋にもつながっているだろうか？　下の部屋はどうかな？
(5) いろいろなものに，音叉やオルゴールをくっつけて音を聞いてみよう。振動して音を伝えるものをいっぱいさがそう！（以下略）

「音」　東北大学教育心理学研究室授業検討会「水曜会」資料より（佐藤，1988）

信させ，かつそのルールに支配されている事例を身の回りのものから探しだすことで，子どもたちに新たな音に関する認識を形成させているといえる。では，この実践が成功している理由はどこにあるのだろうか？　それは，通常は言葉の上だけの発問になるところを，具体的にどうなれば音が伝わったかがはっきりとわかる教具を使い，子どもたちが自分たちの予想を確認するという実験に組織したところにあると思われる。

3 ── 問題解決とは　その3つのレベル

いままでたんに問題解決とだけ述べてきたが，解決には区別すべき3つのレベルがある。それは記号のレベル，半記号・半具体物のレベル，具体物のレベルである。たとえば，①3＋2＝？という問題に即座に5と答えられるとしたら，数字（数記号）のみを頭のなかで論理操作して解決をしているので，記号のレベルの解決ということができる。それでは解決できないが，②四角形を書

いて「こっちは3個だね，こっちは2個だね。両方合わせると？」という問題にすると，指でさし，数えて答えがだせた場合は半記号・半具体物のレベルの解決ということができる。実物でなく記号でもないものを，数えあげるという「具体的で動作的な操作」をすることで解決がなされているからである。さらに，③「キャラメルを3個もらってから，また2個もらいました。あなたは，全部で何個キャラメルをもらったかな？　全部食べると何個食べられるかな？」という具体的な問題状況にし，数えてもらうと答えられるという場合には，具体物のレベルでの解決ということができる。キャラメルという具体物を，手指を使って数え上げたり食べるといった行為を導入したことによって，解決が導かれるからである。

　これら3つのレベルは抽象度が異なっているのだが，熟達者はこの抽象度の異なるレベル間の行き来（翻訳）が可能である。一方，初学者にとっては，記号のレベルの解決がむずかしいと同時に，レベル間の翻訳も容易ではない。授業のなかで，文字や数字といった記号で与えられたルールや問題が，具体的な場面でどうなることを意味しているかを理解することは容易なことではないのである。たとえば，算数の文章題を逐一，絵に描き直し，数え上げて解決するという児童もいるのであって，このことは子どもにとって記号レベルの問題を理解することのむずかしさを示しているといえる。先の佐藤の授業実践では，「振動して音を伝えるものをあげよう」という言葉による記号レベルの発問だけではなく，オルゴールの導入という手だてのくふうによって，どうなったらものは振動して音を伝えることになるかを明らかにし，レベル間の行き来ができるように十分に配慮されていたが，このような援助のくふうが子どもたちの学習の動機を高め，十分な活動を展開させることになった原因といえると思うのである。授業における子どもたちの学びの状況は，教授プランや発問に依存しているのであるが，どのレベルのどのような問題を取り上げるか，それをどんな系列として子どもたちに提示するか，どのレベルの解決をねらってどう援助するかなどの決定が重要になるであろう。

　たとえば，このことに関連して，細谷（2002）は次のように述べている。

　　〔小学校低学年理科の回路の学習単元で〕子どもたちの前に，豆電球と，導

線と，乾電池と，その他，ニッパーとか紙やすりなどを出してやれば，常日頃，過度にしつけられてさえいなければ，彼らは教師が何も言わなくても（言語的問題状況をつくらなくても），何とか明りをつけようと努力し，成功し，また見よう見まねでそれを追試し始めることが多い（非言語的問題状況づくりのたいせつさ！）。彼らは，電源と仕事場（この場合は豆電球）をつなぐ一回りの回路をつくりあげるし，その間，接続不良，導線の接触によるショート，被覆の役割などを，からだで学習する。そして教師が，うっかりより魅力的な問題状況を提供しないでいたりしようものなら，"どうして明りがつくのだろう"と自分たちで新しい問題状況を作り出して，"＋の電気と－の電気が豆電球のなかで衝突するからではないか"と考えたりする。子どもたちによる"電流ぶつかり説"である（以下略。〔　〕かっこの部分は筆者が加筆した。細谷，2002）。

　細谷は，「豆電球と電池を導線でつないで明かりをつくようにしてみよう」という言語的な問題状況（記号のレベルの問題）設定の危うさと，対応する非言語的な問題状況（具体物のレベルでの問題）設定のすばらしさを示している。授業のなかで，子どもたちは，文字や数字などの記号を操作して記号のレベルで考えたり問題を解決することを学ばなければならない。しかし，それは，たとえば，具体物レベルでのチョウやアリの体つきとは結びつかない，「昆虫のからだは頭部，胸部，腹部の3部分からなり，胸部には3対6本の足がある」という記号レベルの定義の記憶になる危険性を常にはらんでいる。授業のなかの子どもの学びは，各レベル間の行き来が可能になるように援助される必要があるといえ，教師はそれを可能にする問題状況の設定をくふうする必要がある。

4 ── 問題解決としての学びを左右するもの　課題関与状況と自我関与状況

　学習の過程が問題解決の過程であるとすると，授業における子どもの学びは，追究する問題が解決すべき価値のあるものとして子どもたちに共有されることから始まる。そして，多くの場合，取り組むべき問題は教師から子どもたちに与えられ，子どもたちが解決をすることになる。このような授業の状況には，子どもの学びを左右する考慮すべき問題が含まれている。それは，学習者の課題に対する関与状況である。表3-5を見よう。

表3-5 問題発見の主体と解決の主体

発見者＼解決者	自分	他人
自分	自分の問題を自分が解く　a	自分の問題を他人が解く　b
他人	他人の問題を自分が解く　c	他人の問題を他人が解く　d

　表3-5におけるaは文字通り学習者が自分の問題を自分で追求する場面であるから，学習者は解決への動機づけも高く，解決方法や解決の結果にも十分関心を持って取り組むはずである。bは自分の見つけた問題を友だちや先生に聞いて解いてもらっているようなケースであり，aと同様に解決への動機づけも高く，解決方法や解決の結果にも十分関心を持って取り組むであろう。cは教師が出した問題を自分が解くというケースであり，授業ではよくあるケースである。しかし，このケースは，教師の問題が学習者である生徒の解きたい問題になるとは限らず，解きたい問題ではない場合には，解けといわれるから解くが，解決の方法や結果には拘泥せず，解決への動機づけも低くなる可能性がある。dは，教師が問題の解法のデモンストレーションをしているケースなどが当てはまるが，学習者にとっては他人事になる可能性があり，問題やその解決に関する興味関心が低く，解決の方法や結果には拘泥せず，解決への動機づけも低くなることが考えられる。

　オルパー（Alper）は，場面a，bのような学習者の関心の持ち方を自我関与状況，場面c，dのような学習者の関心の持ち方を課題関与状況とよんで区別し，大学生を対象に記憶の実験を行なって，自我関与した学習者の学習や記憶は課題関与した学習者のそれよりも優れているという仮説が妥当であることを実験的に証明している（Alper, 1946）。授業における子どもの学びが，「その問題は先生が言い出したもので私たちには関係がない。解けというから解くだけですよ」といった課題関与状況のもとでのものにならないように，教師は授業の導入部をくふうする必要があるといえよう。

2節 授業における子どものつまずき

1 ── 子どもはなぜつまずくのか　問題解決と誤答，誤解

　授業において問題解決に従事するとき，教師の問いかけに答えるとき，子どもたちはいろいろなことをいってくれる。そのなかには，誤解や誤答の様相を示す発言がある。表3-6にその一例をあげる。

　この子どもは「アリは動物かどうか」という問題を「アリは虫だから動物ではない」という判断に基づいて解決ずみといえる。私たちは「AかBか，本当はどっちなのか？」という状況に陥る。これが問題（状況）であり，この状況に陥ると本当はどうなのかが知りたくなる。

　そこで決着をつけるための情報（知識）を探索し，その情報を得ることによって解決が生じる。授業においては，この情報の探索および獲得過程は教師によって援助されており，妥当な情報が獲得されることが多い。一方，そのような適切な援助がない自分だけの問題解決の場合には，不適切であったり，不十分であったり，場合によっては誤った情報を獲得し，誤解をしたり誤答をしてしまうことになる。子どものつまずきは，このようにして起こることが多い。

　近年，こうした子どもの認識のつまずきは，素朴理論，誤概念，ル・バー（ruと表記，誤ルールの意）などの用語で記述されている。例示した子どもの「アリは虫であって動物ではない」という言明は，この子が動物に関する誤ル

表3-6　子どものつまずき

T:「200個のタンポポのタネが飛んでいって134個くらいに減るんだった……発芽できるのがそのくらいだから，70個くらいは発芽できなかったということだね……それはどうしてかっていうと……」
C:「水とか空気とかがないってことでしょ……あたたかさも」
T:「そうですね……絵本には，なにかタンポポのタネを食べるために運ぶ動物出てきましたけど……」
Cs:「鳥？」「……」「アリ」
T:「そう，アリでしたね」
C:「先生，アリは動物じゃないでしょ！　虫って言ってください」

（白井秀明による理科授業記録から抜粋，下線は筆者。宇野ら，2003に収録）

ールを所有していることを示している。従来の研究から，小学生の動物に関する誤ルールは，多くの場合，動く（足がある），食べる（口がある），排泄する（肛門がある）という適切な性質に加え，陸にすむ，声を出す，毛が生えている，4本足があるなどの不適切な性質を判断基準にして成立しており，そのために動物とは分類されない動物，たとえばアリ，が存在してしまうと考えることができる（たとえば荒井ら，2001）。いわば，子どもたちはライオンやゾウなど動物園などで見聞した動物を基準にして狭い動物概念ないしは動物に関するルールをつくっているのである。また，子どもたちは動物概念の下位概念，たとえば昆虫，魚を動物概念の排反概念のように認識している場合がある。虫だから動物でないというつまずきを示した先ほどの子どもは，こうした誤ったルール体系を持っているためにつまずいているといえるだろう。

　ただし，こうした子どもたちが持っている誤ルールは，それを判断基準として用いると，経験の範囲内で見聞した動物については正解や正答が得られるのである。したがって，結果的につまずきを示している子どもたちであっても，自分の答えが誤答であると認識しつつ解答する者はいない。むしろ，自分の解答は正答であり正解であると認識しているのであり，子どもたちは彼らなりの論理で正しく問題を解決しているのである。さらに言えば，子どもにとっての主観的な解決は常に正解，正答なのであり，それがたまたま教師からみると誤解であり誤答だといえるのである。このちがいは，主観的な解決と客観的な解決のちがいといってもよい。子どものつまずきというけれども，子どもたち自身は主観的にはつまずいてはいない。教師は，子どもたちはああもつまずいている，こうもつまずいていると指摘する前に，子どもたち自身の解決とその理由や言い分を十分聞いて，賢明な対処のしかたを考える必要があるのである。子どものつまずきはそのためのヒントを提供してくれている。

2 ── 授業における子どものつまずき　その2つのタイプ

　前項で述べたように，子どもたちは授業のなかでつまずきを示す。そのつまずきには必ずその原因が潜んでいる。だから，授業で援助を考えるときには，つまずきの分析がたいへん重要になる。なかでも，誤ルールを所有することに

よって生ずるつまずきは，妥当なルールへの組みかえを要するという点で重要であると思われる。

細谷は誤ルールがなぜ子どもたちに作られるのか，またそれはどんな特徴を持つのかについて次のように述べる。

> 問題解決および問題創造は，rule-system を内蔵せしめることによって，もたらされる。ただし一定の rule-system の内蔵にあたって，（中略），内部は空ではないし，また空にすることができないのが普通である。すなわち，内蔵せしめたい rule-system とは異なる演算結果をもたらすような別種のrule-system（これを r̄u-system――ルバー・システムとよぶことにする）をすでに所有している。
> r̄uは，過去の狭い，偏った範囲の経験の自成的一般化の結果として作られ，ルール命題における前提項ないし帰結項の選びまちがえ，選びすぎ，選び不足などや，適応範囲の拡大過剰（誤れる一般化）や縮小過剰（誤れる特殊化）などの特徴を持つ。
> したがって通常，学習の援助は，学習者の既存の r̄u-system を，目標とするrule-system へと変換（組みかえ）する作業となる（以下略。細谷，2002）。

細谷が述べているように，誤ルールにはいくつかの型があり得る。細谷を参考に，そのうちの2つの型について以下に述べる。

（1）自成的な問題解決による誤ルールの獲得とつまずき

このつまずきは，自分だけの経験に基づく問題解決を行なった結果，不完全な誤ルールを獲得してしまい，それを用いた判断や推理をすることによるものである。

①ルール命題における前提項の選びまちがえ

例：花びらがあるのが花である。

この誤ルールに対応する正ルールは「おしべ・めしべがあるのが花である」となる。花は植物の生殖器官だからである。この誤ルールは，子どもたちがめだたないおしべ・めしべの有無よりも，よくめだってうつくしい花びらの有無を選ぶことからつくられる。この誤ルールでは，イネやトウモロコシ，スギやヒノキなどの花（風媒花）は花でないことになってしまうが，日常的

には，花屋で売られている花びらもめしべ・おしべもあるきれいな花を花とよばれているし，その範囲で使っている限りは誤りではないので，この種の誤ルールが作られると考えられる。

②前提項の選びすぎ

　例：タネの発芽に必要な条件は，水，空気，温度，光，土，肥料である。

　この誤ルールは小学生が学習前に所有している誤ルールであり，適切な発芽条件の水，空気，温度に加えて，不適切な光，土，肥料を選択している。

実践事例3-3

　加藤（2003）の報告によれば，クラスの37人の児童中，光が必要とする児童は35％（13/37），土が必要とする児童は97％（36/37），肥料が必要とする児童は11％（4/37）であったという。

　学習後にこの誤ルールが正しく組みかえられるかは，授業内容に依存するのであろうが，荒井ら（2004）は，大学生607人を対象に，彼らが小学生時代に学習した学習内容について誤概念や誤ルールを保持しなくなっているかどうかを調査した。その調査では，正しく水，空気，温度という発芽条件だけを回答した大学生は約2％と非常に少なく，それよりは光，土，肥料を3条件に付加して回答する傾向（約37％）がみられた。先の例のように，学習前の小学生は，発芽3条件以外に光，土，肥料などを必要な条件としてあげることが多いが，大学生は学習後にそのような傾向を示している。因みに調査では，光：85％，土：69％，肥料：25％の比率で発芽条件としてあげられている。したがって，小学生時代に発芽3条件を学習しているはずの大学生は，むしろ学習前の状態にもどってしまっているといえる。

　この結果は，草花を栽培する場合に，土に肥料を加え，タネをまき，日なたにおき，水をやるなどの世話をするが，このような日常的な経験と発芽条件を確認する実験の経験とでは，前者の経験が優ってしまうということを示しているのかもしれない。このことと関連して，細谷・高橋（1976）は，次のように述べている。

3章　授業づくりの手がかり

一般に教科書の「発芽」教材はすっかり型にはまっており，ひどく教えにくいし，子どもの学習意欲をかえって減退させるのではありませんか。発芽に，土は必要か，水は必要か，日光は必要かなど，厳密なコントロール実験を子どもたちは要求されています。これは一見科学的であるように見えて，実はきわめて非科学的なのです。それではどうして非科学的なのでしょうか。多くの教科書ではシャーレの一方には水でしめした脱脂綿，他方では乾燥した脱脂綿を入れて，発芽の比較実験をしています。<u>しかし，乾燥した脱脂綿状で発芽しないことは生活経験で子どもたちがよく知っていることです。それで発芽するなら種屋さんの商売は成立しないでしょう。教科書の実験は子どもの生活常識をくつがえすことはできないので，子どもは何も考えません。</u>だから土が使われていないという事実にさえ気をとめないのです。形式だけの比較実験ではどうにもなりません。発芽で何をねらうかによって，実験のやり方はまるで違ってきます（下線は筆者）。

　今回の調査対象者である大学生が小学生のときにどのような発芽実験を経験したのかはわからないが，彼らの現状は，細谷・高橋の指摘が妥当であることを示しているように思われる。細谷・高橋は，上述のように指摘した後に，①比較観察に重きをおくとき，②発生の観察に重きをおくとき，③形態観察に重きをおくとき，④呼吸作用に重きをおくとき，⑤発芽の生態的意味に重きをおくとき，という目的別の発芽実験を提唱している。ここでは詳細を述べ得ないが，子どもたちの状況に応じた発芽実験の方法を開発し，子どもたちの生活常識をくつがえし，日常的経験に飲み込まれてしまわないような発芽学習を構成する必要があるのではないだろうか。

③適応範囲の拡大過剰（誤れる一般化）
　例：周長大なら面積大。微生物はみんな悪者。
　　前者は，四角形の面積の判断をするとき，周囲の長さが長い方が面積も大きいとするつまずきに関連する誤ルールである。正三角形や正方形，円などを考えれば周の長さが長い方が面積は大きい。一般に相似形である図形ではこのルールは正しいのだが，その範囲を越えて適用すると誤った判断を引き起こしてしまう。後者は，O157などの病原菌による発症などめだったできごとを微生物全体に一般化して適用することから，こうした誤ルールが形成されたと思われる。発酵食品などは微生物の力を借りて製造されることを考えれば誤ルールとなるが，病原菌にだけ限定すれば正しい。

④適応範囲の縮小過剰（誤れる特殊化）

例：水は三態変化をするが鉄や二酸化炭素は三態変化をしない。

　物質はみな固体－液体－固体と三態に変化するのであるが，日常生活のなかで水が三態変化することは経験しても，鉄や二酸化炭素が三態変化することは経験していないことであろう。また，ドライアイスが二酸化炭素であるとしてもいっきに気化してしまうために液体であることは経験しないことが多い。こうした日常経験が三態変化に関するルールをいろいろなものに適用することを妨害しているといえる。

（2）教えられることによる誤ルールの獲得とつまずき

　前項の場合の子どもたちのつまずきは，学校教育の結果ではなく，細谷がいうように，彼らが彼らなりの乏しい偏った経験のなかで問題を解決し自前でつくり上げた誤ルールを用いることから，もたらされたものといえた。しかし，子どもたちのつまずきには，彼らの個人的な経験ではなく，明らかに学校教育の結果として培った誤ルールに依存しているものがある。その誤ルールとは，たとえば，光合成に関する次のようなものである。

例：緑の葉だけが光合成をする。光合成は植物が二酸化炭素を吸って酸素を出す作用である。

　先に述べた荒井ら（2004）の大学生を対象にした調査結果では，こうした光合成に関する誤概念ないしは誤ルールの獲得が示唆された。詳細を述べると次のようである。①「緑の葉だけが光合成をする」という文章を正しく誤りとする率は57.2％であり，正しいとする率は35.6％であった。また，②「スイカやピーマンの緑色の部分も光合成する」という文章を正しいとする率は22.7％にすぎなかった。この結果から，今回の調査対象者である大学生は，「光合成は葉緑体のある緑の部分で行なわれる」という基礎的な認識を欠いており，「光合成は緑の葉だけで行なわれる」という誤ルールをもつといえる。さらに③光合成の原料として二酸化炭素を選択し（80.1％），生産物として酸素を選択する（78.1％）結果から，光合成の基本的なはたらきについて「二酸化炭素と水を原料にして，光のエネルギーを用いて，デンプンや糖をつくる」という認識ではなく，「二酸化炭素を原料に酸素をつくる」

と誤って認識している可能性が高い。彼らの光合成に関する概念はこうしたルールに基づく認識によって構成されている誤概念であるといえる。

　光合成に関するこうした誤概念は，若菜ら（1995），工藤（2001）が指摘するように，学習者の日常生活的な経験によって形成されるというよりは，学校教育のなかで形成されるという点で重要である。その原因は，工藤（2001）も述べているように，学校での学習時に葉を実験などの事例として取り上げ，ほかの部位を用いたり言及しないなどの取り扱いがあげられるであろう。また，植物は動物の呼吸とは逆の「光合成」というガス交換をするということが印象深いのかもしれない。

　宇野ら（2003）は，小学校5年および6年理科における植物単元（発芽，受粉，光合成）でのそれぞれの学習援助を行なった以降の児童の理解状況を追跡調査し，最初の理解度の高い児童と低い児童の学力格差が学習の進行につれて広がること，この格差の是正のためには個々の単元での学習援助法を最適化するだけでは十分でなく，各単元の学習内容（タネの発芽，受粉，光合成）を植物のライフサイクルを取り上げて統合的に意味づけるというストラテジーの有効性を確認している。今回の誤概念に対しても，光合成概念それ自体の学習援助法の改善もさることながら，われわれの主食である穀物生産と光合成（生産物）の関係，食物連鎖上での光合成の位置づけなどの関連づけが考えられる必要があろう。

　以上，子どもたちのつまずきのうち，授業のなかでとくに考慮すべき2つの型について述べた。この項で採用した「つまずきの型分け」はまだ十分ではないが，こうした型分けをよりよいものにし，それらに対処した授業をつくることが重要であろう。また，そのためには，子どもたちのつまずきの由来を彼らから教えてもらうことが不可欠になろう。

3節 つまずきを修正する授業の手がかり

　つまずきを修正するための授業をつくろうとするとき，われわれ援助者はその手がかりをどこに求めればよいだろうか？　この疑問に答えるために，まず実践事例を紹介する。

実践事例3-4

　白井（1994）は，塾で出会った6年生の児童を対象に，描画行動の援助を行なった。それは，谷川俊太郎の詩集『みみをすます』のなかの「えをかく」というひらがなだけで書かれた詩の文をマジックペンで写し，空白部に詩にそった絵を描き，絵巻物を作成するという作業であった。しかし，子どもは，何を描くにも同じ色のクレヨンでジグザクと塗りつぶすだけであった（図3-2）。そこで白井は，(A) 絵の描けない児童に，白井の描いた絵などを教材にし，模倣するようにと促した。しかし，そうした援助は効果がなく，児童の描画法を改善するどころか，逆に児童は絵を描くのを拒否するようになってしまった。白井はこうした児童のつまずきは自分の指導のつまずきであると考え，児童の描くジグザグについて，彼の言い分を聞いてみた。たとえば，児童の描いた「ゾウ」について「足はどこ？」「鼻はどこ？」と聞いてみたのである。すると，児童は「ここ！」とさしてくれたのである。ここから，白井は，「児童は絵が描けないのではなく，白井が望んだ表現のしかたではないがその子なりの表現で絵を描いていた」ことを知るのである。白井はこのように子どもに対する認識をあらためるとともに，援助法をあらためることにした。絵巻物づくりの途中で白井が顔の輪郭を描いておくと，児童はその枠組みを利用して，目や鼻などを描くことが可能であった。そこで白井は，(B) 違った表現法で絵が描ける児童に，半完成品の絵を教材に，その絵を描き足して完成させるようにと促した。また，絵巻物づくりが終了した後には，五味太郎の「らくがき絵本」から児童の描きたい半完成品の絵を選ばせ，拡大コピーをとって，2人で描き，2人の絵を並べてはって，「車，たくさん描いたね。先生窓も描いたんだよ」

3章　授業づくりの手がかり

というように、お互いに絵の感想を言い合うようにした。こうした活動を続けていたところ、ある日児童が「先生見て」といって、黒板に描いた絵を指した（図3-3）。白井が近寄ってみると、黒板に人の顔が描かれていた！　児童は、何も描かれていない黒板に独力で絵が描けたのであった。

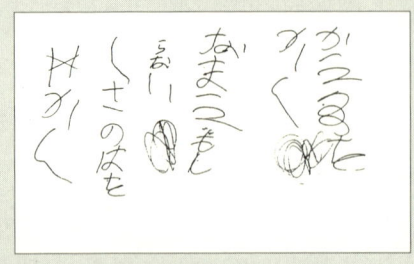

図3-2　カエルと草の葉の絵　　　図3-3　後日白い画用紙に描いた絵

　この［実践事例3-4］から、子どもたちのつまずきを修正するための手がかりやそれを得るための原則を考えてみる。それは次の3つのように思われる。
①援助者は、子どもたちの言い分に耳を傾ける「寛容さ」を持ったほうがよい。子どもたちは、援助者にいろいろなことを、言葉や行動で示してくれている。そのなかに、つまずきを改善するヒントや手がかりがある。教師は聞く耳を持たなければならない。
②援助者は、子どもたちの学習に対する援助目標、援助方法を明確に意識すべきである。子どもたちが援助目標から隔たった行動を示すとき、それはつまずきを意味する。それを改善するためには、みずからの採用した援助方法のどこを改善すべきかが明らかにならなければならない。援助者は改善のためのフィードバック回路を持たねばならない。
③子どもたちの学習は、援助者の援助活動、用いた教材、子どもたちの事前の学習到達度の3要因によって左右されると考えよう。（実践の紹介の文章の下線部分は、これらの要因に当たる）白井は、これら3つの要因を修正することによって、児童の描画行為のつまずきを改善できたと考えられる。

3章のまとめ

（1）授業のなかの子どもの学びは，問題解決過程として進行する。

（2）望ましい問題解決は生産的問題解決である。生産的問題解決はルールによるルールの学習であり，有意味学習である。

（3）子どものつまずきは，みずからの狭い偏った経験のなかで問題を解決し，誤ルールを学ぶことによる。学ばれる誤ルールには，前提項の選びまちがい，誤れる一般化，誤れる特殊化などの特徴がある。

（4）子どものつまずきには，学校教育によってもたらされるものがある。

（5）子どものつまずきを修正する授業づくりのヒントは，子どもの発言や行動のなかにある。これを取り出すためには，①教師が寛容であること，②援助目標や援助方法を自覚している必要があること，③教師は自分の教え方，用いた教材，教える前の子どもの学習到達度と子どもの学習結果との関係を常に考慮する必要があること，が重要である。

推薦図書

『教科学習の心理学』　細谷　純　東北大学出版会
　教科学習の心理学を構築した細谷純の著作を集めたもので，授業実践の実例に基づいて心理学的ルールが解説されている。

『授業に学び授業を創る教育心理学』　宇野　忍（編）　中央法規
　生産的問題解決，再生的問題解決などの学習形態，学習援助ストラテジーなどが授業例を中心に解説されている。

『じょうずな勉強法』　麻柄啓一　北大路書房
　どうすれば勉強が好きになるかを，つまずきの事例を取り上げて解説している。

4章

授業を理解する

　本章では，授業の理想的形態が個人指導教師による授業であるとし，その特質を最近の実証的研究によって明らかにし，その理想を集団指導のなかでどのように実現し得るかを考察する。学級のなかで行なわれる集団指導のなかで最大の問題である能力適性の個人差，そのような個人差と教え方の間に成り立つ適性処遇交互作用というパラダイム，このパラダイムに基づいて個別指導と集団指導の折衷を計る最適化という考え方，さらにこのパラダイムの延長として，生徒と教師の相性の問題などを取り上げる。

1節 授業の特質

1——教授学習過程として見た授業

　学校ないしは学級で生じる学習はschool learningとよばれるが，これはとくに授業における教授学習の結果として生じる学習を指している。この過程をグレーザー（Glaser, 1976）は図4-1に示すようにモデル化したが，このモデルは4つのステップとそれぞれを結ぶフィードバック・ループより成るひとつのシステムを構成しており，授業の流れを的確に表現している。第一のステップは授業の目標の設定である。次のステップは授業開始時の行動の確認ないしは測定であり，次の教示手続きに入るに先立ってすでにどのような行動が学習者に備わっているかを確認する。具体的には，知能の発達水準，予備知識，興味，動機づけなど，学習者の知情意にわたる種々の個人差のうち，教授学習に関連しうるものであり，これらは広義の適性とよばれる。次のステップは教授手続きであり，教師の授業のスタイル，教授メディア，指導方法などをいう。最後の成績評価は，はじめに設定された教授目標が到達されたかどうかの確認である。通常成績評価は学習者について問題にされるが，このモデルは教師を含めた教授手続きの評価である。成績評価で得られた情報は前の各ステップにフィードバックされてそれぞれが修正される。こうしてこの教授学習システムがより高い効果を上げる。たとえば，成績が低い場合には，目標が高すぎたり，不適切であることが考えられ，あるいは取り上げた開始時行動が関連性の低いものであるかもしれず，さらに教授手続きの手直しが必要であるかもしれない。

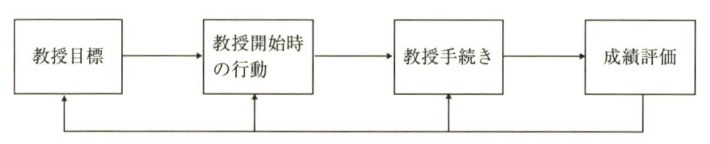

図4-1　教授・学習過程のモデル（Glaser, 1976）

2 ── 一斉授業と個別指導

　このモデルは，通常の授業で行なわれる1人の教師が多数の生徒を教える一斉授業の場合にも，1人の教師が1人の生徒を教える個人指導（tutoring）の場合にも同じように妥当するものと考えられるが，前者において後者にはない問題が生じる。それは，教授開始時行動の生徒たちの大きな個人差であり，なかでも授業においてはとくに知能の個人差が教育実践上の問題の原因となる。知能について広い範囲に分布する生徒の集団を1人の教師が指導する限り，いかに熟達した教師であろうとも全生徒がそろってよい成績をおさめ，そろって満足するような授業はまず不可能である。

　古来，個人指導教師が理想的な授業の形態とされてきた。古代ギリシャ，ローマ時代から近世にいたるまで，富裕な階層の子弟の教育は個人教師によって行なわれてきた。現代では一般の子どもたちに教育の普及を図ることが制度化され，それとともに能力の個人差にどのように対処するかが教育実践上の最重要課題となった。

　スキナー（Skinner, B. F.）は，1960年代のはじめにこの問題を教育工学の技術によって解決すべく，ティーチング・マシンとプログラム学習という教授方法を提案した。科学化，技術化の遅れた教育界に対してスキナーの提案が与えた衝撃は実に大きかったが，ここでこの歴史的な提案の意義を能力の個人差の問題，さらに個人指導との関連に焦点を合せて再考しておきたい（並木，1997）。スキナーは動物を被験体とするオペラント条件づけの研究成果を教科の学習に応用しようとした。教科の学習において，まず教示の目標を明確にしておき，教科書の内容を細分化して系列化した学習プログラムによって徐々にその目標に到達させる。ティーチング・マシンは学習プログラムを提示するための装置である。この教授方法の重要な原理のうち，ここで関連性のある3つを取り上げたい。

(1) スモール・ステップによる行動の形成

　　学習プログラムは多数の項目の系列であるが，項目間で情報量が大幅に増加しないように配慮することをスモール・ステップとよび，目標とされる行

動は，スモール・ステップで提示される項目によって徐々に形成される。
(2) 個人ペース

プログラムの学習は個人ペースで行なわれるので，能力の個人差は学習所要時間によって吸収されるとする。どのような能力の学習者であっても学習プログラムを学習し終えるならば一定の学力に到達できると考えられた。

(3) 即時強化

学習プログラムの項目は設問形式になっており，空欄に答えを書き込むと，それが正答であるか誤答であるかがただちにフィードバックされる。スキナーはこれを即時強化とよび，この手続きが学習の効率を高めると主張した。

このような原理に基づくスキナーの教授方法は，教授学習過程の機械化，自動化をめざしたものではなく，理想的な個人教師の授業をこのようなソフトウェアつまり学習プログラムとハードウェアつまりティーチング・マシンを用いて実現しようとしたのであった。そしてこの教授方法は，上述した学習者の能力の個人差に対応して，だれにでも一定の成果を保証し，さらに後に述べるような個人教師の授業の特質と同じ原理に立脚していたのである。現在教育界に徐々に浸透してきたCAI（コンピュータを補助的に用いた教授方法）も，スキナーの原型とは幾分離れたものに変化してきたが，個人教授をモデルとしている点は同じである。

3 ── 優れた個人指導教師の研究

スタンフォード大学のレッパーら（Lepper et al., 2002）は，授業の理想的形態とされる個人指導教師による授業がどのような特徴を備えているかを実証的データに基づいて明らかにし，さらに個人指導の達人のモデルを提唱した。まず個人指導の授業の特徴として，彼らは以下の3点を挙げている。

個別化：教師と生徒が1対1であるために，教師の注意とエネルギーを1人に集中できる。一方，生徒の側では，注意と努力を課題に集中することができる。上述のティーチング・マシンでは，学習が個人ペースで行なわれるいわばマン・マシーンシステムであることに相当する。

即時性：ある課題の学習の過程のなかで，反応の正誤に対するフィードバック

（これは結果の知識：knowledge of result ともよばれる）を即時に与えることができる。上述のティーチング・マシンにおいてもこれは重要な原理であった。これも個別化があって初めて可能である。

相互作用：この特徴も個別化の結果であり，教師と生徒の間に緊密な相互作用が生じる。教師は生徒にどのような活動を行なわせるか，どのような助言や励ましを与えるかを生徒の反応の観察から得られる言語的，非言語的情報に基づいて決めることができる。また生徒がその時点で身につけているスキルや知識，動機づけのレベルを確認しながら対応することができる。

上述のティーチング・マシンにおいては，提示された項目の設問に対して学習者が答を書き込み，次にその正誤がただちにフィードバックされることで装置と学習者の間の相互作用が学習プログラムの終了まで持続する。

個人指導の授業によって教師と生徒の間の理想的な関係が実現され得ることは確かであるが，しかしこの関係も教師が理想的な力量と人格とを備えていて初めて可能となる。レッパーらはその理想像を次のようにして探った。

個人指導教師としてとくに成績のよいとされた人たちの授業の過程をヴィデオ撮りし，これを詳細に分析した。一方，対照群として個人指導教師として首尾のよくない人たちのものもデータとした。小学校の各学年の生徒で，補償的な授業を必要とするものが主たる対象となったが，比較対照群として学習に問題のない生徒のデータも収集した。授業で取り上げた教科は，足し算，分数，文章題など，低学年の数学の課題であった。

分析結果は，優れた個人指導教師の特質を明らかにした。優れた教師は，担当したどの生徒に対しても実に効果的に学習と動機づけを高めることができ，認知的側面と動機づけの2つの測度について，授業の開始時に予想されるよりもはるかに大きな改善が得られた。とくに優れた個人指導教師の場合には，はじめは反抗的で疎外感がつきまとい，絶望的ともいえる生徒が，学習に興味と熱意を示し，積極的に取り組むようになる。しかも，通常の補習授業で数週間，あるいはそれ以上の時間を要するところを非常に短い時間で終えることができる。また生徒の学習の増加分は，個人指導の終了後も維持されているので，生徒が授業中に見かけ上学んだだけのものではなく，本当に身についたものと考

えられた。また，非常に優れた教師には，目標，方略，テクニックにいくつかの共通次元が認められた。つまり，個々の生徒に対する対処のしかたに首尾一貫したものがあり，指導した生徒の個人差に非常に敏感に反応しながらも，生徒に対する教示と動機づけについて特徴的な行動を示した。つまり，生徒間の差異にいちはやく反応しながらも，自分が確立し，維持してきた基本的枠組のなかで対応していた。さらに，優れた教師たちのアプローチのなかに共通する要素が確認された。

　以上のような枠組ないしは共通する要素に基づいて，レッパーら（Lepper et al., 1997）は以下の7つの決定的な特徴を個人指導教師として傑出するための必須の要因とし，それらの頭文字をとって INSPIRE モデルを構築した。

Intelligent（知的に優れていること）：個人指導の達人は，知性が高くまた豊富な知識の持ち主である。教科の内容に通暁し，たとえば，負の数，分数といったむずかしい概念を具体的なできごとから生徒に類推させて教える。これらの実践的指導法を特定課題に限らず，より一般的教授法として身につけている。

Nurturant（養育的姿勢）：生徒との個人的なつながりをたいせつにする姿勢であり，たとえば学校の内外で何に興味を持っているかを話題にして生徒とのラポールを確立する。授業中終始あたたかい心くばりを忘れず，もし生徒が困難に陥っても感情移入的に共感し，生徒が課題をうまく解いたときには，教師が生徒の力を信じて疑わないことを表明する。対照的に個人指導教師としての力量を欠く場合にみられた状況は，生徒が泣き出したり，顔を腕の中にかくして伏せてしまうといった行動であった。

Socratic（ソクラテス的対応）：優れた個人指導教師は，ある教科で挫折した経験のある生徒に対して，教え込む方法をとらず，ソクラテス的方法をとる。すなわち，方向づけたり，主張したりはせず，質問をくり返して，生徒からできるだけ多くのものを引き出そうとする。そのような教師の発言の実に9割が質問であった。答えを与えてしまうのでなく，自分で正答を引き出すように導く。また誤りを生産的な誤りと受け取り，否定的に扱わず，正答に転じる契機とする。

Progressive（計画性を生む構造）：次に与える課題の選定，誤答や誤解に対する対処などを決定するための計画性と，しっかりした構造に基づく次の手段を豊富に所有していること。これがあって初めて，生徒の力量の診断，誤りの訂正，そして次のよりむずかしい課題というサイクルが円滑に進む。

Indirect（あくまで**間接的に**）：上記のソクラテス的と関連するが，生徒に対して徹底して非直接的に対応する。とくにひとつの教科に自信をなくしている生徒には，批判を避け，誤答を責めず，自分で誤りに気づくように導く。ほめる場合も，問題解決の過程をほめるにとどめ，生徒自身を直接ほめることをさし控える。

Reflective（生徒の深い思索をめざす）：問題解決に直接結びつく手順や方略にとどまらず，その基盤にある一般原理にまで考えがおよぶことを重視する。しかもこれを直接教え込むことはしない。

Encouraging（励まし）：生徒を動機づける方略は以下の5種類であり，これらは優れた個人指導教師が高めようとする，学習の動機づけの補助的源となるはずである。①自信をもたせる。②挑戦させる。③好奇心をもたせる。④生徒自身によるコントロールを育てる。⑤文脈化する。たとえば抽象的な問題を日常的な文脈に関連させて生徒の関心を高める。

　以上のような特性を備えた教師が個人指導の達人であり得るのであるが，このような特性がそのまま，一斉授業の行なわれる通常の教室で理想的授業を生じる保証はない。しかし，一斉授業のなかにおいても個々の生徒への指導のモデルとして役立つと考えられる。

　一斉授業においては，能力・適性の個人差は避けられない与件である。次節では，能力・適性がどの程度教授学習の結果に影響するかを述べた後，教授方法しだいでこの影響が異なることを明らかにし，さらにこの考え方から一斉授業と個人指導の折衷案が提起されることを述べたい。

実践事例 4-1

　上述のレッパーらの個人指導の達人のモデル構築の基礎となった観察データから，そのような教師の授業が，生徒へ順次問題を提示する経過のなかで，以下の5つのステップからなる系列をくり返していることが明らかになったという（Lepper & Woolverton, 2002）。これらは，理想的な個人指導の流れを具体的に記述しているので，実践的な示唆に富むものと考えられる。

(1) 問題の選択

　まず教師は，その時点における生徒の知識，理解ないし誤解，動機づけの程度を判断して問題の選定を行なう。これは上記のグレーザーのモデルの教授開始時行動の確認に相当する。また提示する問題のねらいは，適切な学習経験をもたらすもの，動機づけを高め，さらに生徒の状態の診断の情報源ともなりうるものにある。

(2) 問題の提示

　問題について補足的な説明を行なって，問題への取り組みの動機づけを高め，問題解決にいたるまでやり遂げるように励ます。

(3) 問題解決

　生徒が問題に着手すると，教師側のコントロールを控えて，生徒の自発性に任せる。正解に到達するように支援するが，正解を直接教えたり，正解にいたる手続きをとるように方向づけたりはしない。

(4) 再考

　いったん正解が得られると，正解にいたった過程をもう一度考えるよううながす。つまり，問題のもつ意味を明確にさせ，また手続きのもつ意味も再考させる。さらにほかの文脈との関連性をも考えさせる。

(5) 教示

　最後に，必要に応じて，教師は生徒がそれまで体験していない概念や手続きを直接的に教示することもある。これは，生徒たちが補習を必要としたり，失敗体験を持つ場合が多いので，このような教示がその後の学習に促進的な効果を持つと期待されるためである。

以上のような5つのステップが個別指導を成功に導いているという。

2節 子どもの学びと授業

1 ── 子どもの能力適性と教授学習

　前節の教授開始時行動の個人差のうちで，教授学習の結果，つまり成績にとくに強く関連するものが一般知能である。一般知能とは通常の知能検査で測られる知能であり，多様な知能の因子を含んでいる。このような知能と成績との間には高い相関があり，初等・中等教育段階で相関係数 $r = 0.6 \sim 0.8$ の値となる。この相関係数は，知能がよく成績を予測することから，知能検査得点の予測的妥当性の指標とされる。図 4-2 は知能と成績の間の相関につき二変量正規分布を仮定して，両者の間の回帰直線を図示するものである。この直線を用いて，知能の値から成績を推定することができる。

　生徒の成績を規定する要因として，知能とともに不安が経験的に重視されてきた。不安は一般不安傾向検査，特性不安，状況不安の検査などで測定するこ

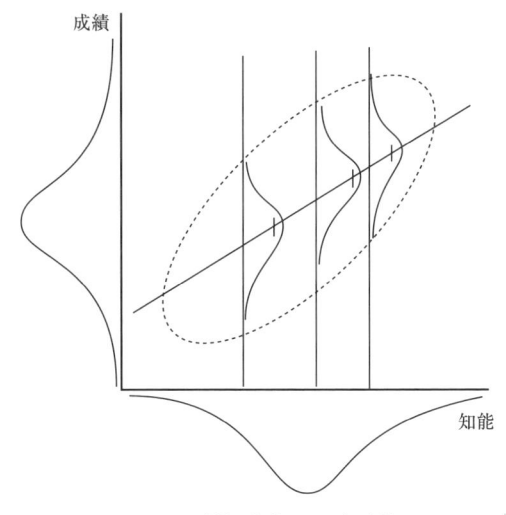

図 4-2　成績の知能への回帰直線

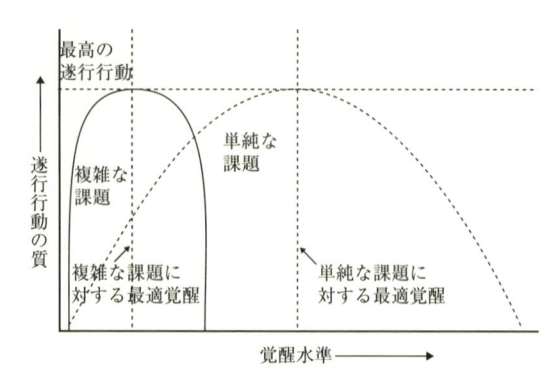

図4-3 覚醒水準，課題の複雑さ，および遂行行動の質の間の関係に関するYerkes-Dodson law の理論曲線（Biggs & Telfer, 1981）

とができる。不安と成績の関連性は，知能の場合のような直線ないしは単調増加関数ではなく，図4-3に示すような逆U字型の関数になることが知られている。不安は覚醒水準を規定するので，ここでは同義の概念として取り扱うことにしたい。覚醒水準と遂行行動あるいは成績との間には図のような逆U字型の関係があり，成績に対して最適の水準がある。その水準以下の範囲では正の関係，つまり覚醒が促進的な効果を持ち，その水準以上の範囲では妨害的な効果を持つ。さらに課題の困難度とこの逆U字との間に関連性があり，困難な課題の場合には最適水準が低い方へ移動するとされる。この経験則はヤーキス・ダッドソンの法則（Yerkes - Dodson law）とよばれ，一世紀に近い歳月に耐えて生き長らえてきた。実験的にこの法則を裏づけ，さらにそれを理論化しようとする努力が続けられており，とくに実践的な意義の大きい法則である（Biggs & Telfer, 1981；並木，1997；Matthews et al., 2000）。この法則は，教室における生徒の学習成績を高めるためには，不安という適性とともに課題のむずかしさをも考慮すべきことを教えてくれる。次に，適性と成績の関連性が教え方しだいで違うことがあり得るという効果について述べたい。

2 ── 適性処遇交互作用

適性処遇交互作用（Aptitude Treatment Interaction：ATI）は，適性と教示の結果との関係が教授方法によって異なる現象をいう。処遇とは教授方法の

ことであり，交互作用とは統計学の用語であり，後述するように主効果の対概念である．図4-4はカーペンターら（Carpenter et al., 1989）の研究で得られたATIパターンである．アチーブメントプリテストが適性の測度であり，結果の測度は簡単な文章題のポストテスト得点である．図中の直線はポストテスト得点のプリテストへの回帰直線であり，実験群であるCGI群と統制群とで相異なる回帰直線が得られるが，このような非平行のパターンを（統計学的）交互作用とよぶ．カーペンターらの実験は教育実践にも大きく寄与する非常に優れたものであるので，やや詳しく紹介したい（並木，1997；2004a）．

　彼らは，子どもの数学的思考力の発達心理学的研究の成果を教師に教えることが，教師の授業と生徒の学習にどのような影響を及ぼすかをATIパラダイムに基づいて研究した．小学校一学年担当の教師40人がこの研究に参加し，うち半数は実験群に割り当てられて，認知心理学に導かれた教示（Cognitively Guided Instruction：CGI）とよばれる4週間の夏期ワークショップに参加し，子どもの加算と減算の概念の学習と発達に関する認知発達心理学的研究の成果を学び，さらにこの知識に基づいて授業のしかたを計画する機会を与えられた．残る20名は統制群に割り当てられて，問題解決方法のきまっていない課題の解決に焦点を合わせたワークショップに2度参加する．その後の10か月にわたり，40名の教師とそれらの生徒たちは，数学の授業中，この研究のために開発されたコーディング・システムを用いて，それについての訓練を受けた観察者によって観察された．この実験期間の終りに，教師が生徒に関して得た知識を次のように測定した．

　自分の担当するクラスの個々の生徒が特定の問題をどのように解くか，また正解答できるかどうかを教師に予測させる．次に，教師の予測と生徒の実際の反応をつき合わせて，その一致度を生徒の思考と成績に関する教師の知識の測度とした．また，加算と減算の学習と教授に関する仮説を評定する質問紙を用いて教師の信念が測定された．一方，生徒たちには標準化された数学のプリテストを9月に，一連のポストテストを翌年の4月と5月にそれぞれ施行した．ポストテストは，計算と問題解決の標準テスト，および実験者が生徒の問題解決能力をより正確に測定するために作成したテストより成っている．ポストテスト施行後に，各種の問題解決の過程を調べるために，生徒の面接が行なわれ，

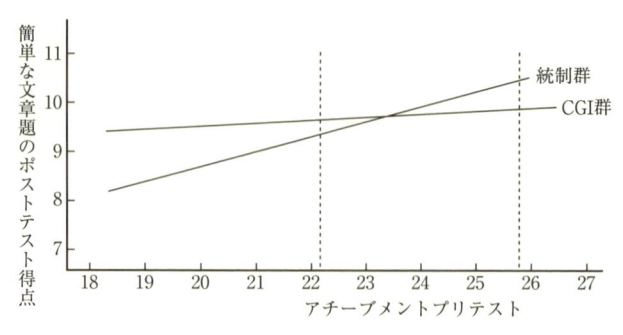

図4-4 簡単な加減算の文章題を結果の測度としたときの数学の学力プリテストとCGI群─統制群の間の交互作用（Carpenter et al., 1989）

最後にこの研究のために開発された態度と信念の尺度が施行される。

　以上のようにこの研究は綿密で周到な計画に基づいて行なわれた。またすべての分析において，分析の単位としてクラス，あるいは教師が用いられ，個々の生徒のデータを単位としていない。したがって標本サイズは全体で40である。これは大規模な実験の場合のみ可能ないわば贅沢なデータの取り扱いである。ちなみに，これらの40クラスと40人の教師はウィスコンシン州のマディソンの24の学校にまたがっており，たとえば数学の学力を調べるプリテスト得点も図4-4の横座標に示すように分布の幅が十分広い。図の縦座標は簡単な文章題のポストテスト得点であり，この得点のプリテスト得点への回帰直線を実験群と統制群につき求めた結果，このような非平行で交叉のあるパターンが得られた。これが典型的な交互作用であり，プリテスト得点を適性の測度とし，2つの条件群を処遇の要因とするATI効果である。プリテスト得点の低いクラスではCGI条件の教師がよりよい結果をもたらし，高いクラスでは統制条件つまり，授業に直接かかわりのないワークショップのみを経験した教師がより高い結果を生じている。

　一般にCGI条件のようなゆるい勾配の回帰直線は学習者の能力を補償するはたらき方の教授方法に見られ，一方強い勾配は学習者の能力を利用あるいは活用する教授方法に見られる。なお図中の点線はジョンソン─ネイマン・テクニックによって得られる有意性の範囲を示しており，左の点線の左側ではCGI条件が有意によい成績であり，右側の点線の右側では統制群が有意に高い結果

をもたらしている。また，2つの条件のいずれが平均的によい結果をもたらしたかを図から読み取ることができる。横座標の平均値はたまたまほぼ左の点線の位置にあたるが，その平均値上に乗線をたて，2つの回帰直線の交点の縦座標の差が2条件の平均値の差であり，これを主効果という。

図より明らかなようにCGI条件が統制群より平均的によい結果をもたらしている。要するに，数学の認知発達心理学の成果を教師が知ることによって，補償的な授業，つまり弱者にやさしい授業を行ない，しかも平均的にも成績のよりよい授業となっている。さらに上述したいくつもの結果の測度においても平均的にCGI条件がよりよい結果となった。たとえば，CGI条件の教師は，生徒の数学問題の解き方と正答の可否をよりよく予測し，あるいは生徒はこの条件の教師によって数学の学力により高い自信を持つようになった。

なお，図のような交叉のあるATIが生じた場合には，適性に応じて教授方法を切り換えて全体の結果の改善を図ることができる。図の場合，プリテスト得点が交叉より高い生徒には統制条件で，それより低い生徒にはCGI条件で教授することで全体の結果を高くすることができる。これをATIに基づく教授方法の最適化とよび，より個に即した教授方法を実現するひとつの方略であり，上述したように一斉授業と個人指導の妥協案でもある。

3 ── 知能と不安を同時に扱ったATI研究

これまでの研究によれば，不安の学習結果への影響は，学習者の能力と教授方法に依存しているという。通常のATIパラダイムは，1つの適性次元と複数の教授方法との間の交互作用を考えるのであるが，知能と不安という2つの適性を同時に扱うためには研究方法がはるかに複雑になる（並木，1997）。とくに不安の影響に関して，上述のような曲線を仮定する場合には，知能，不安，および結果によって定義される3次元空間のなかの回帰曲面を取り扱うことになる。ここでは比較的やさしい手法を用いたピーターソン（Peterson, 1976, 1977）の研究を紹介したい。

ピーターソンは授業の要因として構造化と積極的参加の2つを考慮した。構造化された授業が不安の高い学習者に有利といわれるが，その理由は構造化に

よって学習者の情報処理の負担が軽く，また学習の方向性が明確に伝わるためと考えられる。筆者もプログラム学習という最も高い構造化レベルの教材を用いたときに不安の高い学習者も不利にならないことを確認することができた（Namiki & Hayashi, 1977）。一方，授業への積極的参加を求められる場合に，不安の低い学習者がよい結果を示すという（Cronbach, 2002）。ピーターソンは知能と不安の2つの適性と，構造化（Structure：S）と積極的参加（Participation：P）という2つの授業の要因との関連性をATIパラダイムに基づいて探った。ピーターソンは，授業の二要因の有無について，4つの条件群 S+P+，S+P-，S-P+，S-P-を設けた。表4-1に示すように，これらの条件は授業中の教師の操作によって特徴づけられた。9学年生4クラスを担当していた1人の教師がこの実験に参加し，アメリカの社会における疎外の問題の単元の4つのセクションをおのおのの教示条件で教えた。この教師はあらかじめ4つの教示条件を使い分けるように訓練を受けており，また授業中もそれぞれの教示条件に従っているかをモニターされていた。この実験は典型的な教場実験で

表4-1　構造化（S）の有無，および積極的参加（P）の有無による4条件群
　　　　（Peterson, 1977; Cronbach, 2002）

S+P+	S+P-
・教師は生徒に質問することによって授業のめざす目標ないし目的を生徒から引き出す。 ・教師は生徒のアイディアを用い，重要な点を強調するために言語的マーカーをつけ加える。 ・教師は生徒に多くの質問を与えて，質問と生徒の反応を用いて授業を構成する。 ・教師は生徒に，授業への積極的参加が求められていることを告げ，授業中も終始そのように求める。	・教師が望ましい目標ないしは目的を告げる。 ・教師が重要なポイントを言語的マーカーを用いて強調する。 ・教師からの質問の数は少ないが，この少ない質問と生徒の反応を用いて授業を構成する。 ・教師は生徒に授業への積極的参加が求められていないことを告げ，また授業中も終始求めない。
S-P+	S-P-
・目標ないしは目的についていっさい言及しない。 ・重要な点についての言語的マーカーを用いない。 ・教師は事実，概念，原理，意見を引き出すために多くの質問を行なうが，それらを授業に結びつけて一体化することはない。 ・教師は生徒に授業に積極的に参加するように求められていることをはっきりとは言わないが，授業中終始そうするように求める。	・目標ないしは目的についていっさい言及しない。 ・重要な点についての言語的マーカーをほとんど用いない。 ・教師は質問をほとんどしないし，それを授業と一体化することもない。 ・教師は生徒の積極的参加について言及しないし，また授業中もそれを求めない。

あるため，条件の統制には困難がともなうが，そのような制約の下で条件統制の努力が払われている。たとえば，4つの教示条件がそのねらい通りにそれぞれ実行されているかどうかを確かめるため，モニタリングについて訓練を受けた観察者がコーディングを行ない，このデータを信頼度に関する最先端の手法であった一般化可能性理論（generalizability theory ; Cronbach et al., 1972）によって分析した。なお，授業に先立って，言語能力と不安の検査が施行され，この2つの得点が適性情報として用いられた。

　本研究の結果のひとつを図4-5に示す。この図は本来言語能力，不安，およびポストテスト得点より成る三次元空間のなかに，各教示条件ごとの4つの回帰平面が複雑に交叉しながら位置するものであるが，それを見やすくするために三次元空間の一部をスライスして図示したものである。aは言語能力の低いある値の学習者群，bは高いある値の学習者群について4つの教示条件の回帰直線を求めたものである。低能力群においてはS+P-条件を除いて，ほぼ平行である。S+P-条件では不安が高いほど成績が悪い。高能力群においては，S-P-条件の回帰直線が著しく右下りの勾配となり，低不安の生徒の成績がよく，高不安の生徒の成績は低い。一方，S-P+条件では逆に右上りの勾配となり，不安が促進的に効いている。b図は全体として不安と教示条件の間の顕著なATI効果を示している。さらに，図a，bのパターンのちがいは，能力×不安×教示条件の高次の交互作用を示唆している。

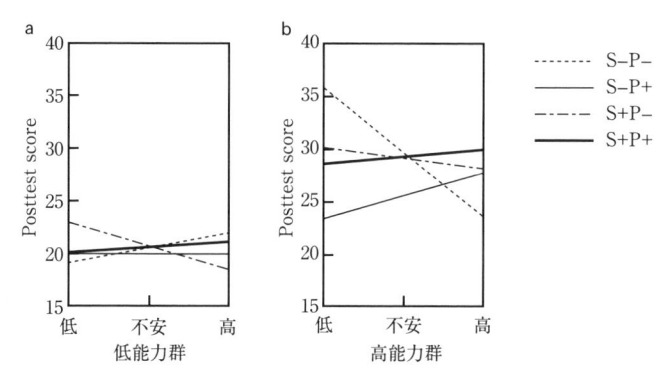

図4-5　言語能力と不安の組み合わせと4つの教示条件との間の交互作用
（Peterson, 1976; Cronbach, 2002）

このような結果に関するピーターソンの解釈の概要を紹介しておきたい。低不安／低能力のタイプの生徒は，教師から要求されることによって初めて動機づけられ，学習が促進される。教師による構造化がこのタイプには役立っている。高不安／低能力の生徒の場合，教師が生徒に何を学習し，何をすべきかを告げても，生徒自身は何もできないと考えるので，高構造／低参加のような授業では動きがとれなくなってしまう。このタイプの生徒には，構造化による負担もかけず，教師の注意も引くことなしに過ごせる低構造／低参加の条件でよい成績をおさめる。低不安／高能力の生徒においては，学習の手がかりを自分で慎重に選んだり，自分の能力を意図的に適用することができるので，教師による構造化も参加の要求も必要としていない。高不安／高能力の生徒は，高構造／高参加，高構造／低参加，低構造／高参加の順で成績がよい。その理由は，このタイプの生徒は，教師が自分に求めていることにこたえることで成績が上る。一方，低構造／低参加の条件では，行動の手がかり不足から方向を見失い，その結果成績が低下する。

以上の結果が無条件で一般化できる保証はないとしても，能力×不安×教示条件のATI効果がある限り，個々の生徒のタイプに即した授業のスタイルが考慮されるべきである。

実践事例 4-2

筆者らは小学生の不安傾向と評価方法との関連性をATIパラダイムに基づいて探った。評価方法もひとつの教育的介入であり，広義の教授方法と考えられるからである（鹿毛・並木，1990；並木，1997；並木，2004a）。この研究は，6学年の算数のカリキュラムの一単元「図形の面積の求め方」を学習課題とし，通常の授業のなかの教場実験として行なった。一般に，理論に基づいて行なわれる実験場面が現実の教室場面とどの程度対応しているのか，あるいは両者の距離がどれくらい近いかを生態学的妥当性とよんでいる。教授心理学の研究では，実験条件の統制と生態学的妥当性をいかに両立させるかが大きな問題である。この妥当性が高ければ，実験結果を教室の授業に導入しても誤りの生じる可能性は小さい。筆者らの研究は教授心理学のひとつの成功例と考えられるの

で，あえて実践例として挙げておきたい。

　この研究では相対評価，到達度評価，および自己評価の3つの評価方法が比較されたが，被験者は6年生3クラスであり，クラス単位で3つの評価条件に割り当てられた。毎日45分間の授業時間に3群とも同一の学習プログラムを用いて学習し，約10日間でこの単元を終える。毎回の授業の終わりに小テストを行ない，この結果を翌日の授業の始めに知らせるのであるが，その知らせ方で3つの評価条件に分かれる。たとえば，相対評価条件では，「クラス全員のなかで何番であった」という形で評価を行なう。この実験結果のひとつは，横座標をテスト不安傾向，縦座標を強制感とし，評価条件ごとに回帰直線を求めたところ，3本の回帰直線は非平行のパターン，つまり交互作用を示し，このATI効果は有意であった。3つの評価条件の平均値の差，つまり主効果については，相対評価条件が最も高い。回帰直線の勾配は相対評価条件で1番大きく，不安傾向がそのまま強制感に結びつくことが明らかである。したがって，テスト不安傾向の高い生徒が相対評価を受けるときに非常に高い強制感を経験することになる。一方，不安傾向の低い生徒についてはどの評価条件によっても同じ程度の低い強制感しか生じていない。このような結果は，子どもの特性に合わせて評価方法を考えることが学習指導上必要であることを明らかにしている。なお，この研究においては，条件を可及的に統制するために，1人の教師が3つのクラスを担当し，また学習プログラムを教材として用いることにより教師要因の統制を図っており，授業の一環として行なわれた教場実験であるにもかかわらず明確な実験結果が得られた。生態学的妥当性と条件統制という二律背反のなかでの成功例であると考えられる。

3節 教師の役割と授業

1 —— ATIパラダイムから見た教師の役割

　本章の冒頭に掲げたグレイザーのモデルにおいて，教授手続きとして教師の授業スタイル，教授メディア，指導方法などをあげた。本節ではまずこれらの教授手続きと同様に個々の教師の人格全体が授業の結果を決定するというATIパラダイムに基づく研究を紹介したい。この研究は授業における教師の役割を個々の生徒の適性とのかかわりで考えるという新しい視点を提唱するものである。

　筆者らは，小学生のための英語入門コースの実験授業をATIパラダイムに基づいて行なった（安藤ら，1992；倉八ら，1992；並木ら，1993）。教授方法は2つあり，その1つは英語の授業をできるだけ自然なコミュニケーション場面に近づけて，母国語の習得と同じように外国語を自然に習得させようとする教授法であり，コミュニカティブ・アプローチ（CA）とよばれて近年教育現場に導入されつつある教授法であり，もう1つはわが国で伝統的に行なわれてきた文法中心の教授法であり，グラマティカル・アプローチ（GA）とよばれる。なおCAはヨーロッパ起源の外国語教授法であり，次のような特徴を持っている。①母国語による説明が中心とはならず，外国語の音声による導入，練習が中心になる。②自分がその場で持ち合わせている情報の授受の活動が中心になり，文法規則を教えるための不自然な文章でなく，自然な文章を用いる。③教師中心の授業展開ではなく，学習者どうしのグループ学習活動の比重が大きい（倉八，1993）。

　この研究ではダイレクトメールで募集した小学校5年生89名を被験者とし，CA，GAの訓練を受けた教師4名がそれぞれCA，GA各1クラスを担当し，合計8クラスに10日間にわたり授業を行なった。主な結果をあげれば，教授法に関するATI効果として，筆記によるポストテスト得点を結果の測度とした場合，言語性知能と教授法との間に有意な交互作用が認められ，GAの回帰

直線は勾配が大きく適性の利用となり，CAの勾配は小さく適性の補償というパターンが得られた。

このような普通のATI効果のほかに，教師要因を加えた重回帰分析を行なった場合，適性×教師，適性×教師×教授法という教師要因を含む交互作用項がいくつかの適性と結果の測度について有意であった。なお，教師要因を加える分析方法は，各教師が2つの教授法によるクラスをそれぞれ担当したので，教授法の2つの条件のデータをまとめることによって可能となった。一例として，Y-G 検査で測られる「素直に人のいうことを聞きいれない傾向（Lack of Agreeableness: LAG）」という性格特性を適性次元とした場合を取り上げるが，この性格特性はとくにCAとの関連性があることが予想された。表4-2はポストテスト得点の重回帰分析表であり，Tは2つの教授法，Tchは教師3名である。教師はもともと4名であったが，授業のモニタリングのデータの分析の結果，1名の教師の授業ではこれらの教授法が忠実に実行されていないことが判明したため，この1名に関するデータは分析から除かれた。

まず通常のATI効果であるLAG×Tが有意であり（表4-2），図4-6 aはこの交互作用である。GAの回帰直線の勾配は非常に小さく，この教授法においてLAGという性格特性は結果にほぼ無関係であるが，CAでは負の勾配，つまり負の相関となり，素直に人に従うタイプの生徒は成績がよく，そうでない生徒では成績が悪い。このパターンはCAという教授法の特徴をよく表している。次に教師要因Tchの主効果（つまり単独の要因が平均値に差をもたらす効

表4-2　ポストテスト得点の重回帰分析表（並木，1993）

ステップ	変数	R^2	ΔR^2	F	p
1	LAG×T	0.1839	0.1839	12.39	0.001
2	T	0.1928	0.0089	0.60	ns
3	LAG	0.1983	0.0055	0.36	ns
4	Tch	0.3388	0.1405	5.42	0.007
5	T×Tch	0.3818	0.0430	1.71	ns
6	LAG×Tch	0.4899	0.1080	4.98	0.001
7	LAG×T×Tch	0.4923	0.0024	0.11	ns

（注）LAG：Lack of Agreeableness
　　　T：教授法（コミュニカティブ・アプローチ vs. グラマティカル・アプローチ）
　　　Tch：教師（3名）

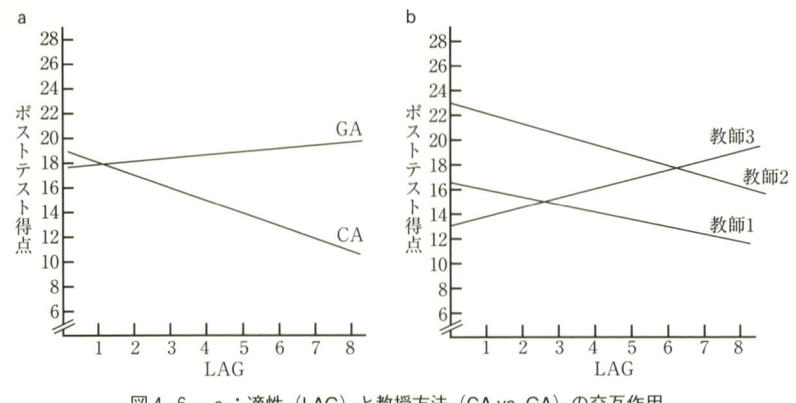

図4-6　a：適性（LAG）と教授方法（CA vs. GA）の交互作用
　　　　b：適性（LAG）と教師（1〜3）の交互作用（並木，1993）

果），およびLAG×Tchの交互作用が有意であり，またLAG×T×Tchの高次の交互作用はこの分析では有意でない（表4-2）。

　図4-6 bはLAGという性格特性と教師との間の顕著な交互作用を表わしている。教師1，2はa図のCAと同じように，横座標のLAGに関して右下がりの勾配となり，素直に従う生徒といわば相性がよい。ところが教師3は逆に右上がりの回帰直線となり，素直に人に従わないタイプの生徒との相性がよい。図a，bは両座標とも同じ単位で目盛られているので，CAという教授法と教師1，2とがほぼ同じ傾向の回帰直線となることから，また教師要因は2つの教授法を込みにしたデータであることから，教師そのものが教授法とほぼ同じようなはたらきをしているものといえる。一方，教師3は，傾向としてはGAに近い。また教師要因Tchの主効果が有意であることは，3名の教師の力量の差を明らかにしており，図より回帰直線の位置が上にある教師2が一番平均的に結果がよく，次に教師3，教師1という順序になる。教育現場において，以上のような生徒と教師との相性の有無，つまりマッチング，ミスマッチングが，教師の力量の差とともにしばしば生じているものと考えられる。

2 ── 一斉授業における教師の役割

　一斉授業という形態は，生徒が学級集団のなかで社会的行動を学ぶ機会とし

て重要な意味を持っているが，学習の効果に関しては1節で述べたように個人指導が理想的である。わが国の教育制度では一斉授業が基本となっており，この与件のなかで教師は学級のすべての生徒によりよい学習結果をもたらすべく努力しなければならない。

　図4-7は，学級集団を対象とするときの伝統的授業と理想的授業のちがいを明らかにしている。横座標は能力・適性であり，この上に個々の生徒の個人差が広く分布している。縦座標は授業の結果である。伝統的授業T_tのもとでは，結果との間に右上りの強い勾配の回帰直線が生じる。つまり，適性と結果との間に強い相関があり，もともと適性の高い生徒はよい成績をおさめ，低い生徒は結果も悪く，縦座標上に横座標上と同様の個人差の分布が再現する。理想的な授業T_iのもとでは，回帰直線は横座標にほぼ平行となり，しかも高い位置にある。つまり，もとの能力・適性との相関がなくなり，能力・適性の高低とは無関係に全生徒が高い成績を保証される。たとえば1節で述べたスキナーは，ティーチング・マシンによってこの理想が実現され得ると主張した。すなわち，学習者の能力・適性とは無関係に，学習プログラムを終えれば一定の結果が保証されるとした。

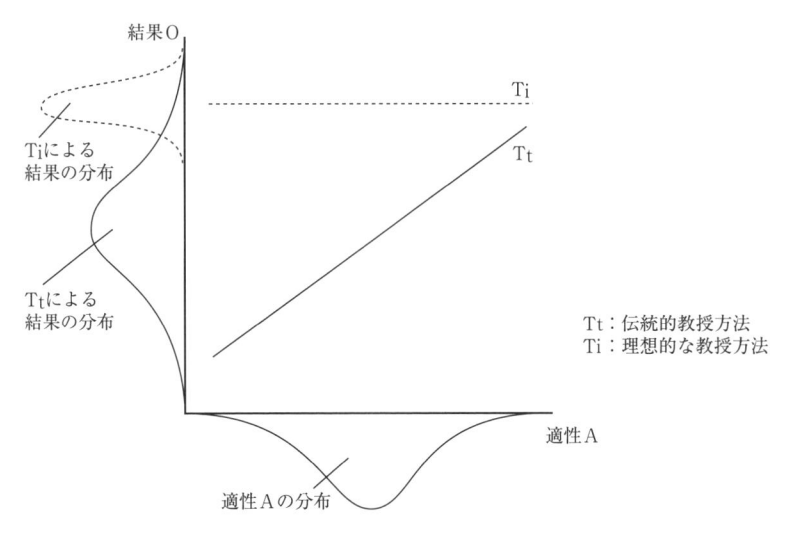

図4-7　適性と結果との関係（並木，1997）
　　　　結果Oの適性Aへの回帰直線とそれぞれの周辺分布

しかし，その後の実証的研究はこの主張を裏づけることはできなかった。また，1人の教師が数十人の生徒のすべてに対して同じように高い水準の結果を保証することは，これまでの数多くの教授方法の改革案がいずれも万能薬でなかったのと同様に，全知全能の神のような教師でない限り無理な願いである。しかし，通常の授業において大部分の生徒の首尾はよいのが普通であり，学習困難を生じる生徒に対する対処を心掛けるだけですむ場合が多いと考えられる。このような生徒に対する学習指導にあたり，1節で述べた個人指導教授のモデルから解決の糸口を求めること，2節で述べた授業の構造化や積極的参加を生徒の個性に合せて考慮すること，さらにATIパラダイムに基づき，教師自身の教授方法が一部の生徒とミスマッチングを生じている可能性への配慮が問題解決の糸口となるであろう（並木，2004b）。

実践事例 4-3

教育場面でしばしば生じる問題をATIパラダイムでながめることによって，その解消にいたる例を筆者自身の体験に基づいて述べたい。筆者の長女が小学校3年生のとき，いつもは快活で喜々として登校していたその子がある日学校へ行きたがらないことに気づいた。そのような日がしばらく続くので，学校のようすを聞いてみたところ，クラス担任のベテランの女の先生の指導にその一因があるように思われた。たいへん厳しく指導されるその先生については，それまでも登校拒否や神経症の発症といった子どもがいく人もあるといううわさが絶えなかった。筆者の解釈によれば，子どもの行動を完全にコントロールしようとされるその先生の指導スタイルと，典型的な独立自尊型のわが子との相性が悪いにちがいない。この先生については，厳しい指導のおかげで子どもの成績が上がったと支持する父兄の声も一方では伝わっていた。そこで筆者は，かなりおませなわが子に，ATIの図を見せて，「2人の先生A，Bがいて，あるタイプの子どもにはA先生の教え方がよく，あるタイプの子どもにはよくないとし，一方B先生ではこれが逆になっているといったことが教室ではよく起こるのだから，先生が悪いわけでもなく，ミーチャンが悪いわけでもなく，組み合わせが悪いだけだよ。現にその先生の教え方が好きで成績がよくなったと喜んでいる子どもたちもいるはずだよ」と特別講義を試みたのであった。間も

なく娘は元の快活さを取りもどし，喜んで登校するようになり，先生との関係も非常によくなったようであった。

　筆者の前任校であった慶應義塾大学には通信教育課程があり，秋には夜間スクーリングが開校される。教育心理学を講ずる授業のなかで，筆者はATI研究の実践的効用に関連して上のようなわが子のエピソードを話したところ，その授業が終わったときに1人の中年の女性が教壇まで出ていらして，「さっきの話はわが子とまったく同じ話で，登校拒否に困り果てている」とおっしゃった。そこで筆者は，その日の講義内容を小学校5年生のそのお子様に伝えてみてくださいと申し上げた。次の週の授業が終わったときに，その母親学生さんが実に明るい表情で出ていらして，そのお子さんがすっかり元気になり，喜んで登校するようになったとのことであった。ATIという物の見方を知った子どもが，自分自身の置かれている深刻な状況に対する受け取り方を変えたために，先生との関係が改善されたものと筆者は考えている。ATIパラダイムを知ることがこのようなカウンセリング効果をもたらしたのであり，これはATIパラダイムのより直接的な実践的効用である（並木，1997）。

4章のまとめ

1. **授業の理想的形態は達人教師による個人指導である**
   個人指導教師の授業，スキナーのティーチングマシン，その後のCAIのめざす目標には共通点が認められる。
2. **子どもの適性しだいで教授方法の効果が異なる**
   適性概念には能力だけでなく，性格特性も含まれる。教育実践上，知能と不安を同時に考慮するATIが重要である。
3. **教師の役割は教授方法と同等である**
   教授方法と同様に，教師と学習者のマッチング，ミスマッチングを常に念頭に置く必要がある。教育場面においてATI効果は広い汎用性をもっている。

推薦図書

『教育心理学へのいざない（第2版）』　並木　博（編）　八千代出版
　本書は教育心理学の主要な領域を気鋭の執筆陣が分担執筆し，豊富な内容がやさしく書かれている。改訂増補版となって，学校心理学と道徳性の国際比較の章が追加された。

『個性と教育環境の交互作用：教育心理学の課題』　並木　博　培風館
　本書は，個性と教育環境条件の間の統計学的交互作用というパラダイムに基づいて，教授学習過程をはじめとして，教育関連の諸問題を統一的に扱っている。

『ひとりで学べる統計学入門：行動科学研究のための道具立て』　並木　博・渡辺恵子　慶應義塾大学出版会
　本書はもともと通信教育課程の学生のテキストとして書かれており，統計学を独学で学ぶ人たちのために，統計学の技法とその背景にある理論とをやさしく解説している。

5章

授業を計画する

　本章は，第1節では，小学校算数の授業をどのように計画していけばよいかを，その視点を提起しながら具体的に考えていく。算数の授業を計画するにあたってたいせつなことは，授業をとおして子どもたちにどのような力をはぐくんでもらいたいかである。そして，それらを系統的・構造的にとらえていくとともに，子どもたちの実態・理解の特徴をていねいにとらえたうえで，それらの実現のための活動を組織することである。

　第2節では，小学校理科授業を事例として授業の計画・実施，学習評価を進めるための基本的な指針を示した。この一連の流れのなかで最も重要な視点は，子どもの学習評価にある。子どもの現在の学習状況を見定め，次に進むべき方向性を示すのが評価の機能である。授業を実際に進めるなかでこの機能はどのように発揮されるのかを示した。

1節 算数科授業のデザイン

1──授業の設計

（1）学習目標の設定
①学習目標をとらえる視点

　授業をどのように設計するか。このことは，学習目標をどのように設定するかとのかかわりで決まってくる。ここでは，とくに小学校算数科についての授業を取り上げて考えていくことにしよう。

　学習目標については，次の2つの点からとらえることがたいせつである。

　第一に，数学的な内容の理解や技能の習得である。そして，そのことのために学習活動が組織されていくこととなる。

　第二に，そのような学習活動の過程で身につけていくものである。学び方・考え方に関するものであり，さらには，関心・意欲・態度を育てていくこともあげることができる。

　この第二の点はとりわけたいせつな部分であり，十分に留意する必要がある。

実践事例 5-1

　埼玉大学教育学部附属小学校の馬場は，小学校3年での「2けたのかけ算」の単元のなかで，筆算のしかたを与えるのではなく，子どもたちにつくり出させる授業を展開している。前時の（2位数）×（2位数）の計算のしかたの理解および既習の筆算をもとに，筆算のしかたをつくり出すのである。筆算というのは通常は技能の習熟に時間をかけがちなのであるが，筆算そのものをつくり出す活動をたいせつにすることによって，既習をもとに筋道をたてて考えていくことを重視した授業を展開する。また，そこでは，子どもたちの多様な考えが紹介され，集団で吟味され，よりよいものを集団でつくり出そうとする学級の取り組みがあり，また，そのようなことができる能力を培おうとしている（馬場，2000）。

②学び方・考え方

　学習活動の過程で身につけていくものとしての学び方・考え方についてであるが，それをどのような枠組みでとらえるとよいかである。そのためには，まずは学習活動というものをどのような広がりのなかでとらえるかということを明らかにしておく必要がある。

　まず押さえるべき点は，子どもたちの学習活動を，
　　（ⅰ）個としての子どもがみずから考え活動するという軸
　　（ⅱ）他者と交流し協同的に進めるという軸
の2つの軸からとらえるということである。学校での学習活動には必ずこのような2つの軸が縦軸・横軸のように組み合わさって存在している。

　そして，これらのそれぞれに関わる能力の育成が求められていくべきであろう。第一の軸に関わるものとしては，数学的な考え方や問題解決能力があり，第二の軸に関わるものとしては，他者と協同で学習活動に取り組んでいく力や数学的コミュニケーション能力（金本，1998）などがある。

　また，学習活動には，これらの活動に対して第三の軸として，
　　（ⅲ）さまざまな活動をみずからコントロールしたり振り返ったりする自己
　　　　評価的な軸
からもとらえておかなければならない。そして，これを第三の軸として上記の2つの軸に結びつけてとらえておくことがたいせつである。ここに関わる能力の育成として，"メタ認知"的な能力や自己評価能力の育成が求められる。

　以上のような3つの軸が学び方・考え方をとらえる枠組みとしてたいせつであるとともに，それらに関わる能力の育成が，算数の学習活動の過程でなされるように指導していかなければならない（金本，2002）。

（2）学習内容の構造化

　学習内容を構造化するに際しては，まずは，学習指導要領を基本に据える必要がある。そして，系統的・構造的にとらえるということがたいせつである。

　図5-1のような系統図は，算数科の内容の「数と計算」領域の系統図のひとつである。教科書に合わせて作成されたもので，平成14年度版教科書のものである（教育出版，2002）。このような内容が学習指導要領の範囲内の内容

1年

★ なかよし
- 身のまわりの数量に対する関心
- ある観点に応じてものの集合をとらえること
- 対応の操作による個数の比較
- 手元の操作ができないものについて，具体物に置き換えて個数を比較すること

1 いくつかな
- 10までの数の数え方，読み方，書き方
- 10までの数の大小
- 0の意味，読み方，書き方

2 なんばんめ
- 順序や位置の表し方
- 順序を表す数と数量を表す数の意味（順序数と集合数）

3 いくつといくつ
- 10までの数の構成（合成・分解）
- 1つの数を2つの数のまとまりとしてみること

7 10よりおおきな数
- 20までの数の数え方，読み方，書き方
- 20までの数の構成，大小，順序
- 数を数直線上に表すこと
- 2つずつまとめて数えること
- 30くらいまでの数の数え方，読み方，書き方

12 おおきなかず
- 100までの数の数え方，読み方，書き方
- 100までの数の構成と位取りのしくみ（一の位，十の位）
- 十進位取り記数法の基礎
- 5ずつまとめて数えること
- 100までの数の大小，順序

2年

1 2年生になって
- 分類整理した事柄を，数を用いて表すこと

5 100より大きい数
- 3位数の構成と位取りのしくみ（百の位）
- 1000までの数の読み方，書き方
- 1000までの数の大小，順序
- 数の相対的な大きさ

11 かけ算
- 1つの数をほかの数の積としてみること

15 1000より大きい数
- 4位数の構成と位取りのしくみ（千の位）
- 10000までの数の読み方，書き方
- 10000までの数の相対的な大きさ
- 10000までの数の順序

3年

10 大きな数
- 千万までの数の読み方，書き方
- 千万までの数の構成と位取りのしくみ（一万の位，十万の位，百万の位，千万の位）
- 数の相対的な大きさ
- 千万の位までの数の大小，順序
- 10倍，100倍，10でわった数の大きさ

図5-1　「数と計算」領域の系統図（教育出版，2002）

4年	5年	6年

4年

1 大きな数
- 億や兆の位の数の読み方，書き方
- 10倍，100倍，10でわった数の相対的な大きさ
- 十進位取り記数法と命数法のしくみ

3 がい数
- 概数の意味
- 概数が用いられる場面と概数を用いるよさの理解
- 四捨五入の意味と方法
- 「数直線」の用語

5 分数
- 分数の意味と表し方
- 「分数」「分母」「分子」の用語
- 単位分数をもとにした分数の大きさ
- 同分母分数の大小

8 小数
- 小数の意味と表し方
- 「小数」「整数」「小数点」の用語
- 小数の位取り（$\frac{1}{10}$の位）
- 十進位取り記数法の小数への拡張
- 小数の相対的な大きさ

13 1より大きい分数
- 1より大きい分数の表し方
- 「真分数」「仮分数」「帯分数」の用語
- 仮分数と帯分数の関係

5年

1 小数
- 小数の位取り（$\frac{1}{100}$の位，$\frac{1}{1000}$の位）
- 小数の相対的な大きさ
- 十進位取り記数法をもとにした整数や小数の考察
- 10倍，100倍，$\frac{1}{10}$，$\frac{1}{100}$にした数の相対的な大きさ

2 およそを考えて
- 切り上げ，切り捨ての意味と方法

7 整数の見方
- 偶数と奇数の意味，性質

☆ 分数のいろいろ
- 大きさの等しい分数の考察

11 わり算と分数
- 分数と整数，小数の関係

6年

1 倍数と約数
- 倍数，公倍数，最小公倍数の意味と調べ方
- 約数，公約数，最大公約数の意味と調べ方

2 分数の大きさとたし算，ひき算
- 異分母分数の相等，大小
- 約分，通分のしかた

☆ 時間と分数
- 時間を分数で表すこと

5章 授業を計画する

であり，これらがどのようにつながっているかを適切にとらえ，また，教材研究をとおしてさらにいっそう深く理解しておくことがたいせつである。

このようにとらえたうえで，学習指導要領の内容を超えた内容，すなわち発展的な内容を位置づけることである。

> 【事例1（発展的な内容）】 2年の単元「かけ算九九」で発展的な内容として，次のようなものがある。かけ算九九の学習のなかで子どもたちに見いださせたい規則性は，乗数が1増えると被乗数分の数だけ大きくなるということや交換法則である。ところで，分配法則は3年の学習内容になっているが，2年においても，いろいろな求め方を考えてみようということで，規則性としてはまとめなくとも「求め方のくふう」として見いだし活用できるようにしたい。たとえば，いちごジャムのビン3個とオレンジジャムのビン4個が入っている箱が5箱あるという場面で，「いちごジャムは何個あるでしょうか」，また，「ジャムはぜんぶで何個あるでしょうか」と問うのである。ジャムが全部で7×5だから35個であると見いだせば終わりではなく，いろいろな求め方を考えることによって，いちごジャムの数を3×5＝15と求め，オレンジジャムの数を4×5＝20と求め，そして，それらの数を足して答えを出す子どもが出てくるであろう。図と式を並べて発表していけば，さらなる規則性（分配法則）を発見することとなる。

> 【事例2（発展的な内容）】 6年の単元「体積」で発展的な内容として，次のようなものがある。直方体の体積の求め方を理解した後，直方体を組み合わせた立体の体積の求め方を学習する。直方体を組み合わせた立体をいくつか提示することになるが，なかに，直方体を半分に切ったものを提示すると興味深いことになろう。直方体を2つに切って2つの直方体にすることもできれば，2つの三角柱にすることもできる。このような三角柱の体積は求められるかなと問うとよいであろう。どちらも2等分しただけである。三角柱の体積は，現行の学習指導要領では中学校の内容である。ただし，そこでは，（底面積）×（高さ）という考えが扱われるのであるが，直方体の体積の半分という考え方であれば小学校で十分に扱える考え方である。

このようにして，数学的な内容に関わっての学習内容の構造化がなされることとなる。また，学習活動の過程で培われていくべき学び方・考え方に関しては，3つの軸としての構造化を行なったうえで，長期的に育成されていくべきものと考える。

(3) 学習指導計画
①指導内容の重点化のくふう

　学習指導計画をつくるということは，3つのレベルで考えることになる。第一は，たとえば，小学校6年間のなかで学習内容をどのように配置し，また，どのように関連づけるかである。第二は，当該学年の学習内容をどのように配置し，どのように関連づけるかである。そして，第三は，当該の単元である。単元をどう編成するかということである。

　さて，指導計画をつくる際に，算数科で実践的に常に議論になることがある。それは，[実践事例5-1]のような，考える活動をたいせつにした授業は，毎時間そのようにしていくことができないということである。というのも，たとえば，かけ算九九をしっかりと覚えることはしなければならないし，計算練習もしっかりと行なっていかなければ，確かな学力とはなっていかないからである。しかし，指導時間は限られている。そこで，単元のなかで，考えることに重点をおいた部分と習熟に重点をおいた部分をつくっていく必要があるということになる。

②補充的な学習・発展的な学習の単元のなかへの位置づけ

　小単元の終わりにあるいは単元の終わりに，子どもたちの学力をいっそう確かなものにするために補充的な学習や発展的な学習が必要になってくる。とりわけ，算数の学習では習熟の程度の差が大きくなっていきかねない部分がある。たとえば，図5-2は6年の学習指導要領の範囲内の問題であるが，その通過率（正答の反応率と準正答の反応率を合わせたもの）は30.5％であり（国立教育政策研究所教育課程研究センター，2003)，良好とはいえない部分である。つまりわが国の子どもたちの，3割程度しか正しく答えられないのである。習熟の差が大きく現れているひとつであるといえよう。

　このような状況をみると，補充的な学習をきめ細かに行なっていくことがた

> 2
>
> 水そうに水を入れています。$\frac{2}{3}$分間に$\frac{5}{6}\ell$が入ります。同じ割合で水を入れていくと，1分間では何ℓの水が入りますか。
>
> 答えを求める式を □ の中に書きましょう。
>
> 式

図5-2

いせつであるともに，進んでいる子どもには発展的な学習に取り組んでいくように促していく指導のくふうが必要であることがわかる。そのようなものとして，福島県小野町立夏井第一小学校の高島の実践事例を見ておこう。

実践事例5-2

　高島は，4年の（2・3位数）÷（1位数）の学習単元の最後の方で，総時数18時間のうち4時間にわたる発展的な学習・補充的な学習を位置づける。この4時間の最初の授業の概要を示す。まず，3つの誤った筆算についてどれが誤っているかを全員に示す。子どもたち各自で学習プリントに自分の考えを書く。この時点から，発展的な学習・補充的な学習へと移行している。進んでいる子どもたちは，それぞれの机で問題に取り組んだり，さらに，交流コーナーで自分たちの考えを互いに説明し合ったり，発展的な内容の問題に取り組んだりしている。遅れがちな子どもたちは，それぞれの机で教師といっしょに考え，その進み具合によってさらなる学習プリントの問題に取り組んだり，また，交流コーナーに参加したりしている。なお，この授業はTTの授業であり，2人の教師がうまく連携をとっていた（夏井第一小学校，2004）。

　単元の終わりに位置づけられ，授業のなかで発展的な学習と補充的な学習が同時進行的になされている。一斉学習の形態でスタートし，またまとめられているのであるが，その途中において，習熟の程度に応じた個別学習やグループ学習が盛り込まれており，集団学習と個別学習の組み合わせのくふうがなされ

た授業である。

2 ── 教科教育の指導案と授業モデル

(1) 指導案の考え方

　指導案を作成するに当たっては，どのような学習目標の達成のために，どのような活動をさせていくかがたいせつである。言語的または非言語的な素材で作られた教材・教具を用いて，活動を組織することである。そして，そのような活動を具体的にイメージしながら，その活動の結果として，および，その活動の過程において学ぶことを位置づけていくこととなる。なお，その際に，子どもたちの典型的な考えを明らかにし，指導案に位置づけておきたい。

【事例3（指導案）】先に挙げた［実践事例5-1］の馬場の授業をもとに作成した指導案を示す。単元の3時間目に23×12の計算のしかたを扱い，4時間目で筆算のしかたを扱う。ここで取り上げる事例は4時間目に当たる。展開部分のみ掲載する。

学習活動	指導上の留意点
1　前時の計算のしかたを筆算形式に表す。 〈予想される児童の反応〉 　ア　乗数を2つの和に分けて考える 　　筆算形式　　23　　　23　　　138 　　　　　　　×6　　　×6　　　+138 　　　　　　　138　　　138　　　276 　　筆算形式　　23　　　23　　　230 　　　　　　　×10　　　×2　　　+46 　　　　　　　230　　　46　　　276 　イ　乗数を2つの積に分けて考える 　　筆算形式　　23　　　92 　　　　　　　×4　　　×3 　　　　　　　92　　　276 2　発表し，本時の課題を設定する。 (1) 自分で考えた筆算を発表し，話し合う。	○前時の学習を振り返り，自分の考えた計算のしかたを筆算の形式に表す。 ○式の意味が十分理解できず筆算形式に表せない場合には，アレー図を用いて，式の意味理解を十分に図る。 ○筆算形式で表すだけではなく，表した根拠を聞き，自分で考えた筆算のよい点と悪い点を考え，話し合いに生かすようにする。 ○自分の考えをどのように筆算に表したかを発表するようにする。 ○それぞれの筆算の共通点や相違点について，話し合うなかで，それぞれの筆算のよさや問題点を明らかにする。

(2) 新たな課題を設定する。	○筆算のよさや問題点と既習の加法や減法の筆算から，新たな課題として簡単な筆算に表せないか考え，設定する。
3 筆算について考え話し合う。 （予想される児童の反応） 筆算形式　　23　　　23 　　　　　×　6　　×　12 　　　　　 138　　　 46 　　　　　+138　　+230 　　　　　 276　　　276 筆算形式　　23　　　23 　　　　　×　6　　×　4 　　　　　 138　　　 92 　　　　　×　2　　×　3 　　　　　 276　　　276 ○1位数の筆算との異同を話し合う。 4 乗数を変えて確かめ，よりよい筆算を考える。 ○30や11などさまざまな数を乗数にして，みんなでつくった筆算を試す。 5 筆算のしかたをまとめる。 6 練習問題を解く。 7 本時の学習のまとめをする。	○既習の加法や減法では，2位数であってもひとつの筆算で表せたことから，少ない数の筆算で表せないか考える。 ○12の分け方について確認し，くふうした点を話し合う。 ○乗数をいろいろな数に変え，みんなでつくった筆算を試すようにする。 ○30や11などさまざまな数を乗数にし，筆算で計算することで筆算の形式のよさを感じさせるようにする。 （以下略）

　問題に取り組むことから，その授業のねらいに直接的に結びついた課題をみんなでつくり出していくことがたいせつである。指導上の留意点には，それぞれの活動において留意すべき点，典型的な考えについての教師としての指導の方針，学ぶ力や考える力そして数学的コミュニケーション能力を培うための留意事項などを書く。なお，ここでは省略したが，評価の観点をしるすこともたいせつであろう。

（2）問題の与え方・課題の引き出し方

　授業において，問題に取り組むことから，その授業のねらいに直接的に結びついた課題をみんなでつくり出していくことがたいせつである。ここでは，［実践事例5-1］の馬場の授業からその部分をみる。まずは，問題の与え方である。

【事例4（問題の与え方）】
T　今日は何をつくろうってことになったっけ？
C　筆算。
T　筆算か，ほかには？
C　かけ算。
T　うん。昨日みんなのいい考え，あったよね。これを使って筆算にしてみよう。
（中略）
　Aさん，Bさん，Cさんの考えを，うまく筆算で表してみようか。

　このようにして，算数はみんなでつくるものであることを強調し，また，既習をもとにして考えを進めていくことを強調しながら，本時の問題が与えられる。

　次に，課題の設定についてのようすを見ておこう。なお，ここで，課題とは，本時のねらいに直結したものであって，授業の最初に与えられた問題についての活動のなかから導き出されてくるものである。

【事例5（課題の設定）】
T　3人のやったのと変えたよーって人いる？（中略）Dさんは一回切ったんだよね。23×6で線引いて切ったんだ。縦につなげたんだね。みんなさ，Dさんは何でこうやって縦につなげようと思ったんだろうね。Dさんの考えわかんないかな？

　子どもたちの活動を取り上げながら，教師のこのような言葉かけが［事例3］で示した指導案の展開2の（2）へと進めていくきっかけとなっている。このことによって，自分たちが算数をつくるということがいっそう明確になっていく。

　算数は与えられるものではなく，自ら，そして，みんなで探究し，つくり出していくものだということを，活動をとおして感じさせ，身につけさせていきたいものである。

2節 理科授業のデザイン

1 —— 指導案づくりをとおして理科授業を構想する

　授業を計画する第一歩は指導案をつくることである。指導案をつくることにより実施したいと思う授業を事前にシミュレーションするのである。シミュレーションするなかで，準備に落ちや漏れはないかをチェックするのである。表5-1に示す小学校理科学習指導案の作成プロセスを解説するなかでこのことを実証する。

（1）単元目標を分析する

　理科に限らずすべての教科において，子どもに授業をとおして到達を期待する目標は4つの観点から記述される。「関心・意欲・態度」「思考・判断」「技能・表現」「知識・理解」がそれである。各教科ではそれぞれ表現を変えてこれらの観点が示されている。理科の場合は「自然事象への関心・意欲・態度」「科学的な思考」「観察・実験の技能・表現」「自然事象についての知識・理解」である。表5-1に示すように，これら4つの観点から単元の目標は分析される。

　また，これらは子どもに到達することを期待する目標であるから，逆に言えば，学習評価の視点にもなるのである。期待した単元目標に対して子どもが適切に到達しているのか否かを判断，すなわち評価するための視点ともなるのである。これを「観点別学習状況」についての評価という。また，その具体的な内容を「評価規準」という。表5-1の4に示す具体的な目標はこれを記述したものである。なお，4つの観点別評価規準は学習指導要領の内容に即して，国立教育政策研究所が分析したものである（国立教育政策研究所，2002）。

（2）単元についての学習の意義と子どもの学習状況を分析する

　表5-1の5に示すように，単元についての学習の意義は通常上述の4観点ならびに市区町村・学校独自に設定された教育目標を中心に分析される。さら

表5-1　理科学習指導案の例

〈第6学年理科学習指導案〉　　　　　　　　　　　　　　　　　　　授業者　森本信也

1．日時・場所　：　平成17年5月15日　第3校時　理科室
2．学年・組　　：　6年3組　35名
3．単元名　　　：　「水溶液の性質」
4．単元目標
　　水溶液の性質を多面的に追究し，水溶液には気体が溶けているもの，酸性・アルカリ性・中性のもの，金属を変化させるものがあることを理解する。また，安全に観察・実験を行ない水溶液の性質を意欲的に調べたり，身の回りにある水溶液に興味や関心をもつ。

自然事象への関心・意欲・態度	科学的な思考	観察・実験の技能・表現	自然事象についての知識・理解
・いろいろな水溶液の性質や溶けている物及び金属を変化させる様子に興味・関心をもち，自ら水溶液の性質や働きを調べようとする。 ・水溶液の性質や働きを適用し，身の回りにある水溶液を見直そうとする。	・水溶液の性質や変化とその要因を関係付けながら，水溶液の性質や働きを多面的に考えることができる。 ・水溶液の性質について，自ら行なった実験の結果と予想を照らし合わせて推論することができる。	・水溶液の性質を調べる工夫をし，リトマス紙や加熱器具などを適切に使って，安全に実験することができる。 ・水溶液の性質を調べ，それらを適切に取り扱い，変化の様子を記録することができる。	・水溶液には，酸性，アルカリ性及び中性のものがあることを理解している。 ・水溶液には，気体が溶けているものがあることを理解している。 ・水溶液には，金属を変化させるものがあることを理解している。

5．単元設定の理由
　　第5学年の単元「物の溶解」で子どもは，物の水への溶け方に係わる色々な条件に目を向け，見いだした問題を計画的に実験することを通して，物が水に溶ける量には限度があり，溶ける量は水の量，温度，溶ける物によって違うこと等，水溶液の基本的概念を学習し，この性質を利用して溶けている物を結晶として取り出す活動を行なってきた。
　　第6学年ではこれらの経験を踏まえ，水溶液の性質についての学習を更に深める。具体的には水溶液には溶けている物の違いにより酸性・アルカリ性・中性の性質を示すこと，これらには金属を溶かすものがある等の学習を通して，水溶液概念さらには金属概念についての理解を深めたい。また，水溶液の性質を多面的に追究し，観察・実験結果をまとめたり，これを適切に表現する方法も身につけさせたい。
　　本校では従来より学校目標として，コミュニケーション活動を重視してきた。そこで，本単元の展開においても，子どもが観察・実験を通して見いだした問題，収集したデータ，構築した考えについて，クラスのなかで議論を通して情報交換しながら学習内容の理解を互いに深めていく活動も重視したい。

6．子どもの学習状況
　　子どもは酸性雨あるいはスポーツドリンクのコマーシャルをとおしてアルカリ性という言葉に慣れ親しんでいる。しかし，酸性・アルカリ性という言葉が意味する内容については当然のことながら十分理解してはいない。そこで，日常生活のなかで見聞きしたこうした言葉の秘密探しを学習の契機とすることは，子どもの意欲的な問題への追及活動を実現するうえで意味あることである。また，子どもにとって，金属等の硬い物が水溶液へ塩やミョウバンのように溶解することなどは想像の範囲外である。塩酸にアルミニウムなどが溶ける様子を提示し，子どもの考えにとっての意外性から追究する契機をつくることも可能である。
　　本単元では，子どもが多面的に追究して得られたデータ，データについての解釈等を互いに披瀝し合いながら学習を深めることをねらいとしている。しかしながら，本学級の子どもはまだ，自分の考えを工夫して表現したりこれを交流させたりする力の育ちは未だ十分であるとはいえない。本単元の学習を通してこうした力の育成も図ってゆきたい。

7．単元の指導計画

配当時間		学習活動	指導と評価
1次	4時間	水溶液に溶けている物	・水溶液の色々な性質に興味を持ち，意欲的に調べようとする。 ・水溶液を蒸発させ，水溶液には気体や固体が溶けているものがあることを推測できる。 ・水溶液を蒸発させる実験を安全に行なったり，結果を記録することができる。 ・水溶液には気体が溶けているものと固体が溶けているものがあることを説明できる。
2次	2時間	気体が溶けている水溶液	・気体が溶けている水溶液の性質に興味を持ち，意欲的に調べようとする。 ・炭酸水には二酸化炭素が，塩酸，アンモニア水には別の気体が溶けていることを推測できる。 ・炭酸水，塩酸，アンモニア水を蒸発させる実験を安全に行なうことができる。 ・炭酸水には二酸化炭素，塩酸には塩化水素，アンモニア水にはアンモニアという気体が溶けていることを説明できる。
3次	4時間	金属を溶かす水溶液の性質	・水溶液に金属を入れたときに見られる変化の様子を意欲的に調べようとする。 ・金属が溶けた水溶液を蒸発させ，食塩の水への溶け方とは異なることを推測できる。 ・金属が溶けている水溶液を蒸発させ，溶けている物を安全に取り出す実験をすることができる。 ・金属を溶かす水溶液があり，溶解すると，もとの金属の性質は変わることを説明できる。
4次	3時間	水溶液の仲間分け	・身の回りの水溶液の性質をリトマス紙を使って意欲的に調べようとする。 ・水溶液を仲間分けする基準があることに気づく。 ・リトマス紙を使って水溶液の仲間分けをすることができる。 ・水溶液が酸性・アルカリ性・中性に分けられることを説明できる。

8．本時の学習
(1) 本時の目標
・金属が溶けた水溶液を蒸発させ，食塩の水への溶け方とは異なることを推測できる。
・金属が溶けている水溶液を蒸発させ，溶けている物を安全に取り出すことができる。

(2) 本時の展開（第3次　3時間目　8時間目／全13時間）

学習活動	指導と評価
(本時の学習課題を確認する) ・塩酸にアルミニウムを溶解し，観察したことを思い出す（細かな泡がでた，熱がでた，液全体が灰色っぽく濁っていた）。 ・アルミニウムが塩酸にどのように溶けているのかを調べる実験を考える（5年生の食塩水から食塩を取り出した実験を思い出す）。 (本時の課題について調べる実験をする) ・安全にアルミニウムを取り出す実験をする。 ・実験結果について気づいたことを記録する（水溶液の液が少なくなると泡と一緒に白くて細かい物が出てきた）。 (実験結果を共有・解釈する) ・実験結果について各自が得た情報を発表して共有化する。 ・実験結果について解釈できることを出し合い，水溶液の性質について理解を深める。	・食塩が水へ溶けたときの様子とアルミニウムが塩酸に溶けたときの様子の違いを指摘させる（発言やノートの記録から評価）。 ・食塩水から食塩を取り出したときの実験を思い出させながら，安全な実験方法を考えさせ，実行する（行動観察から評価）。 ・各自の実験結果を共有化し，考える素地を広げる（発言やノートの記録から評価） ・アルミニウムの塩酸への溶け方は食塩の水への溶け方とは異なることを，各自の考え方に基づき説明させる（発言やノートの記録から評価）。

に，単元に関わる子どもの既有経験，知識，興味・関心など，授業に臨む子どもの学習実態について分析するのが6の子どもの学習状況である。この分析により，子どもの学習にそくして授業を進めるために指導すべき視点を具体的に分析するのである。

(3) 指導計画をたてる

表5-1の7に示すように具体的な授業の計画はまず，単元を構成する個々の内容について学習活動に必要な時間を含めて，全体の流れを設定することである。この計画をとおして，単元における指導の見とおしをたてるのである。当然ここには7に示されているように，単元個々の学習内容への子どもの確実な到達を図るために，指導と評価の観点も記述される。この全体計画を受けて8の本時の目標・本時の展開・評価が計画されるのである。本時の目標の分析においては4観点すべてを目標にするのではなく，2観点程度に設定するのが限られた時間内で子どもの学習指導をするには適切である。

2 ── 子どもの学習の広がりをめざして授業実践を進める

理科授業では観察・実験が子どもの活動の中心を占めることは言うまでもない。そして，観察・実験活動での子どもの体験をより意味深いものにするのが，観察・実験結果に対する考察である。この考察においては，観察・実験結果についての解釈をクラスの仲間どうしでの議論をとおして相互批判，あるいは多様な解釈を出し合い協同で新たな解釈を構築することがきわめて重要である。

なぜならば，こうしたやりとりをとおして，科学概念は子ども一人ひとりが自由に考え方を構築し，さらにこの考え方を協同で吟味しながら獲得できることを，彼らは学習するからである。「客観性」という意味の獲得にもつながろう。さらには，相手にわかるように表現をくふうすること，あるいは，相手の表現につないで自分の表現を加えることを子どもは議論をとおして学習する。「この考え方は自分とはちがう（あるいは同じだ）」「この考え方と自分の考え方をつなげてみると」というように，子どもは科学概念の獲得だけではなく論理的にものごとを考えてゆく術も学ぶことができるのである。

実践事例 5-3

　具体的な事例をとおしてこれらのことを説明してみよう。以下に示すのは，表5-1にも例示した小学校6年生の単元「水溶液の性質」に関する授業における子どもどうしの議論の一部である。この授業では，アルミニウムに塩酸を加え，そのとき起きる変化を子どもに観察させた。子どもは，5年生の単元「物のとけかた」の学習を振り返りながら，はじめはそこで起きる現象を説明しようとした。しかし，既習のミョウバンや食塩の水への溶け方とアルミニウムの塩酸への溶け方のちがいに戸惑っていた。それでも，ここでの戸惑い，すなわち，水と塩酸の溶け方のちがいが，子どもにとって学習を進める強い動機となっていった。

（C_1～C_{10}は子ども，Tは教師の発言）
C_1：かき回さないのに，塩酸にアルミニウムはどんどん溶けていったよ。食塩やミョウバンのときとはちがうよ。（つぶやくように）
T_1：えー，ほんと！　ミョウバンのときはどんなふうに溶けた？
C_2：ミョウバンや食塩を溶かしたときは，割りばしなんかで一生懸命かき回さなくちゃ溶けなかった。
C_3：温めたりしても溶けたよ。水を足しても溶け残ったミョウバンを溶かすことができたよ。
C_4：塩酸だと，なんにもしなくても自然に泡をどんどん出しながら溶けていったよ。
C_5：そー，水より，ずっと溶かすパワーみたいなものがあるんだよ塩酸には！
T_2：パワーって，なーに？（不思議そうに）
C_5：水より塩酸は物を溶かすパワーが強いんだよ，きっと！　だから，塩酸のなかに入れただけでアルミニウムみたいな金属だって溶けちゃうんだよ。
C_6：水にアルミニウムを入れてもピカピカはぜんぜん消えないけど，塩酸にはアルミニウムのピカピカを真っ白に変えるぐらいすごいパワーがあるんだよ。
T_3：パワーが違うと溶け方もちがっちゃうの（確認するように）？
C_7：そう，水だとホウ酸みたいに，溶けた物は水を蒸発させて，また取り出

せたけど，塩酸のときは取り出せなかったし，アルミニウムとちがうものが出てきました。
C_6：ピカピカじゃない真っ白い物が出てきた。
C_8：水と塩酸は違うんじゃないかな……（自信なさそうに）
C_5：パワーが違うんじゃないの？
C_8：そうなんだけど……水でも溶けるっていうし，塩酸のときも溶けるっていうし……
C_9：水に溶けるのと，塩酸に溶けるのとでは，同じ溶けるっていうけど，いってることがちがうんだよ。

これらの議論においてC_1〜C_3の発言は，5年生での水への物質の溶解で学んだことがらを示したものである。そして，C_4の水と塩酸との物質の溶け方のちがいについての指摘を契機として，子どもの学習は質的に変化していった。それがC_5の「塩酸パワー説」である。子どもはC_1〜C_3の発言に見られるように，既習事項を互いに確認していった。そして，既習事項では解決できない問題をC_4の発言を契機として見いだしていったのである。

子どもが互いに観察結果の解釈を議論の遡上に載せつつ，次つぎと問題を発見していくのである。すなわち，C_5の「水より塩酸は物を溶かすパワーが強いんだ」説は，C_6の「塩酸はアルミニウムのピカピカを真っ白に変える」発言により補強され，さらに追究すべき問題となっていった。T_3の「パワーが違うと溶け方もちがっちゃうの？」発言がこれをうながした。協同的な子どもの学習がさらに発展していった。C_7とその後のC_6の発言がこの問題についてのひとつの解答を示した。しかし，その後のC_8およびC_9の発言にみられるようにさらに，新たな問題の提起を生み出していったのが明らかである。

ここには示してはいないが，C_8およびC_9の発言が，「パワーのはたらきは？（＝水のもともとの性質を変えてしまうほどの力）」，「ほかにもパワーを持つ物はあるの？（＝酸とアルカリの分類）」，「どうやって水はパワーを得られるのだろう？（＝気体が溶けた水溶液の性質）」，というように，子どもの科学概念の構築へと寄与していくことは想像に難くない。

子どもの短い議論の事例を示しただけであるが，これだけのやりとりにおいても彼らがそれぞれの考えを学習の初発とし，これらを土台として互いの知恵

5章　授業を計画する

> をもとに学習を進めながら，いかなる新たな概念の獲得へ向かっていくかが明らかである。また，この過程で子どもは「パワー」という比喩的な表現をたくみに使いながら，酸と金属との反応という概念の本質に迫ろうとしていったことも特筆すべきことがらであろう。実験事実を披瀝するだけではなく，これと表裏一体となる形でその解釈として比喩的な表現を用いることにより，子どもは概念の構築をめざしたのである。

　この授業における教師の指導の視点は2つある。1つは「パワー説」にみられる，子どもの学習に対する価値づけである。科学的な根拠はもちろんない。逆に，これから科学へと発展しうる萌芽として位置づけ，その吟味の過程で酸性・アルカリ性・中性という概念を，子どもの視点にそくして構築させることを教師はめざしたのである。まさに，「子どもの科学」の推進である。
　もう1点は，1つの問題についての子どもの発言の連鎖，いわば，子どもの学習のネットワークの整備である。上述の議論のなかでの教師の発言をみるとその実態は明瞭である。教師は多くを語っていない。子どもどうしの発言の結びつきを仲介するように振る舞っているのが明らかである。子どもの発言を少しずつ結びつけながら，概念の構築を図っていったのである。協同的な学習の促進である。まさに，子どもの視点を適切に価値づけたコーディネーターとしての教師である。これは他の教科でも同様に言えることがらである。
　理科に限らず授業で子どもの主体的な活動を目標とすることは当然のことである。しかし，それはこの授業の例にみられるように，子どもの活動に対する，理科で言えば科学からの価値づけがなされることによって，初めて彼らの表現が授業において意味あるものとして位置づけられていくのである。言いかえれば，子どものいわば恣意的な「パワー」なる表現が科学概念としての色彩を帯びながら，最終的に科学に取って代わられていくのである。子どもを科学へと橋渡しをしたのである。
　授業においては各教科がめざす知識，技法の子どもへの定着が志向される。

それが，確実に子どもの記憶へととどまるのはこの授業例にあるように，知識や技法が「こうなんじゃない」「こうなふうに言えるよ」というように自由に言いかえ，咀嚼ができたときである。子どもの考える視点から知識や技法が記憶のなかに整理されるのである。多くの授業で子どもへはぐぐみたい力のひとつとして挙げられる問題解決（problem solving）とは，こうした学習の成立をさすのである。

3 ── 授業をとおして子どもの学習を評価する

　理科授業において，子どもの学習評価をする視点は上述したように４観点からなされる。しかしながら，子どものノートの記述や議論における発言に対して各観点がそれぞれ独立した形で適用されることはない。むしろ，いくつかの観点を併せて適用を考えた方が，子どもの学習を評価しやすい場合が少なくない。たとえば，上述した子どもの議論のなかにそれは散見される。

　子どもは塩酸水溶液の性質について，「金属を変化させる」「食塩水とはでき方が違うようだ（パワーを付与するものが溶けている）」「溶けるという言葉がいろいろな意味を持っている」など，６学年理科の科学的な思考の評価観点である「多面的に追究する」という活動を行なっている。また，子どもは「パワー説」の提唱にみられるように意欲的にこの事象を追究しようとしている。この意味で，関心・意欲・態度の観点からも十分評価しうるのである。いくつかの観点を複合しながら評価することの意味が明らかであろう。

　これは一種の価値づけとしての評価の機能と考えることができる。子どもの学習の優れたところを掘り起こし，それぞれの観点から理科学習としての意味づけを図り，指導として位置づけること，これがこうした評価の基本的な考え方である。理科授業においてこうした評価を一貫して受けることにより，子どもは自分の表現に基づき学習を進め，それが徐々に科学的思考や正確な知識・理解の表現方法へと変容していく様を目の当たりにすることができるのである。理科授業において表現すること，それは子どもにとって学習をさらに発展させる機会を与えるものとして実感されていくのである。別の例を示しながらこうしたことの意味するところをさらに説明してみよう。

実践事例 5-4

　図5-3は水とは異なるパワーを持った塩酸にアルミニウムが溶けたときの子どものイメージである（八嶋，2002）。考えの①〜⑥の視点はそれぞれ異なるが，アルミニウムが塩酸に溶けたときの状況，すなわち泡がでた，熱がでた，アルミニウムが溶けて透明な水溶液になったなどを踏まえながら表現していることは共通している。「多面的に追究する」という科学的な思考の観点からこれは評価に値する。また，変化のようすを適切に表現するという，「観察・実験の技能・表現」の観点からの評価をすることも併せてできる。

　しかし，この時点では子どもの学習は未だ形成段階にある。協同的にこの問題を追究しながら，ひとつの結論としての知識・理解へ到達させる必要がある。その指導を充実させるためにさらに子どもの表現についての評価を深める必要がある。実際に，子どもは「水溶液のなかにある物は，食塩水のときと同じように蒸発させれば取り出せる」と考え，蒸発させ白い固体を確認した。アルミニウムがなんらかの形で水溶液のなかに存在していることが確認されたのである。どの子どもの表現にも「アルミニウムは塩酸のなかにある」という考えがうかがえる。保存概念の成立である。どのように保存されるのかが次の問題である。

　そこで，次の活動として子どもは白い固体の性質を調べていった。その結果，「白い固体は電気を通さない，塩酸をかけても泡がでない，水に溶ける」ことを確認した。アルミニウムがもはや金属のままで残っていないことが明らかになった。さらに，事実として教師により「塩酸は塩化水素という気体が溶けた水溶液であること」が情報として提示された。ここで子どもの考えが大きな転機を迎えた。

　「塩酸は塩と酸からできているんだ」「水溶液のなかで塩と酸がアルミニウムと出会い，塩君とアル君が結婚すると，どっちの親にも似てない『えんアル』が生まれるんだ」という考え④が子どもに支持されていった。子どもは観察・実験事実を彼らの視点から総合し，考え④を合理的なものとして受け入れ支持していったのである。泡・熱・広い固体の生成という事実と考え①〜⑥を一つひとつ照合し，論理的に意味内容を確認しながら「えんアル説」を最終的に構築していったのである。

　「えんアル」が化学的に化合物を指定していることは想像に難くない。価値づけとしての評価を考える教師によるもたらされた学習の成果である。その証

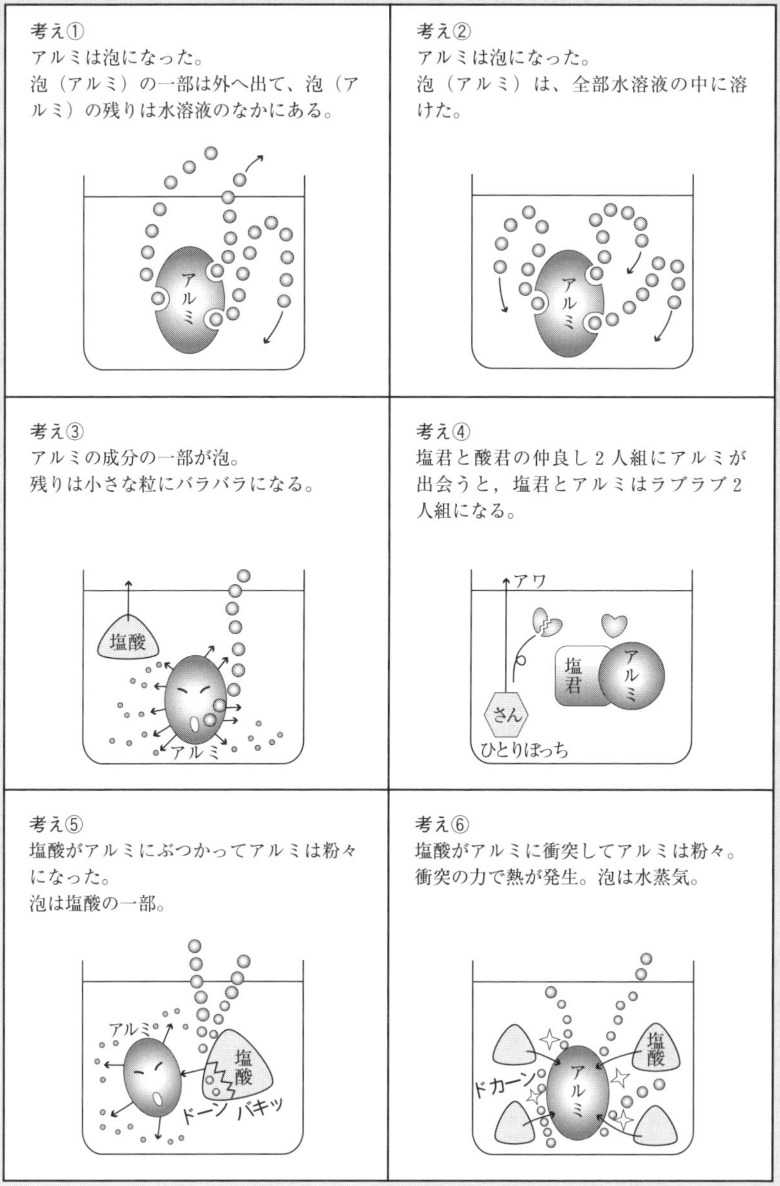

考え① アルミは泡になった。 泡（アルミ）の一部は外へ出て、泡（アルミ）の残りは水溶液のなかにある。	考え② アルミは泡になった。 泡（アルミ）は、全部水溶液の中に溶けた。
考え③ アルミの成分の一部が泡。 残りは小さな粒にバラバラになる。	考え④ 塩君と酸君の仲良し2人組にアルミが出会うと，塩君とアルミはラブラブ2人組になる。
考え⑤ 塩酸がアルミにぶつかってアルミは粉々になった。 泡は塩酸の一部。	考え⑥ 塩酸がアルミに衝突してアルミは粉々。衝突の力で熱が発生。泡は水蒸気。

図5-3　「アルミはどこへ行ったの？」　子どもが描いた水溶液の世界（八嶋，2002）

左は，子どもが事実を見，それに見合う論理を構築していった考え①～⑥における彼らの学習プロセスにうかがうことができる。価値づけを受けることが子どもをこのようなユニークな論理の展開へと導いたのである。授業における学習評価は子どもを現在の学習状況へ自覚化させると同時に，彼らを新たな学習成果への発見へと誘う機能をもつものであることが明らかである。

5章のまとめ

【1節】
　算数を子どもたちがみずから，そして，みんなでつくっていくということがたいせつである。そして，そのような活動をとおして，数学的な内容についての理解をはぐくみ，技能に習熟し，また，学び方・考え方に関わる力を培っていくこととなる。このような授業を創造するポイントとして，次の4点をまとめておこう。

1. 授業を，どのような力をはぐくむかという点から考える
　　問題が解けるだけでなく，その過程でどのような力を培っていくかがたいせつ。
2. 学び方・考え方を3つの軸でとらえ，指導の際に留意する
　　考える，コミュニケーションをする，振り返る，これらのさまざまな織りなし。
3. 学習内容を構造化し，発展的な学習を位置づけ，単元を編成する
　　習熟のようすをとらえて補充的な学習と発展的な学習を位置づける。
4. どのような活動を行なっていくかを考え，その展開を指導案に記述する
　　活動の文脈をたいせつにし，算数をみずから，また，みんなでつくり出す。

【2節】
　理科授業を事例として，授業を計画し，実施するために基本的に考慮すべき視点は次の1～3である。
1. 指導案づくり
　・観点別評価の観点による単元目標の分析
　・単元目標にそくした学習の意義ならびに授業実施までの子どもの持つ既有の経験，知識，興味・関心の分析
　・上記の2つの視点を勘案した単元計画および本時の展開
2. 予習指導の視点
　　協同的に子どもが考えを構築する学習活動の必要性とその意義や実施上の視点

の分析。
3．予習評価の視点
子どもの学習にそくして授業を進めるための評価。とくに価値づけとして評価への着目。

推薦図書

『小学校算数確かな学力を伸ばすコース別授業・少人数指導・課題選択学習，低学年・中学年・高学年編』　新算数教育研究会（編）　東洋館出版社
　子どもたちの習熟の程度をとらえ，具体的にどのように授業を展開していくとよいかを紹介している。

『「よい授業」の創造と展開』　小関熙純・国宗　進（編）　明治図書
　中学校数学の授業について，子どもたちの理解をどのような枠組みで把握し，授業でどのように理解を高めていくとよいかを述べている。

『理科における授業研究の進め方』　森本信也・稲垣成哲（編）　東洋館出版社
　理科における子どもの学習論に始まり，これを評価しながら実践するための方法論が解説されている。さらに，授業研究の成果としてまとめ・発表するための技法も併せて示されている。

『子どもの感性がつくる理科授業』　森本信也（編）　東洋館出版社
　子どもの自由な表現活動をベースにして，科学概念が構築される理科授業の構想とその事例の解説がなされている。

6章

授業を実施する

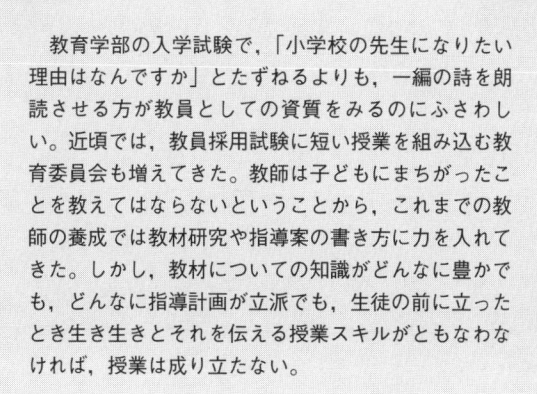

　教育学部の入学試験で,「小学校の先生になりたい理由はなんですか」とたずねるよりも,一編の詩を朗読させる方が教員としての資質をみるのにふさわしい。近頃では,教員採用試験に短い授業を組み込む教育委員会も増えてきた。教師は子どもにまちがったことを教えてはならないということから,これまでの教師の養成では教材研究や指導案の書き方に力を入れてきた。しかし,教材についての知識がどんなに豊かでも,どんなに指導計画が立派でも,生徒の前に立ったとき生き生きとそれを伝える授業スキルがともなわなければ,授業は成り立たない。

1節 説明

1 ── 説明とは

　次にあげるＡさんの授業記録（図6-1）は，小学校6年生に『万里の長城』について教えることを想定したマイクロティーチングの仲間どうしの授業VTRから採取したものである。授業記録を読み，気づいたことをメモしてみよう。それから，仲間とメモを交換して，お互いにどんなことに気づいたか，話し合ってみよう。

　explain（説明）という言葉は，exとplainから成り立っている。exは接頭語で，語幹はplainである。このplainは，もともと，デコボコしたものを平らにするという意味がある。つまり，説明するとは，デコボコしていてわかりづらい情報を平易で滑らかなものにして，わかりやすくすることを意味している。

　昔，講義とは，「教授のノートを，学生のノートに移しかえること」といわれた。しかし，現在では，教科書がある。教科書を読んだだけで内容が理解できるならば，教師の説明はいらない。教科書の語句を説明し，論理の組み立てを解き明かし，事例を補う。伝統的な黒板だけでなく，掛け図，写真，スライド，映画・VTRが導入され，今日では電子機器の発展により，すべての形式の情報をデジタル化してひとつのスクリーンで提示できるようになった。

　にもかかわらず，教師は授業のむずかしさを感じている。それは，聞き手である学生・生徒・児童が，けっして白紙の状態で席に座っているからではない。一人ひとりが，生活体験のなかでさまざまな情報を持っており，それらの情報がゆがんでいたり，誤っていたりするからである。また，与えられた情報を適切に処理するスキルに欠けていることもある。これらの点については，別の章で詳しくふれているので，この章では授業を実施するときの，授業スキルを中心に取り上げる。授業スキルは，教師と生徒のコミュニケーションを円滑にするための技術である。

Aさんの授業の記録：トピック　小学校6年社会「万里の長城」

- T きょうは，1枚の写真を持ってきました。（写真を手に持って示しながら）これは，何だかわかる人。
- T （机に近づきながら）何でしょう。
- T （次の机に）何でしょう。
- T （次の机に）何でしょう。
- T 何の写真でしょう。
- T 予想でもいいからいってみてください。
- T だれもわからなかったら，1番前のSくん。何でしょう。
- P 高速道路
- T 高速道路。みんな高速道路に見える。（ザワザワと声）
- T 見える。
- T 高速道路。あとほかに，じゃあKさん。
- P 山
- T 山。これが，ここから……なるほど。
- T ね，高速道路などいろんな意見が出てきたけど，実は，……これ書きます。（板書：万里の長城）
- T これだけど，読めます。（ザワザワと声）読めない。
- T じゃあ，ふりがなつけます。（板書：ばんり）
- T これわかるでしょう。（板書：ちょうじょう）
- T これは，（漢字の「長城」を指して）……みせた写真は，バンリノチョウジョウっていうの。
- T 山のチョウジョウというのもあるけど，それとは字がちがうよね。（板書：頂上）
- T 山のチョウジョウ。これではない。（漢字「頂上」に×をつける）
- T では，この万里の長城って何だろう。
- T で，聞いた話によると，この万里の長城はすごいらしい。
- T で，世界遺産というのに登録されているらしい。
- T 世界遺産というのは……知っている人いるかな。世界遺産。
- T 簡単にいうと，世界的にキチョウなすばらしいものを……すごいから，とっておこう，保存しておこうという，
- T そのために，トウロクするということは，万里の長城というのは，すごいものホゾンしておいた方が，……とっておいた方がよいという，そういうもののようです。
- T じゃあ，なんで，この万里の長城そんなにすごいのか。ちょっと調べてもらいたいなあと思うんだけど。
- T 万里の長城どこにあると思う。どこにあるんだろう。……どこの国にあると思う（ほほえみ）（子どもたち，ザワザワ）
- T 日本じゃない。
- T じゃあ，①アメリカ，②中国，③ドイツ（1つずつ指を出して）。
- T さあ……
- P ドイツ
- T ドイツ（「えー」など）
- T じゃあ，1番のアメリカだと思う人。（前傾姿勢）
- T 1人。
- T 2番の中国だと思う人，1，2……
- T 8人。
- T 3番のドイツだと思う人
- T 1人
- T いっぱい分かれたけど。じゃあ，正解は2番の中国です。
- T 万里の長城は中国にある。（板書：中国にある）
- T では，中国にある万里の長城。さて，何がすごいのか。
- T ここで，ポイントとなるのがここ。（「万里」を丸で囲む）
- T ここをみると，みんな知っている漢字だよね。（「万」をさす）
- T 一，十，百，千，万とかのマンと同じ（5分経過の合図）
- T 途中ですが……

図6-1　Aさんの授業記録

2 ── 説明の要素

　ラッグとブラウン（Wragg & Brown, 2001）は，説明の主な要素として，①鍵概念，②声とジェスチャー，③目的と構造，④先制攻撃，の４つをあげている。このうち，声とジェスチャーについては，次の非言語的行動の節でふれる。

鍵概念：授業では，教師が生徒にぜひとも理解してもらいたい鍵になる概念や原理がある。これが明確になっていないと，授業はたんなるお喋りになってしまう。Ａさんの『万里の長城』の記録を見直してみよう。Ａさんが取り上げた用語を授業の流れにそって拾い出すと，万里の長城，山の頂上，世界遺産，どこの国，中国，万里，万。ここで予定の５分が終わってしまった。他の授業者の記録と比べると，だれが，いつごろ（今から何年ぐらい前），何のためにつくったのかという鍵になる概念がない。そこで，授業を設計する際に，鍵になる概念や原理のリストを作成しておく。ただし，リストアップされた鍵になる概念や原理を授業で全部話すことはできない。なぜなら，時間の制限があるし，生徒の予備知識や体験も考慮しなければならないからである。そのため，ていねいにふれる内容，さらりとふれる内容，宿題として学ばせる内容，省略する内容を区別する。とかく，授業の初心者は，省略することがむずかしい。

構造と目的：ひとつの授業のなかで生徒に提示される鍵概念は，バラバラに存在するのではなく，お互いに有機的な意味の関連をもっている。たとえば，基本的生活習慣の自律は，第一反抗期の原因であって，結果でない。教育心理学の期末試験の答案で両者の関係が明確でなかったり，逆になったりするものが出てくる。これは，授業での説明を正しく受けとめられなかった結果である。

　海保（1992）は，ここでいう鍵概念の相互の関係を，７種類にまとめているが，授業でよくみられるものを追加すると，表6-1のようになる。

　授業での説明では，個々の鍵概念の関連を生徒に明確に伝えるために，提示順序を考慮し，「接続詞」をはっきりとさせることが必要になる。

表6-1　鍵概念の相互関係

①位置（空間関係）	：日本は，中国，韓国，ロシアと近隣関係にある。
②時間関係	：家の構造は時代とともに変化してきた。
③因果関係	：風が吹くと桶屋がもうかる。
④相関関係	：能力の高さと努力の量は関係がある。
⑤論理関係	：人間ならだれでも死ぬ。Aさんは人間である。ゆえにAさんは死ぬ。
⑥階層関係	：クジラはほ乳類。ほ乳類は動物。
⑦全体部分関係	：1985年現在，65歳以上の人は，日本人全体の10％。
⑧要点と細部関係	：奈良の大仏の頭のボツボツは，螺髪といいます。全部で966個です。
⑨要点と事例関係	：日本にも世界遺産に登録されたものがある。たとえば，厳島神社，日光東照宮，熊野古道などである。

また，説明にあたっては，なんのために説明するのか，その目的をはっきりさせておく必要がある。だれが，いつ，なんのためにつくったのか，どのくらいの長さがあるのかといった『万里の長城』についての事実を知識として覚えればいいのか（これらは情報の記憶，保持，再生として研究される），自分から『万里の長城』について調べてみたいという興味・関心・意欲（これらは情緒・態度の形成として研究される）を育成するのか，あるいは新しい漢字の読み方を調べるために辞書の使い方を覚えたり，インターネットで必要な情報を集める方法を身につけたりするのか（これらはスキルの習得として研究される）。どれを目的にするかによって，同じ教材のトピックを扱っても，説明の手順が異なってくる。

実践事例6-1

先制攻撃：近ごろは，小学生でも「つかみ」というタレントの使う業界用語を知っている。1時間のテレビ番組も，最初の数分がおもしろくなければ，視聴者はチャンネルを変えてしまう。教室のなかの生徒も，一人ひとりが心のなかにリモコンを持って授業に臨んでいる。そこで，先制攻撃を仕掛けることによって，生徒に授業に積極的に参与しようという構えをつくることが必要となる。

Aさんの『万里の長城』の授業では，子どもの机を回って写真をみせながら，「何の写真でしょう」と問いかけている。別の授業者は，いきなり「これは中

国の万里の長城です」と切り出した。また、「城」という漢字の読み方を問うことから始めた者もいた。

　先制攻撃の第一の方法は、「びっくり構え」である。小学校の教室でいきなり天ぷらそばを食べ始めた教師がいた。きょとんとしている児童に向かって、「この天ぷらそばの材料は何だろう」、と教師は問いかけた。その後、授業の話し合いは、食材の多くが輸入されていることに展開した。「びっくり構え」の目的は、教材の論理構造とは関係なく生徒に衝撃を与えて注目を引くことである。「天ぷらそばの材料は何ですか」という質問から始まるのとは、衝撃の度合いが格段に違うことが推測できよう。

　第二の方法は、「なるほど構え」である。この先制攻撃の目的は、教材の入り乱れた論理と認知の構造のなかに巻き込むことで、生徒の認知にゆさぶりをかけることである。そして、授業の中程や最後で、生徒は「なるほどそうだったのか」と納得させられる。たとえば、小学校5年生の理科の教室で、シャーレに水を張ってインゲンの種を入れる。これをお菓子の空き箱で覆ってしまう。多くの子どもたちは、日光があたらないので発芽しないという。植物の生長には日光が必要という、既有知識がはたらいたためである。実験のための条件統制をくふうして観察したエピソードは、子どもたちの心に強く残る。このために、事前に素朴概念やプリコンセプションなどを把握しておくことが役に立つ。

3 ── よい説明の条件

　授業で説明する必要のある鍵概念を選び、その目的と構造をはっきりさせ、生徒に先制攻撃をかけて構えをつくることは、教科書を書くときも、実際に授業を行なうときにもたいせつな条件である。ここでは、よい説明のためのその他の条件を整理する。

　むずかしい言葉を避ける：Aさんの授業では、世界遺産のところで、時間を費やしている。小学生にはむずかしい用語と判断したためであろう。むずかしい用語は、言いかえたり、はじめから別の用語を用いたりするのがよい。英

語の場合には語彙の難易レベルの研究成果が利用できるが，日本語についてもこの種のデータの集積が待たれる。

　あわせて，専門用語の乱用も避けたい。入院したときに，朝巡回してきた看護師さんに「これからセイシキ」をしますといわれて，何の式がはじまるのか，と面食らった経験がある。漢字で書けば「清拭」であり，なんとなく素人でも検討がつくが，耳で聞いたのでは何のことかわからない。大学生でも，答案にワープロの変換ミスかと思われる漢字を書くことがあるが，これは教授が板書を省いたことも原因である。日本には，同音異義語がやたらに多い。Aさんの授業でも，このことに気を配った箇所がある。

図表を用いる：『万里の長城』の実習では，指導者があらかじめ用意した1枚のカラー写真をつかって，授業の計画をたてた。もし，教師役の実習生が，中国大陸の地図を1枚用意し，その片隅に日本列島が書いてあれば，授業の展開はかなり違ったものになったと推測される。これについては，3節でふれる。

事例を豊かに：前述の「むずかしい言葉を避ける」では，入院したときの体験を例にあげた。ある鍵概念を説明するのに，適切な事例が与えられると，理解しやすくなる。事例から鍵概念に入る場合と，鍵概念から事例に入る場合の2つの手順がある。

たいせつなところを強調：板書や教材提示ソフトを使うとき，文字の色や大きさを変えることにより，聞き手の注意を引くことができる。話し言葉でも，声の大きさ，速さ，調子を変化させることによって，大事な部分を強調することができる。また，話のたいせつなところでは，手で拳をつくって聞き手の方に向けることもよく見受けられる。これらは，2節で扱う非言語的行動の利用である。

たいせつなところはくり返す：説明の鍵概念は，くり返すことによって，聞き手に定着する。くり返しは，ノートを取る手助けにもなる。同じことを単純にくり返すだけでなく，言葉を言いかえてくり返すことが効果的である。また，直後にくり返すだけでなく，時間を置いてくり返すと情報の保持の助けとなる。

質問を入れる：授業中に教師から生徒に質問を投げかける目的は，思考を助長

する，理解度をチェックする，注意を喚起する，学習に対する強化を与える，発言の機会を与えるなど多様である（Brown & Edmondson, 1984）。同時に2つ以上の目的をもって質問を投げかけるときもあるが，説明のなかに適切な質問を入れると授業のアクセントにもなる。ただし，鍵概念からはずれた内容についての質問は避けたい。Aさんの投げかけた質問について，意見を交換しよう。

2節 非言語的行動

1 ── 非言語的行動とは

　河野（1988）は演劇を学んでいる2人の男子学生に，高親和的役割と低親和的役割を交代で演じさせた。小学生が1試行1分のWISC-Rの符号問題の練習を10試行くり返したが，常にニコニコしながら積極的に話しかけ，緊張を解きほぐし，児童の発言に気持ちよく対応した高親和的役割の教師の下で，成績の伸びがよいだけでなく，教師や課題への好意度も高かった。マニュアルに従って課題の説明をしたのだが，高親和的役割の教師は非言語的コミュニケーションを豊かに使っていた。
　授業の研究をするときプロトコルの分析が行なわれるが，「なるほど，平均時速は50キロになったんだ」という教師の発言が，称讃しているのかあきれているのか判断にまようことがある。文字にすると同じでも，「なるほど」の部分の抑揚や，教師の顔つき，顎の角度などによって，教師の発言の意図がちがってくる。教師が生徒に語りかけるとき，言葉だけでなく多くの非言語的行動のチャンネルが使われているのである。非言語的行動とは，言葉に付随してあるいは言葉に先立って表出される身体の動きによるメッセージである。
　ナップ（Knapp, 1972）は，非言語的行動のチャンネルを7種類に分けているが，これを教室内の教師と生徒のコミュニケーション場面にあてはめると表6-2のように整理できる。

表6-2 教室における非言語的行動のチャンネル

A	環境的要因	：教室の広さ，採光，温度，騒音，色彩など
B	近接学	：教師と生徒の物理的距離など
C	動作学	：教師と生徒の姿勢，ジェスチャー，表情など
D	接触行動	：教師と生徒間の身体的接触。たとえば，教師が生徒と握手したり，肩に手を触れたりする。
E	身体的特徴	：身長，体型など
F	副言語	：声の大きさ，速さ，リズム，調子など
G	加工品	：服装，装飾品など

　河野（1995）では教室内での教師と生徒の間に生じる非言語的コミュニケーションの8つの流れを示しているが，非言語的コミュニケーションの研究は表出（encoding）の研究と読み取り（decoding）の研究に大別される。たとえば，教師のVTRをみながら，45分の授業のなかで教師がどんなジェスチャーを何回示すかを数えるのは表出の研究である。一方，しばしば手で髪にさわるしぐさから教師の情緒の状態を推測するのは，読み取りの研究である。

2 ── 教師の姿勢

　教室の子どもたちは，教師の姿勢をどのように見ているのであろうか。

実践事例6-2

　河野・新野（2002）は，マイクロティーチングの実習VTRなどから採集した51種類の姿勢を9領域に分類する基準を作成した。これを使用して，授業VTRを10秒毎といった一定間隔で停止し，モニター上の教師の姿勢をコード化できる。Aさんの『万里の長城』の授業でめだったのは図6-2の姿勢であり，D8（実物提示）に分類される。授業の冒頭の部分，

図6-2　教師の姿勢（D8）

> 全体に対して「何の写真でしょう」「予想でもいいからいってみてください」，と左手で発言を促している場面である。提示用に準備した写真が小さいため，聞き手に近づけて見せようとする意図がうかがえる。教育実習生の授業VTRでは，教科書や指導案を手に持った姿勢（C1）が多く採集される。教える内容や授業の流れが頭に入っているかどうか不安で，絶えず確認が必要になるためである。Aさんも，写真を提示しないときでも，ずっとこれを持ったまま説明をしていた。

河野（2001）は，4種類の教師の姿勢の線画を小学生と大学生に示し，そのとき教師が心のなかで感じていることを推測させた。その結果，小学生は大学生と同じように教師の姿勢を読み取る力があることが明らかになった。

教室のなかの生徒が，姿勢から教師の自信のなさや不安の高さを正確に読み取ると，授業をなまけたり，授業を妨害したりといった教師への挑戦的な態度をとるようになる（Neill, 1989）。近ごろ問題となっている授業困難な教室のなかで，この表出と読み取りの悪循環が生じている可能性がある。

3 ── 教師のジェスチャー

話術のじょうずな人は，話のなかでジェスチャーをたくみに使いこなすことがしられている。大河原（1983）は，「美女と野獣」という物語を2通りのやり方で小学生に示した。その結果，身体動作なしの朗読群にくらべて，数字動作や例示動作といったジェスチャーが加わった例示動作群の方が物語の内容をよく把握していた。

自分の授業をVTRに撮って，表6-3の分類基準に従ってジェスチャー採集カードをつくり，どんな種類のジェスチャーが何回出現するか調べてみよう。ジェスチャーの多い教師と少ない教師のちがいは何かについて話し合ってみよう。

実践事例 6-3

　授業中の教師のジェスチャーを研究するために，河野（1991）は表6-3のようなジェスチャーの分類基準を作成している。

　図6-2はAさんの『万里の長城』の授業の「2番のドイツだと思う人」の場面である。「じゃあ，1番のアメリカだと思う人」「1人」……の場面で，1番，2番，3番のところで右手をあげて数字を指で示し（d1），挙手した聞き手を指さしながら人数を確認している（b1）。

　授業中の教師のジェスチャーを研究するには，ジェスチャー採集カードを作成する。このカードには，①ジェスチャーが出現した場面での教師の具体的発言，②どのような動作がなされたか，言葉と線画による説明，③ジェスチャーの分類記号を書き出す。

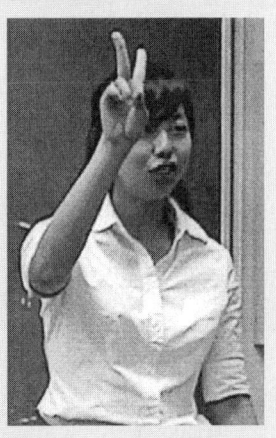

図6-3　数字動作

　小学校4年生の社会科の教材「電気とガスの利用」を用いた4分30秒のマイクロティーチングの実習VTRでは，ジェスチャーの出現頻度は最低の1回から最高の16回まで分布した。実習生の平均は，男6.50回，女7.39回であったが，有意な性差はみとめられなかった。

表6-3　ジェスチャーの分類基準（河野，1991）より作成

A　模倣動作　（a1：活動　a2：象形）人や物の動きや形を模倣する
B　指示動作　（b1：指示　b2：指名）眼前にある物あるいは人をさす
C　様態動作　（c1：様態　c2：状態）人や物のようすを表す
D　数字動作　（d1：数字　d2：数え上げ）数を示したり，数えたりする
E　強調動作　（e1：空間　e2：強調　e3：同意　e4：確認）語句や文節を強めたり，聞き手に同意や確認を求めたりする
F　実演・資料説明動作（f1：実演　f2：実物提示　f3：資料説明　f4：板書指示）実物・資料の提示やそれらを使った説明。板書の一部を指し示す

4 ── 教師の表情

ネイル（Neill, 1989）は，図6-4のような線画を中学生にみせて，教師の情緒の状態を判断させる実験を行なった。その結果，子どもたちは姿勢よりも表情に基づいて判断をしていることがわかった。姿勢より表情の方が，生徒に与える影響が強いのである。Aさんの『万里の長城』の授業では，「万里の長城どこにあると思う。どこにあるんだろう。どこの国にあると思う」とくり返すことによって，子どもたちに答えを促しているが，質問の後でニコリとほほえんだ。ロウ（Rowe, 1974）は小中学校の800本にものぼる授業VTRを分析して，教師は質問を投げかけた後，指名するまでに1秒しか待てないと報告している。質問の後に，教室全体に柔らかいほほえみを投げかけることにより，間の調節が可能であり，そのほほえみにつられて，生徒は賢明に答えを探そうとする。

市川・牧野（2004）はビデオモニターを使って6種類の表情（怒り，嫌悪，恐怖，幸福，悲しみ，驚き）を提示し，それを観察しているときの大学生の被験者の表情を記録した。その結果，幸福な表情を見ているときの観察者の顔は幸福な顔になり，怒りの表情を見ているときの観察者の顔は怒りの顔になるなどの同調傾向があることが認められた。同じように，教室のなかで授業を受けている生徒の顔も教師の表情に同調しているものと推測される。

授業者の不安の高さは，音声を消したVTRの映像だけからも読みとられてしまう（河野，1998a）。そこで，これらの映像における授業者の表情を分析したところ，不安の高い授業者は不自然なほほえみが多く観察された（河野，2004）。姿勢だけでなく，表情からも自信のなさや不安の高さが漏洩してしまうのである。ただし，表情の読み手が，不自然なほほえみと自然なほほえみを区別することができないと，不安の高さの予測があ

図6-4 ネイルの材料

やまってしまう（河野，1998 b）。

3節 教材の提示法

1 ── 板書

　1960年代，研究授業ではOHPが最新の情報提示として使われた。スライドとちがって外注する手間が省けたのが理由だが，初めは手書きの文字と図表しか提示できなかった。静止画像である写真の提示にはスライドが必要であり，流動画像の提示には8mm映写機に代わってVTRが利用されはじめた。教育工学の研究が注目されはじめ，「マルチメディア」による授業も試みられたが，情報はアナログで処理されたものであり，教室にはいくつものスクリーンが立てられた。しかし，電子機器の発展は，あらゆる形式の情報をデジタル化した。ひと組のパソコンとプロジェクターにより，あらゆる形式の情報がひとつのスクリーン上に提示できるようになった。本格的なマルチメディア時代を迎えたのである。とはいえ，日常的には，授業における教師の説明を補っているのはチョークと黒板である。

　教師たちが黒板の利便性としてあげるのは，①すぐに書ける，消せる，②臨機応変に利用できる，③前面にあるので見やすい，④子どもの速さにあわせて書ける，⑤大きくかける，⑥子どもといっしょにまとめることができる，⑦授業の流れが理解できる，⑧子どものノートと同じ感覚，⑨くふうしやすい，⑩授業の原点，⑪一斉授業に便利，⑫何回も復習できる，⑬授業の進行が止まらない，などである（南本，1984）。

　つまり，新しい情報提示の機器にくらべて，黒板は簡便で柔軟に使え，加えて経済的でもある。

　では，授業のなかで教師はどの程度黒板と関わっているのだろうか。田村（2004）は，附属小学校での国語と算数の教育実習生の授業VTRをそれぞれ2本ずつ分析した。その結果，国語は10.8％と11.1％，算数は33.1％と25.3％であった。熟練教師との比較に興味があるが，教科による授業のスタイルのちが

いが反映していると推測される。

　スクリーンに映し出されるOHPや教材提示ソフトの文字が小さすぎて、聞き手に不評を買うことがよくある。板書された文字の大きさについては、清水・安隆（1976）が基礎的なデータを提供している。黒板からの距離、角度、チョークの色、文字の種類（漢字、平仮名、英字、数字）を変数にして、大学生に文字の大きさのちがいによる見え方のちがいを検討した。漢字は平仮名よりも1.35倍の大きさに書く必要があり、5cm×5cmの大きさの文字の場合、視力0.6の者は黒板からの距離が12～13メートルよりも前でない見にくいとされているが、伝統的な小学校の教室のサイズや小学生の平均的な視力を配慮した記述になっていないのが残念である。掲載されたグラフからの数値の読み取りがむずかしい。

　熟練教師は授業そのものを見なくても、黒板をみると授業がどのように展開したかがわかるという。そのために板書計画が重要視される。図6-5はAさんの『万里の長城』の授業の最終場面での板書である。「ここでポイントとなるのが、ここ」、といってマルで囲んだところである。この図では右端が欠けているが、そこには「頂上」の上に×印をつけたものが書かれている。文字は大きくて見やすいが、授業の流が見えてこない。図6-6は別の実習生の授業の最終場面であり、「造るのに農民がかり出された」という説明に、「農民」と書き始めたところである。黒板の右側の「万里の長城」を最初に書き、万里というのが実際にどのくらいの長さなのか、中国の単位でどのくらいか（図の右端の切れている所）が説明された。次に、黒板の中央につくった目的がまと

図6-5　Aさんの板書　　　　　　　図6-6　別の実習生の板書

められ，左側のつくった人に話が及んだ。方向は混乱しているが，説明された鍵概念が書き込まれている。難をいえば，「場所」「つくった目的」などの見だしがないことである。

板書の技術を改善するために，本のなかに挿入する図版オーガナイザーの描き方に関する研究が参考になる。たとえば，ロビンソンとキエワ（Robinson & Kiewa, 1995）は，教育心理学を学ぶ学生に精神異常行動の短い教材テキストを与えた。このテキストの文章は，意図的にあまり構成のよくないものにしてあった。第一の群のテキストには，単線的なアウトラインがオーガナイザーとしてつけられ，第二の群には図版オーガナイザーがつけられた。オーガナイザーは，主要な情報の提示の前に与えられるより一般的で概括的な情報である。先行オーガナイザーとよばれる。2つの実験の結果，学習時間が十分長ければ，図版オーガナイザーのついたテキストを読んだ学生の方が内容をよく理解，記述式テストにもテキストで得た知識を応用することができた。つまり，視覚的にまとまりをもった図版化が有効である。

2 ── 図表のレイアウト

黒板の代わりにパソコンの教材提示ソフトの利用がポピュラーになってきたのは，文字，図表，写真，映像などを一括提示できるマルチメディア資料を自分で作成できるためである。

実践事例6-4

チャン&ウイルソン（Chang & Wilson, 2004）は，看護師養成のために準備された『創傷治療』のマルチメディア教育プログラムの改訂を行なった。看護学生は，このプログラムと相互作用しながら，個別に学習できる。改訂にあたって，以下のような11種類のゲシュタルトの法則を生かした。
　①バランスとシンメトリーの法則，②連続性の法則，③閉合の法則
　④図と地の法則，⑤焦点化の法則，⑥同型調和の法則，⑦よい形の法則，
　⑧接近の法則，⑨類似の法則，⑩簡素の法則，⑪統一／調和の法則

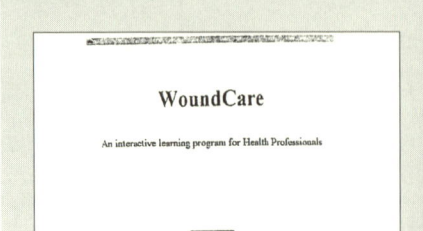

図6-7　旧版の表紙

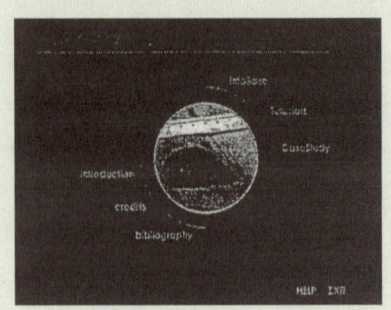

図6-8　改訂版の表紙

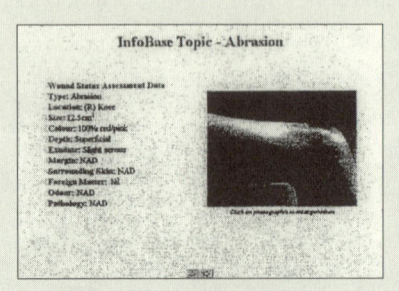

図6-9　旧版の学習頁

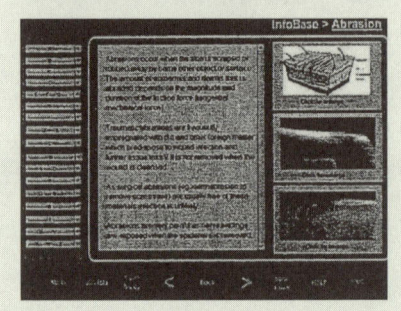

図6-10　改訂版の学習ページ

　図6-7は旧版のプログラムの表紙であるが，これを改訂したのが図6-8である。図6-8では，バランス，よい形，連続性が生かされている。また図6-9を改訂した図6-10では連続性と接近が生かされており，学習者の目は中央の文章に焦点をあわせるようにくふうされている。

　12人の看護学生がこのプログラムの旧版と改訂版を評価したが，改訂版の方が優れており，学習が容易であり，説明が詳しく，学習の流れがわかりやすく，文章・図表・写真の関連が明確であるとの高い評価を得た。残念なのは，教材の理解がどの程度改善されたか，学習成果のデータがないことである。

3 ── 図表の種類

現在小学校で使われている教科書は大判でカラフルであるが，教科書のなかに初めて図版が掲載されたのは，コメニウスの『世界図絵』(1658)である。文字だけでは理解しにくい点を視覚的に補ってくれることから，視聴覚教育のはじまりと位置づけられている。スミスとスミス (Smith & Smith, 1968) は，テキストに絵を挿入する機能として，次の3つをあげている。

①現実をシュミレーションする。
②学習者の参与を促進する。
③教材を組織化するのにふさわしいパターンを提供する。

伝統的な視聴覚教育の理論では，最も学習がむずかしいのは，文字や記号から情報を得ることである。ちなみに，文字だけ使って，「万里の長城」を小学生に説明することの困難さを想像してみよう。逆に，最も情報を得やすいのは，実物にふれることによる直接体験からである。しかし，そのために，日本の小学生を北京まで連れていくのはできる相談ではない。そこで，絵，写真，映画が利用される。これらは実物にふれる代わりの代理体験である。したがって，代理体験としての視聴覚材料の提示は，より実物に近いものが有効と考えられた。

これに対して，ドワイヤー (Dwyer, 1967) は，大学生に心臓の機能を教えるのに4種類のスライド（図6-11）と共通の音声説明を準備した。文字のみ（スラ

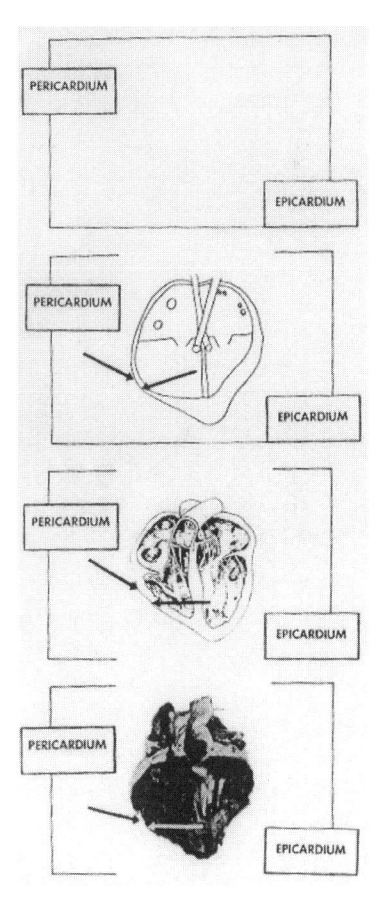

図6-11　4種類のスライド

イドには文字だけ提示され，音声の説明がついた），線画（心臓の概略を描いた），描画（心臓の襞などを詳細に描き込んだ），写真（実物を撮った）のなかで，略画を提示された群の学習成績が一番よかった。

　この研究が，映像刺激のリアリズム論争のきっかけとなった。この実験はスライドを使って行なわれたが，OHPの提示に用いるトランスペアレンシー・シートを使えば，画像の透明性を生かして，写真に線画を重ねて提示し，逆に写真を取り除くこともできる。デジタル化した教材提示ソフトは，これをフェードインとフェードアウトを効かせていてアニメ化して提示できる。加えて，認知心理学のパラダイムにより，この具体―抽象の梯子の登り降りを支援することが，情報の取り込み，保持，再生に，有効であることが理論的づけられるようになった（海保，1992）。

6章のまとめ

　大正時代に出版された『実演お話集』（大塚講話會，1926）の第9巻では，話しかたの研究を取り上げている。
　娯楽の少なかった時代，全国各地の学校に出向き，子どもたちにさまざまな話を聞かせた。そのようななかから，経験的にじょうずな話しかたのスキルが蓄えられていた。目次の一部を拾い出すと以下のようになるが，本章で取り上げたトピックと重なることに驚かされる。

1　最初の5分間：登壇のときの注意／騒がしいときの登壇／まくら（序話）
2　態度（身振）：身振りの必要／身振りの程度／身振りを入れる場合／登壇の身振／壇上の位置／目のつけ所／口の開閉／表情……
3　音声の研究：声の発達／お話に適する音声／よき音声を得るくふう／……

　しかしながら，授業スキルについては，教育実習の際にも警句（aphorism）がやたらと聞かせられる。本章にも，たくさんの警句が散らばっている。しかし，研究の裏づけが少ない。第一の理由は，これらのスキルは経験を重ねれば自然に身につくと思われてきたことである。第二は，多くの教師が，自分はこれらのスキルがたくみであると善意に誤解していることである。第三は，研究者がこの領域の研究にあまり関心をもたなかったことである。教育心理学の主要なテーマではなかった。加えて，ライブの授業を記録し，加工し，分析する技術が未発達であったことも背景にある。何よりも，成績が悪いのは生徒が教師の話を熱心に聞いていなかったからと，その責任を生徒の努力や能力の不足に帰属させてきたからである。しかし，認知心理学のパラダイムが，ここで取り上げた授業スキルを教育心理学の主要なテ

ーマへと変えた。そこで,これから教育実習に参加する学生さんや現場の先生方におすすめしたいのは,以下の点である。

　①自分や仲間の授業をVTRに撮って,お互いにみる機会をつくる。
　②VTRを見ながら気づいたことを話し合う。
　③気づいたことを確かめるための研究の手立てをくふうする。
　④話し合ったり,調べたりしたことを公に発表する機会を持つ。
　⑤実践的研究と基礎的研究の両方の文献に目をとおす。

　教室での気づきを基礎的研究で確かめ,基礎的研究の成果を教室で確かめる。この循環を絶やさないことである。

推薦図書

『教室の非言語的コミュニケーション』　ネイル,S．河野義章・和田　実（共訳）　学芸図書
　教室における教師と生徒の非言語的コミュニケーションの意義を解説し,熱心にみえる教師,自信にみちた教師,権威を感じさせる教師,親しみを感じさせる教師の姿勢や表情の表出についての研究を紹介。教室空間の配置も。

『授業の心理学——授業技術の改善プログラム』　ブラウン,G．斉藤耕二・菊池章夫・河野義章（共訳）　同文書院
　教育実習に参加する前の授業スキル訓練のために開発されたマイクロティーチングのプログラムが紹介されている。説明,質問,非言語的行動など基本的な授業スキルの解説と評価表が掲載されている。

『説明と説得のためのプレゼンテーション』　海保博之　共立出版
　相手が見えること,臨機応変の対応が大事というプレゼンテーションの特徴から始まる効果的な手法の提言は,教師の授業スキルのなかに採り入れることができる。

『文書・図表・イラスト　一目でわかる表現の心理技法』　海保博之　共立出版
　認知心理学の立場から,情報伝達,情報保存,情報理解に役立つビジュアル表現の技術を中心に解説している。

7章

授業の効果を上げる

授業の過程は，教材を媒介にして教師と生徒が相互作用しながら，1つには教材に関する認識を深め発展させる知的営み，2つには他者（教師や他の生徒）とのかかわり方やコミュニケーションのしかたや社会的ルール・規範などを学ぶ社会的営み，3つには，自己対話や他者間対話をくり返すなかで自分づくりというまさに自己啓発／自己形成に繋がる活動からなる動的な過程である。しかもその営みは，教室や学校という閉じられた時空間を超えて，日常性の文脈や社会・文化的な営みとの繋がりのなかで営まれねばならないことを中心に論じる。

1節 授業のスキル

　効果的に授業を展開していくためのスキルとは何か。その手がかりを得るためには，何よりもまず，授業の営みの特異性を考えてみる必要がある。

1 ── 教える営みの特異性

　教える営み（授業）の過程は，教材を媒介にした教師の教授活動と生徒の学習活動との三者関係のなかで営まれる動的な過程である。すなわち，教材を媒介にして，教師と生徒がいっしょになって，その内容を理解し，意味を発見すると同時に，その教材の背景にある日常性の文脈のなかでの事象の意味や社会や文化の成り立ちなどを理解し，創造し合う過程である。しかし，一般的には，そこに参加する多くの生徒の教材に対する知識や経験や興味や関心や目標は大いに異なっている。こうした生徒を相手にして，教師は，同じ教材を使用しながら，ある一定の目標に向かって，教える営みを展開しなければならない。それだけに，その過程は，あらかじめ教師の頭のなかに想定されたプラン通りにうまくものごとが展開することはほとんどなく，絶えずゆれ動き，どこに展開していくかも予想しがたい曖昧性を孕んだ複雑な過程である。そこは，本来，静的な世界ではなく，生徒一人ひとりが抱いている目標や価値や興味や関心が勝手に息づいている，いわば生き物の世界である。またその過程は，ひとり教材の理解の水準にとどまらず，人間と人間とが心を開き，対話し，新たな自己の発見や他者の発見にも関わる人間形成の過程でもある。

　このように，教授の過程は，多数の“学び手としての子ども”と“教材”と“教え手／学び手としての教師”とが織りなす状況のなかで成立しているのであるが，その過程は一面から見れば，教材を媒介として文化遺産としての知識や技能を教師が生徒に伝達し，生徒が学習していく過程である。しかし，その過程で生徒が学び取るものは，何も教材に関する特有の知識のみに限られてい

るわけではない。一歩，生徒の内面世界に踏み込んで考えてみると，子どもたちは教材を媒介とする教師のはたらきかけ（説明，発問，指示など）や仲間との相互作用（話し合い，討論など）をとおして，コミュニケーションのしかたや人とのかかわり方やものの見方／考え方の多様性など，認知的，情緒的，社会的なものまでにも変化がみられ，自己発達を遂げていく過程でもある。

その一方で，教える過程を教師側からみれば，1つには，教材との取り組み（教材の開発，構成，解釈）やそれを媒介とする生徒との取り組み（指示，発問，問い返しなど）をとおして，生徒たちの可能性を引き出し，発展させる過程である。と同時に，2つには自分自身の知識の限界や偏ったものの見方／考え方や教え方の不備や不適切さを子どもから気づかされ，自己啓発され，自分の教授技能を向上させたり人間性をはぐくむよき学びの過程でもある。

換言するならば，授業の過程は，学び手としての生徒にとっても，教え手／学び手（おもには教え手の役割認識を強く抱いている教師が多いが……）としての教師にとっても，自己内対話，他者間対話（直接的／間接的）を積極的にくり返しながら3つの領域での活動が，意識的にあるいは無意識的に営まれていく過程である。1つの領域での活動は，教材の意味を探索し理解する認識の形成と発展に関わる活動領域でありおもに認知的な営みが必要とされる。2つめは，他者（仲間や教師）とのかかわりのなかで多様なものの見方／考え方／感じ方を発見したりコミュニケーションのしかたや対人的かかわり方を学ぶ活動であり情緒的，社会的な営みが必要とされる。三つめは，自分づくりというまさに自己啓発／自己形成に繋がる自分に向かう活動である。しかし，理念的には3つの領域での活動が授業過程のなかには埋め込まれているといっても，現実的には，あるひとつの活動が特化（実際には教材とのかかわり活動が主であることが多いが）し他の側面がおろそかにされたり，ある活動が他の活動を妨害していることが多い。

2 ── 教授スキルを構成するものとは

授業とは，教材を媒介とした教師と生徒との間の協同構成による営みであり，その過程は教師にとっても生徒にとっても自己発見／自己創造の学びの過程で

あると述べたが，一般的には，授業の基本的な目標は，生徒自身がいろいろな知識や能力を身につけ，1人の人間として自立し，社会的／文化的営みに参加できる人間に成長／発達していくことにある。だとするならば，あらゆる授業において，生徒こそが活動の主体となり，授業の主役にならなければならない。だが，授業での表舞台で，生徒が主役になって積極的に活動するか，また何を学び取るかは，教師がどのような授業を念頭に置きながらどのような教材を準備するか，また授業の実行過程でどのように生徒に関わるか，実行過程で遭遇する偶然的なできごとにどのように対処するか，といったような教授スキルに大きく影響される。たしかに，教師の教授スキルは生徒たちの学習活動を決定づける主な要因のひとつであるが，教師の役割は表舞台の演者というよりも裏方さん的な役割に徹し，表舞台で演者として活動する生徒の振る舞いの展開全体に責任をもつ演出家としての役割が望まれる。

では，そのような演出家的役割を発揮できるための教師の教授スキルはどのようなものから構成されているのであろうか。

第一は，教師が教える授業科目，授業内容，教え方に関して，どのような知識や技能をもっているかである。つまり，自分自身が担当する（している）クラスの子どもたちの知識や技能の水準を考慮に入れた教材研究（例：教材の選択と解釈，授業内容の具体性），授業設計（例：子どもの把握，目標の設定，展開の構想），授業展開（例：説明／発問のしかた，グループ構成，動機づけなど）について，どこまで具体性ないしは柔軟性をもって，多様な視点から準備できるかに関わるスキルである。ここで重要なことは，教師の視点から構想する自分にとって好都合な効率的授業を準備／展開するのではなく，いかに子どもの視点に立脚したものを準備／展開できるかということである。

もし，教師がうまく子どもの興味や関心を引き出し，しかも子どもの知識や理解水準にあった教材の提示のしかたや授業の進め方を考え，子どもからの反応に敏感に対応しながら，子どもといっしょになって授業を構成／展開できるならば，教師の教える内容は子どもの心のなかに届いていく。だが，逆に子どもの状態をまったく無視した形で，教師中心にしかも子どもの知識や理解水準を越えたところで授業が展開されるならば，教師の教える内容は子どもの心のなかには届いていかない。教師の教える内容が，子どもの心のなかに届いてい

くか否かは，まさに教師の教え方と子どもの心の状態との相互作用によって決定されるのである。子どもは，外界（教師）からの情報を，自由に取り入れたり，拒否する開閉操作のできる心の扉をもっている。また実践事例7-1にもみられるように，生徒は教材内容に対して，それまでの経験世界のなかで形成してきている自分なりの素朴な考えをもって授業に望む。しかもその素朴な考えは実に多様であり，教師が授業のなかで教えようとする考えとは大いにズレていることがわかるし，その素朴な考えやモデルは容易には修正されない。それだけに，教師はクラス全体の子どもの心の状態を的確に知ることがきわめて重要である。

実践事例7-1：子どもは多様な「素朴モデル」をもって授業に望む

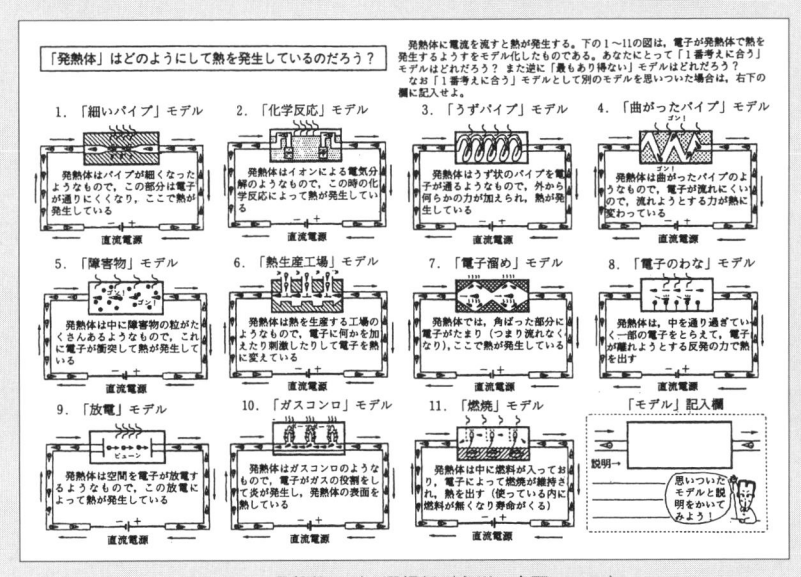

図7-1 発熱体モデル選択紙（有川・丸野，1998）

発熱体実験：中学3年生を対象にした技術科教育での実験授業（図7-1）

この「発熱体実験」（図7-2）はまず，事前調査から得られた被験者の「何か熱をつくり出す仕組み（装置）があるのではないか？」という素朴な概念に葛藤を引き起こし，自己の概念やメンタルモデルの不十分さに気づかせること

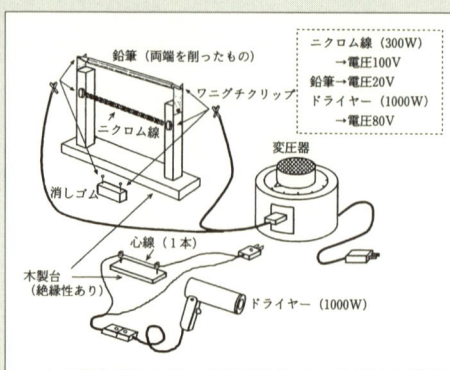

「発熱体実験」は、左図に示す装置（木製台〈鉛筆支持部はアルミニウム〉、変圧器、ワニ口クリップつきコード）と材料（鉛筆〈HB〉、ニクロム線〈300W〉、消しゴム）を用いて行なった。具体的には次のような示範実験（A〜CとE）と教師の活動（D）から構成されている。

A：ニクロム線の両端に電圧100Vを加え、赤熱する様子を観察させる。
B：鉛筆の両方端を削り、電圧20Vを加え、周囲の木が燃える様子と、木が燃え落ちた後、芯が赤熱している様子を観察させる。
C：消しゴムの両端付近に釘を刺し、電圧100Vを加える。代表生徒に消しゴムを触らせ、発熱していないことを全体にも確認させる。
D：ニクロム線、鉛筆の芯、消しゴムの抵抗をテスターで測定し、値を板書して知らせる。
E：コード（導線）から心線を1本取り出し、負荷にドライヤーを用いて回路を構成する。変圧器で80V程度加えた時、心線が赤熱・溶断する様子を観察させる。

（図中ラベル）
鉛筆（両端を削ったもの）
ニクロム線
ワニ口クリップ
ニクロム線
消しゴム
心線（1本）
木製台（絶縁性あり）
変圧器
ドライヤー（1000W）

ニクロム線（300W）→電圧100V
鉛筆→電圧20V
ドライヤー（1000W）→電圧80V

図7-2

をねらっている。なお、このような示範実験、教示活動を図7-2のA〜Eの流れで設定した理由は、次のような仮説に基づいている。

1. A，Bを観察・比較することにより、生徒は「発熱体は特殊な材料である」との考え方を棄却する。
   その結果、『装置モデル』の選択者が『エネルギー変換』モデルへ移行する。
2. A，B，Cの結果とDのデータを考え合わせることにより、生徒は発熱作用と抵抗の関係に気づき、多くが『エネルギー変換モデル』①③④⑤へ。
3. Eを観察することにより、生徒は断面の太さが重要な条件であることに気づき、1，2の見方を強化する。
   その結果、多くが『エネルギー変換モデル』①⑤へ移行する。

主な実験授業での結果

1. 授業に望む前には、生徒は「発熱体」に対する多様な素朴モデルをもっていたが、A〜Dまでの4つの学習内容を体験することによって「一番考えに合うモデル」として、科学的な『エネルギー変換モデル』（①③④⑤⑦⑧⑨）を理解できるように変化し、最終的にそれを選択した人数は55／64名（90％）であった。

2.「一番考えに合うモデル」として，授業に望む前は非科学的な『装置モデル』(②⑥⑩⑪) を選択していた者が，最終的に科学的な『エネルギー変換モデル』(①③④⑤⑦⑧⑨) のいずれかに変化した者は8名であった。
3. しかし，科学的な『エネルギー変換モデル』のなかでも「発熱体」のメカニズムを科学的に捏睨する最も正しい説明モデルは『障害モデル』(⑤) であるが，それに変化した者はわずかである。

ということは，教授学習内容に関して，生徒たちは多様な素朴概念やモデルを抱いて授業に望むが，その素朴な概念やモデルは短期間の教授学習の間では容易に修正されないということだ。

　第二には，そうした知識を，絶えずゆれ動く状況のなかで，うまく使い分けていくための教育技術ないしは実践的思考としての教師の教授スキルである。とくに，生き物としての教える営みのダイナミズムに注目するならば，状況に敏感に対応していく即興的な思考や判断に支えられた高度の教育技術が必要である。それには，行為しながら考える，考えながら行為するという高度な自己モニタリングの熟達が前提となる。また，生徒とのコミュニケーションにおいては，言語情報からのみでなく，非言語的な情報（例：表情，姿勢など）に隠されている意味を正確にキャッチできる研ぎ澄まされた感覚モダリティーのセンスやスキルも必要である。そのためには，教師みずからが自分の思考の世界に閉じるのではなく，他者（生徒）や状況とのかかわりのなかに立ち現れてくるさまざまな手がかりや情報に心を開くスキルや態度をもっていなければならない。

　第三には，第一や第二のスキルとも密接に関係するが，教師がどのような授業観や学習観や能力観を抱いているかで教授スキルにちがいがみられる。たとえば，"授業のなかでは，個々の事実や事象についてたいせつな内容を理解させ知識として取り入れさせる情報貯蓄型の学びのスタイルよりも，問題の発見のしかたや解決のしかた，すなわち「学び方を学ぶ」問題発見型の学びのスタ

イルを育成することが重要である"といった授業観をもっているならば，問題解決をおもにした教材や対話を中心にした授業の進め方を構想するかもしれない。あるいはまた，"子どもの能力は個人のなかに閉じているのではなく，関係のなかで拓かれていく"といった能力観をもっているとするならば，能力が関係のなかで拓かれていくような授業構造（例：グループ活動や対話を中心にした授業構成）を準備し，積極的に実行しようとするかもしれない。表7-1には，教育実践に大きな影響を与えてきた3つの代表的な学習理論が示されている。教師が3つの学習理論のなかのどの考え方に依拠しながら実践するかによって，教師の役割や生徒たちの授業場面への参加のしかた，頭の働かせ方，自分自身との対話のしかた，他者との間のかかわり方は大きく異なることがわかる。

　第四には，教師が意識的あるいは暗黙的に抱いている学習に対する評価観や生徒の示す"誤り現象"に対する評価観が教授スキルに大きく影響を与える。生徒の学習した結果そのものに注目するか，それとも学習過程に取り組む姿勢や努力のしかたに注目するかで生徒へのはたらきかけ方や準備する教材が異なる。また，ある課題に対する生徒の誤りはその生徒の理解の不十分さやスキルの未習得を表していると評価・判断するならば，その誤りが改善されるまで同じような課題や教え方をくり返すかもしれない。それに対し，"生徒の誤りにはその時点での子どもなりの考え方の論理が反映されている"と考えるならば，その論理的な特徴を診断するような新たな教材を準備したり，教え方を新たな視点から見直すかもしれない。とくに後者の場合は，子どもの誤りは教師自身に対する教授スキルや方略の見直しを示唆するサインでもあるだけに，もし教師がそのサインの意味を前向きに受け止め，前進的に解決していこうとする姿勢を示すならば，子どものつまずきの場は，教師にとっては教授スキルの改善に結びつくよき学びの場とさえなる。生徒からのサインのなかにどのような意味や意義を感じ取るかはまさに教師の評価観に依存しているというわけである。生徒の可能性を最大限に引き出したり，教師自身の教授スキルの改善を日々図るような授業実践に取り組むためには，生徒の学習の結果や誤り現象に対してどのような評価観を抱いているかが決定的に重要な役割を果たす。

　第五には，教師がどのような人間観を抱いているか，またどんな人間性豊かな人であるかも教授スキルに反映される。"教材選択や内容がおもしろい""教

表7-1　どの理論的考えに依拠するかによって教授・学習のとらえ方がどのように異なるか（Shuell, 1996を改作）

	行動主義的考え方	認知的構成主義の考え方	社会的構成主義の考え方
学習とは	・事実・スキル・概念の獲得 ・訓練・実践を通して生じる ・個人の頭のなかで生じる ・浅い処理や手続き的なものを含む	・積極的構成と先行知識の再構成（構造化） ・既有知識に新しい知識を結合する多様な機会や過程をとおして生じる ・他者や環境との相互作用をとおして生じる ・深い処理を含む	・社会的に定義されている知識・価値の協同構成 ・社会的に構成されている機会を経て生じる ・他者や環境との相互作用をとおして生じる ・重層的な内容，手続き（学習のしかた），解釈（どんな意味や価値があるか）の処理を含む
教授とは	・情報を伝達する	・より完全な理解に向けての思考をうながしたり，誘導する	・（生徒）と一緒に知識を構成する ・学習についての取り組み方のレパートリーを拡大する
教師の役割とは	・一人の大人として予め想定されている ・主要な知識の源 ・管理者／指導者 ・時間通りの課題完成を励ます ・誤った答えを正す	・多くの熟達した技能をもった人 ・ある知識の源（生徒・材料・環境とともに機能する） ・促進者／誘導する人 ・意味のある考えや材料や他者と相互作用するための機会をつくり出す ・考えや誤った概念に耳を傾ける	・多くの熟達した技能をもった人， ・ある知識の源（他者，材料，社会的なもの。環境とともに機能する） ・促進者／誘導する人／一緒に参加する人 ・意味のある考えや材料や他者と相互作用するための機会を生徒と一緒に構成する ・知識について異なる解釈を協同構成する：社会的に構成されている概念に耳を傾ける
仲間の役割とは	・通常は考慮されない	・必ずしも考慮されないが，考えを刺激したり，質問したりする	・通常は，知識構成過程の一部を担う ・集団での間主観的立場で知識の定義に貢献する
生徒の役割とは	・情報を受動的に取り入れる ・作業する人 ・積極的に聞く人，指示に従う人 ・時間通りに作業を完了させる	・心の中で積極的に構成する ・生み（創り）だす人，構成する人 ・積極的に考える人，説明する人，質問する人 ・理解する・質問する・説明する	・他者や自己が一緒になって積極的に協同構成する ・生み（創り）だす人，協同構成する人 ・積極的に考える人，説明する人，解釈する人，質問する人 ・理解する・質問する・説明する・協同構成する，社会的文脈を考える

え方がうまい""説明や質問のしかたがていねいである"といったような具体的な教授スキル以上に,"一人ひとりをたいせつにする""思いやりがある""感情が豊かである""正直である""隠しごとをしない""個性を尊重する"といった人間性豊かな教師であるか否かで,生徒の授業に対する取り組みは大きく変化する。その意味では,第一から第四に指摘したそれぞれの教授スキルをその基底で支えているものが教師の人間観であり,それは最も基本的でありかつ重要な"隠れた教授スキル"とでもよぶべきものである。多くの人が,"あの先生の（思いやりのある）一言でやる気が起きた,考えることが好きになった"といった体験をもっているにちがいない。"教師が教師である前に,1人の人間として,一人ひとりの生徒の個性を認めたうえで,彼らに真剣に立ち向かい,あるがままに心を開き,その生徒らしさの理解を求めて対話する姿勢"こそが,生徒を動かし,生徒たちに主体的かつ創造的な知的営みを引き起こす最も重要な教授スキルであると指摘しておきたい。

2節 教授者のスキル

　教師はある目的や思いをもって授業に望む。だが,一般的なサイズの教室であれば,理念的には,教師の思いや目的とは異なる30通りの目的や思いを抱き授業に参加し,教材に向き合っている30人の生徒がいる。しかも1時間のなかでの教師や生徒の認知的営みの内容やそれに対する注意の集中力や感情的な思いは,初めから終わりまで同じであることはまったくあり得ず,刻々一刻と秒単位,分単位で絶えず変化する。実に多様なできごとが生じては一瞬のうちに消え去っていくような活動的な時空間である。そのような状況のなかで,一人ひとりの生徒が主体的に授業のなかに参加し,知的興奮を味わうことのできる授業実践を営む教師の教授スキルに対しては,神業的と認めざるを得ない。なぜなら,授業の過程は,ドイル（Doyle, 1986）がうまく整理しているように,"何がいま重要であり,どこにどのような心理的配慮や知的営みを施した

らよいかを，状況依存的に判断決定し，瞬間的に実行していかなばならない"6つの特性からなる実に複雑な心的疲労をともなう過程であるからである。その6つの特性とは次のようなものである。

（1）多次元性（multidimensionality）：授業の場面は，分刻みや時間刻みで，実に多くのできごとや課題が生じる込み入った環境であり，教師にとっても生徒にとってもどこに注意を払うべきかがたいせつになるが，しかし個人のなかにあって，その資源の供給には限界がある。

（2）同時性（simultaneity）：多くのことがらが継時的にではなく同時に起こる。

（3）即時性（immediacy）：多くの対人的なやりとりやできごとが，熟考する時間がまったくないぐらいの速いペースで展開する。

（4）非予測性（unpredictability）：授業は教師と生徒，あるいは生徒どうしがいっしょになって生み出される社会的相互作用を含んでいる。それだけに特定の活動がどの段階や場面で現れるかを予測することは困難である。また意図した通りの展開は希であり，予測しがたい（期待しない）できごとが生じるのが一般的である。

（5）公共性（publicity）：授業は公のものである。それだけに教師や混乱している子どもたちに何が起きているかそのできごとの内容はクラスの大部分の者の前に明らかにされ，そこで承認されるものであり，教師にとっても生徒にとっても秘密にされるものではない。

（6）歴史性（history）：一定期間いっしょに生活してきている集団であるだけに，現在の活動が引き起こされる文脈を生み出す共通した経験，基準，ルーティンを積み重ねてきている。これらの経験やその結果は，よいものであれ悪いのものであれ，容易には修正されない。また将来の活動にもいろいろな影響を与える。

1 ── 状況に支えられた営みとしての授業ができるには

上述した授業のなかに潜在している6つの特性を考えたときに，瞬時に判断しなければならない多様性や複雑さを考慮に入れながら一定の時間内にスムー

ズに授業を展開するには，状況依存的に生徒らの発言やグループ活動などを積極的に取り入れ，それらをひとつの知的資源や道具にしながらうまく利用していくことがたいせつだ。生徒たちが興味・関心を抱き熱中するような教材や授業内容を構成したり，生徒たちが能動的に参加し主役を演じるような授業構造を展開することができるならば，全体をモニターする教師の心にも精神的余裕が生まれ，結果的に生徒たちの学習活動への目配りや自分自身の授業展開を見直し省察することが可能になることは言うまでもない。しかし，「言うは易く行なうは難し」で，なかなかそうした授業実践は容易でない。

だが，熟練教師とよばれる人たちの授業をみると，生徒へのはたらきかけ方のうまさのみでなく，生徒の発言や動き（表情やしぐさ）の取り上げ方にもうまさがみられる。すなわち，状況の展開と常に対話しながら，授業過程のなかで偶然に生起する生徒たちからの「言葉やしぐさ」を見逃すことなく，瞬時にその意味や意義を判断し，必要であればそれらを授業のなかに取り入れ，授業の流れを瞬時に構成し直す即興的な思考判断能力と柔軟性をもっているようだ。

教師の熟達化研究からの知見を概観したもの（秋田, 1995；Kagan, 1992；丸野, 1996；Holt-Reynolds, 1992；佐藤ら, 1990；Shuell, 1996；Sternberg & Horvath, 1995）を参考に，その主なものを具体的に指摘すると次のようになる。

（1）熟達者は，教える内容（科目や教材を含む）についての幅広い，よりまとまりのある知識をもっている。また，単元間の繋がりや，教材と内容との関連づけが豊かである。さらに生徒の現在の知識状態や心の状態をよく知っている。そのために，新しい教材や単元に入るときには，生徒のレディネスの水準を評価したり，以前の学習を見直したり，宿題をチェックしたり，必要ならばもう一度以前の関連したものを教え直し，新しい教材や単元への橋渡しをする。これによって，子どもの興味を引き出し，子どもが主体的，積極的に授業に参加し，取り組むような教材の提示のしかたや内容の取り上げ方ができる。すなわち，子どものすでに知っている知識に新しい知識を関係づけるような授業を創造する方法を知っている。

（2）教師のプランニングは，短い範囲（1日，1週間，単元）から長い範囲（学期，年単位）におよぶし，またその内容はカリキュラム編成，各授業

科目への時間配分，教授時間の個人やグループへの配分，さらには教授時間内での導入，展開，結論や説明，質問などへの時間配分など多様である。それだけに，授業展開の指針となる，大きな流れのプランがあると，教師は軌道修正が楽である。しかし，一般に，新任教師は，あらかじめ頭のなかに細部にわたるまでしっかりと想定した，直線的，合理主義的なプランニングモデルに従って授業を展開し，生徒の瞬時瞬時の反応を授業のなかに活かせない。一度走り出したプランニングを最後まで守りとおそうと必至であり，途中での修正が柔軟でない。すなわち，1時間の授業構成のルーティン化がまだ不十分なため，また内容固有の知識も不十分なために，生徒から具体的な事例や説明を引き出すこともできないし，授業目標に生徒の質問を関連づけることもむずかしく，授業の展開に多様性がなく，一度，授業が最初の軌道からはずれるとその修復にも困難を示す。授業プランが自分の頭のなかに閉じている。さらには，教科の内容に閉じている。

それに対し，授業構成のルーティン化が自動化され，内容固有の知識の豊かな熟達者は，あらかじめ大まかなプランをたてたとしても，状況依存的にそれを修正しながら，柔軟に生徒の反応に対応した授業展開ができる。たとえば，始めのプランには組み込まれていなかった相互学習やグループ学習（誘導的実践）を，状況や生徒の理解に応じて柔軟に使い分けていく。臨機応変なプランニングの修正ができるために，どこからでも授業の再構成が可能であり，まさに思いも寄らない生徒からの偶然の手がかりをじょうずに活かす偶然性を大事にする授業を遂行できる。対話モデルに従ったプラン遂行を行なっており，授業プランが他者や状況との間に開かれているといえよう。

佐藤ら（1990）によると，それが可能なのは，熟練教師が授業過程で，"たんに自分の意図や計画の遂行の（授業者としての）視点から一元的に思考するのみでなく，教室の子どもたち全体の立場（観察者としての視点）から，あるいは特定の子どもの立場（一人ひとりの子どもの立場に身をおいた視点）から，授業の事実の意味を複眼的にとらえ，一元的な見方では理解しえない授業の事実の多義的な意味を多元的に認識する視

点を形成している"からである。

（3）新任教師は，教授過程で生じる問題や教える内容や概念や生徒のつまづく問題についても，それらを体系的に定義したり，どのような解決の方法があるかをしっかりと吟味，検討するというよりも，すぐに対処療法的に，その問題解決に関心を示しがちである。それに対し，熟達者は，まず最初に問題の定義や表象をしっかりと押さえ，それから可能な解決方略を吟味，検討しようとする。したがって，新任教師は，たとえば，子どもの示す誤り現象についても，その背景にはたらいている子どもの論理をしっかりと探り，確かめ，それに基づいて指導を行なうということをせずに，問題の解決方法を示すのみである。だが熟達者は，子どもの誤りの原因がどこにあるのか，どこまではわかり，どこからわからなくなっているのか，わかるためにはどのような所までもどる必要があるかなど，その子どもの誤り現象についての概念表象をしっかりと押さえてから，解決の手立てを考えようとする。自分なりの解釈を絶対的なものとせず，生徒に聞く姿勢で，生徒と一体となりその解決策に向かおうとする。

（4）教師の授業の流れにそって子どもたちの思考がうまく流れるためには，教師自身が授業と学習との文脈に即した思考，判断，評価を行なうことが重要である。しかし，新任教師は，ある生徒の発言を他の生徒の発言に結びつけ，また生徒の発言を自分の授業に取り入れ，授業と学習との間に流れるような一本の道筋をつけることができない。それに対し，熟練教師は，授業と学習の文脈に即した思考をより適切に行なうことができる。すなわち，子どものひとつの発言に対しても，それを授業の展開の時間的な関係や内容的な関係のなかで，また，他の子どもの思考との関連のなかで位置づけて理解し，それに即した思考と判断を行なっている。互いに学び合う関係をつくり出し，その関係を豊かな知的資源や道具としてうまく活かすことができる。

（5）自分自身の教え方の実践をより精緻化し，子どもにわかるような授業を創造していくためには，自分自身の教え方や生徒の反応や授業のなかでのできごとを反省することがたいせつである。しかし，何をどのように

反省するかがもっと重要だ。新任教師も自分の実践について反省するが，熟練教師ほど反省する焦点が定まらず，いろいろな側面におよぶ。たとえば，自分の説明のしかたや事例の提示が明確であったか，黒板の使用は適切であったか，生徒の質問に対する自分の答えは適切であったか，授業のなかへの生徒の参加はどうであったかなど。それに対し，熟練者の反省の内容は，教材についての生徒の理解に対する自分のコメントや授業のなかで注目に値すると思われるできごとに集中する。すなわち，授業が展開していくうえでの鍵になっているのは何か，何が重要で，何が重要でないかといった授業の流れの全体構造が，新任教師は曖昧であるが，熟練教師はそれがしっかりとできる。

(6) 熟練教師は，授業後の反省的思考よりも，むしろ授業過程の即興的思考において新任教師よりも優れており，多面的な視点から分析し，吟味，検討する。すなわち，経験のなかで研ぎすましてきた感覚を総動員しながら，瞬時瞬時の子どもの発言，しぐさ，表情，動きなどを見逃すことなくしっかりと受け止める。そして，それら一つひとつに対してたんによいとか悪いといった直感的な印象や感想や評価判断を行なうのではなく，そのような発言や行動の背景に潜む子どもの理解や学習状態，さらには意味や原因を探り，なぜそのような事態にいたっているのか，今後何が必要か，どのように授業を建て直していったらよいかなどの見とおしを即興的にかつ柔軟に考えることができる。

2 ── 対話を中心とした授業実践

熟練教師といわれる人の授業構成や実施過程には，「生徒の状態把握に基づいた教材の豊かさ」「生徒の学習を中心にした授業展開」「他者や状況に開かれた授業プラン」「柔軟性のある即興的思考」「文脈・状況に即した思考」といった特徴がみられることがわかる。そうした授業構造や展開は，知識や技能を教師が生徒に一方的に伝達する知識伝達型教授のなかよりも，生徒といっしょになって授業を協同構成していく対話型授業のなかで生起しやすい。だが，図7-3に示すように，実際には多くの教師が伝達型授業に比較し対話型授業が

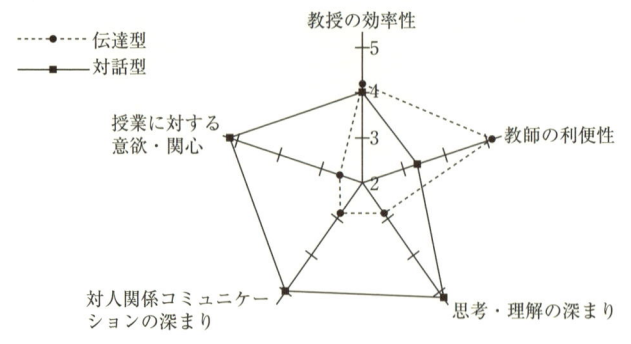

図7-3　各授業タイプ別の利点はどのように認識されるか

生徒の学習活動にさまざまなプラスの効果をもたらすことは理解できていても，それをスムーズに実施する技量を習得していないという理由から，結果的には伝達型教授スタイルを取り続け，理想と現実の狭間でジレンマに陥り悩んでいる現場教師が多い。そんななかにあり，現在私が観察している福岡県阿志岐小学校の山本俊輔氏は，［実践事例7-2］に示すように，状況依存的に多様な教授技法を試みながら，子どもの学習を中心に据えた対話型授業を見事に展開している。

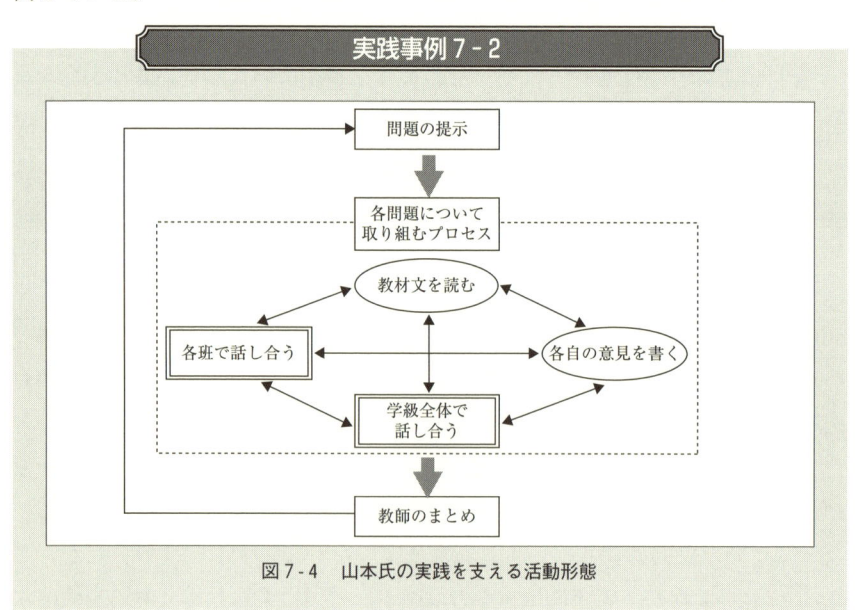

実践事例7-2

図7-4　山本氏の実践を支える活動形態

表7-2 単元「海のいのち」における班活動を軸とした活動形態の流れのパターン

パターン	問題に取り組む過程での活動形態の流れ	授業場面との対応関係
a．意見先行型	①各自の意見を書く ②各班で話し合う ③学級全体で話し合う	・主に各授業の前半部において提示された問題に取り組む過程の中で特徴的に見られる。 ・事前の考えを班の中でお互いに確認,自分の考えを精緻化して,全体に発表して再検討。
b．意見構成型	①各班で話し合う ②学級全体で話し合う	・主に各授業の後半部において提示された問題に取り組む過程の中で特徴的に見られる。 ・生徒同士で話し合う中で問題に対する考えを作り上げ,全体に発表して再検討。
c．状況対応型	①学級全体で話し合う ②各班で話し合う ③学級全体で話し合う	・全体で議論する中で,生じた生徒から他の生徒への質問・反論や,教師が生徒の発言を受けて提示した質問などをきっかけとして,子どもたちが沈黙したり周囲の子どもたちと相談をし始めた場合などに随時使用される流れ。

〈事例1：a．意見先行型パターンの活動形態の流れにおけるやりとりの流れ〉
問題：作者が5つの文学作品を通じて伝えたいことは何かを各作品のタイトルをもとに予想

（※単元「海のいのち」初回／開始直後～21分42秒）

【問題の提示】
「海のいのち」の作者が書いている命に関する5つの文学のタイトル（「山のいのち」「海のいのち」「街のいのち」「河のいのち」「田んぼのいのち」）を紹介し,どんなことを伝えたいのかを予想してみる。

↓

【各自の意見を書く（3分）】

↓

【各班で話し合う】
〈発話例（班でのやりとりから一部抜粋）〉
1/TK/自分が書いた予想を……え,を,言ってください。まず,ANさん。
2/AN/えっと,私は,海,山,川,街,たんぼにはみんな,いのちがあるんだよって言いたいんじゃないかなと思いました。
3/YH/僕は,海,山,川,街,たんぽがもしなかったら,僕たち人間はどうなっているのか,っていうことをかい,思って書いたんじゃないかなと思います。

各自の意見を班の中で発表する形のやりとりが続く。

（中略）
4/TK/つまりみんなまとめると，全部命はあるんだよってことを言いたいってことでいい？　全体的に．
5/AN/だけん，みんな命があるから，<u>それを人間は大切にしないといけない</u>
6/TK/ということを，僕たちに伝えたい？
7/AN/（うなずく）みんな，この海，山，町は，みんな命があるんだから，それを人間は大切にしなくちゃいけないっていう……．

> 自分の理解に自信のない子が他の子に確認しながら意見をまとめている．

【学級全体で話し合う】
〈発話例（※ポイントになる発話を抜粋，教師による指名等は省略）〉
①最初に班でまとめた考えを発表
1/OG/4班は，5冊ともいのちという言葉が出ていて，いのちの大切さを感じたり，考えたりしてもらうために書いたと思います．
②各自の意見を発表
2/FK/どんなものにもいのちはあるんだと言うこと，一つ一つのいのちを大切にしていこうということ，死ぬことはみんなを悲しめていくということです．
3/KH/僕は，命に対する訴えじゃないかと……．この本を読む人たちに訴えているんじゃないか……
4/教師/じゃあ，いのちってこういうもんだよ，っていうこと？
5/KH/はい，そういうこと．
（中略）
6/教師/KD君，ちがうっちゃない？　君書いてるの．ようっと読んでん．
7/KD/えっと，いのちは人間や動物だけじゃなく，海，川，山，町，たんぼにも，どんなのもにでもいのちはあるということを伝えたかったんだと思いました．
8/教師/うん……．どこがちがうかわかる？どこがちがう？　だからKD君に言ってほしかったの．どこがちがった？
9/YH/はい．えっと，動物や人間だけでなく，たんぽとか動いたりしないものにもいのちはあるんだよっていうことがちがったと思います．

〈各発言の関係〉

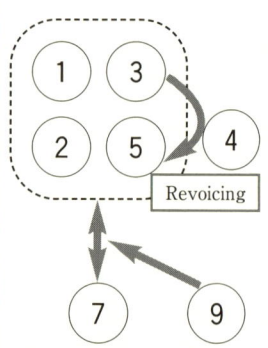

①　③
②　⑤　④
　　　　Revoicing
⑦　⑨

> 教師があらかじめ生徒KDが異なる意見をもっていることを把握．ちがう視点⑦を引き出す．さらにどこがちがうのかを尋ね，視点の比較に基づく意見⑨を引き出す．

【教師のまとめ】
「いのち」というときに何にでもっていうのを具体的に考えると少しふくらむ．人間，動物，植物以外の全てのものにもいのちがあるということ．何にでもっていって動物だけ考えている人が多いのではないか．

〈事例2：(b) 意見構成型パターンの活動形態の流れにおけるやりとりの流れ〉
問題：海のいのちとは巨大なクエのことを言っているのか（クエが「海のいのち」なのか？）

（※単元「海のいのち」8回目／1時間5分30秒〜1時間13分7秒）

【問題の提示】
「大魚はこの海のいのちだと思えた」という文章があるが，ではタイトルにある「海のいのち」とは巨大なクエのことを言っているのか？

↓

【各班で話し合う】
〈発話例（班でのやりとりから一部抜粋）〉
1/YH/クエは，海の命，の一部。ま，山の命と同じで
　　（※この教材の前に学習した教材の読みを持ち出して考えている）
2/TE/海があったら，いっぱいあって，いっぱいあって，その一部がこのクエの
3/UR/でも，その一部は，大きい一部なんだよね。
4/AN/一部やけど，太一（主人公）にとっては
5/YH/大きな
6/YH/一部……一部じゃないっけ？
7/AN/じゃあ，いろんな生き物がいる中の，いろんな生き物はあるけど，
8/TE/クエは，海の，一部の，命。
9/AN/けど，
10/YH/太一にとっては
11/AN/とっては，大きないのち。だから，それは山の命と共通する。
12/TE/なんのいのちと？
13/AN/山のいのちと共通する。

話し終わらないうちに他の生徒がどんどん継ぎ足したり，疑問を出しながら意見をまとめていく。

↓

【学級全体で話し合う】
〈発話例（※ポイントになる発話を抜粋，教師による指名等は省略）〉
1/OG/私たちは，海の命は大魚じゃないということになりました，えっと，海の命は海のいのちは海で，大魚はその海のなかの一つのいのち
2/AM/私もOGさんと同じで，大魚は海のいのちではないけれど，大魚は海のいのちの一部で，でも太一はその一部の大魚はとても大切なもので，そのほかにいろんな魚や，そういうものが集まって海のいのちができるから，その山のいのちとそういうところが共通すると思いました
3/MM/えっと，僕も，瀬の主は海のいのちじゃないと思います。わけは山のいのちの時に，あー，えーっと，イタチがいたじゃないですか，で，それでイタチが静一を変えるきっかけみたいのになったけど，今回の場合も同じで，クエが太一を変え

7章　授業の効果を上げる

```
        るきっかけみたいになったじゃないですか。で
        両方ともきっかけになったものは全体の一部だ
        ったので今回も全体の一部と思います。
4/KK/はい，えっと，私の考えは，えっと，海のいの
        ちは，えっと大魚じゃないという考えです。え
        っと，理由は，えっと，山のいのちでも勉強し
        たように，その一つ一つの生き物の，パーツみ
        たいのが集まってできているから，海のいのち
        も一緒で，(中略)小さい魚とかが全部集まっ
        たものだと思います。
5/教師/小さいさ，要するに魚のいのちが集まったのが
        海のいのちなのね？
6/HG/魚や海草などのそういう生きているものが，生
        きているものとかがつながって海のいのちだと
        思います
```

〈各発言の関係〉

(1) (2)
(3) (4)
(6)

事前に学習した教材(「山のいのち」)の理解を根拠とした，大魚は海のいのちの一部であるという意見をそれぞれが提案

【教師のまとめ】
意見をまとめたり教師の考えを話したりはせず，さらに深く考えるヒントを与えるのみ。次回の授業でのやりとりに継続する形で終了する。

〈事例3：(c)状況対応型パターンの活動形態の流れにおけるやりとりの流れ〉
問題：教室にある教卓にもいのちがあると言えるのか？
(※単元「海のいのち」初回／21分42秒～41分33秒)

【問題の提示】
直前の問題におけるやりとりの中で導かれた考え「何にでもいのちはある」を受けて教師が発問「じゃあ，これ(教卓)にもいのちがあるかって，これについて，どうでしょうか？」

【学級全体で話し合う】
〈発話例(※ポイントになる発話を抜粋，教師による指名等は省略)〉
1/KS/木は生きているから，葉とか…，葉とかが枯れなくて育っているから，生きいる
     と思います。
2/YH/KSさんに質問です。えっと，え，この自分たちが使っている机は木だけど，あの，
     この鉄製の机は木じゃ無いから，いのちは無いんですか？
3/教師/YH君の疑問に対して答えてください。どうですか？木はそうかもしれないけど，
     そのスチール机はどうなんだ。
4/KK/作った人の気持ちが込められているので，その鉄製の机にもいのちがあると思い
     ます。

5/YH/ちょっとへりくつみたいなんだけど,もし(気持ちを)込めずにつくった……でも,いのちは入っているんですか?
※子どもたちから,「えー」という声があがる。<u>少し悩んでいる様子</u>
6/教師/ちょっと班で話し合ってみて

〈各発言の関係〉

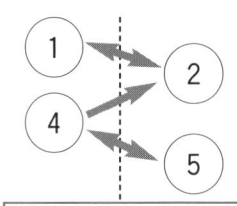

命があるという立場に対する質問(反論)②を受け④が応答。さらに質問⑤を提示。

【各班で話し合う】
〈発話例(班でのやりとりから一部抜粋)〉
1/MM/機械をつくった人の気持ちが,機械を,架け橋にして,商品に伝わったり,機械を調整,壊れないように調整している人の,苦労なども,機械を伝わって,商品に,こめられているから生きている。
2/FD/僕ちょっとちがうけど,えっと,そのつくる際とかに,使われた,あの木とか燃やされたりして,そういう,使われた命などもある,あるとおも……
(中略)
3/MM/でも,やっぱり,物理的には……生きてない。

班活動に移行するきっかけとなる問題に対して,各自がもっている考えを出し合ったり,その段階で迷っている理由などを提示

【学級全体で話し合う】
〈発話例(※ポイントになる発話を抜粋,教師による指名等は省略)〉
1/ON/いのちはあると思います。その機械を動かしているのは人間だし,大切に使ってほしいとかそういう願いは込められていると思います。
2/HG/(命がある質問)気持ちが込められてたらいのちがあるっていうんなら,一度切られた木はもう一回生き返るんですか?
3/KS/え,木はえ,それで切られて死ぬかもわからんけど,死んだとしても,この机に生まれ変わることで,また生き返るんだと思います。あと,

〈各発言の関係〉

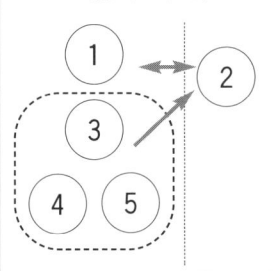

> 作る人，作った人の気持ちがなかったら，使う人の気持ちがあればいいと……
> 4／JT／木とかは切られてこういう机になって，新しい形に生まれ変わっているのでいのちはあるんじゃないかと思います。
> 5／UR／私も，木は切られていても生きていると思います。理由は，木は呼吸をしていて，縮んだり大きくなったりしていると勉強したから，机にいのちはあると思います。

班活動に移行するきっかけとなる問題に対して，各自がもっている考えを出し合ったり，その段階で迷っている理由などを提示

【教師のまとめ】
ここまでのやりとりをまとめ，この時点での立場を挙手で確認。今後の授業のなかで考えていく問題とする。

　山本氏の授業実践を観察して，最初に気づくことは，対話型授業が成立するのに必要不可欠な「話し合い活動を支えるルールづくり」（これをマーサー (Mercer, 1996) は "Ground rules" for classroom talk と称している）を，具体的な授業内容から離れた場面での技術指導という形ではなく，授業内容と結びついた実践の文脈のなかで，しかも偶発的に発生した場面で，タイミングよく取り上げ，指導しているということだ。具体的な内容と結びついた文脈であるだけに，生徒自身もその必要性や意義を実感できる。それだけにルールづくりのたいせつさが生徒たちにもわかりやすく，互いに共有していこうとする志向性が生まれるのではないか。
　山本氏がたいせつにしている「話し合い活動を支えるルール」とは，
　　ア）一人ひとりのちがった考えや意見をたいせつに認め合うこと
　　イ）正解か否かを気にせず，自由に発言すること
　　ウ）話す前によく考えること
　　エ）質問したり考えを述べるときには，理由や根拠を述べること
　　オ）みんながわかる／納得できるまで話し合うこと
　　カ）あらゆる適切な情報や考え方や解き方は共有すること
　　キ）一定の結論が出る前に他の可能性を考えてみること

ク）互いに助け合い励まし合うこと，
ケ）一人ひとりではなくグループで責任をもつこと，
コ）他者の考えに感心するだけでなく批判や反論はないかその人に挑戦してみる

といったものである。どれもあたりまえのようであるが，一朝一夕には，クラスのなかにこのようなルールはつくられない。日常の学習内容とそのときの生徒どうしの発言や授業構造との絡み合いを絶えず意識しながら，生徒と真剣に向き合う教師の姿勢がないといけない。しかし，一度このようなルールの大切さがクラスのなかで理解され，共有され，自動化されると，生徒たちが授業のなかでの主役を演じるようになる。すなわち，彼らは積極的に質問や発問をやり取りし，授業を協同でつくり上げていく。それに対し，教師はその展開を支える裏方さん的な役割を取りながら，全体の動きをモニターし，必要性が生じたときにのみ，軌道修正したり，手助けの援助を与えればよいことになる。

山本氏はとくに「話し合いを支えるルールづくり」という学習環境づくりに力を注いでいるが，それに加え山本氏の対話型授業実践技法の特徴をあげると，次のようになる。

第一には，豊富な教材を準備（この場合，「海のいのち」が授業内容になっているが，その理解を補完するために「山のいのち」「街のいのち」「河のいのち」「田んぼのいのち」をも教材に使っている）し，その教材を相互に関係づけることによって，多様なものの見方・考え方が生まれることを生徒に自発的に，時には誘導的に気づかせる仕掛けを随所に行なっている。ひとつの教材のなかに閉じているのではなく，教材と教材との間，教材と日常生活や文脈との間に開かれた思考を展開するような仕掛けだ。それによって，生徒たちの思考に広がりが生まれるだけでなく，生徒たちには新たな視点から吟味・検討し直す矛盾点や問題点が浮上することになるが，それを自分たちで解決しなければならない。つまり，思考が深まるというような水路づけが自然に付与されているかのようである。それだけでなく各生徒にとっては，自分の得意とする領域からの発言が生まれやすくなり，主体的に参加したいという動機も活性化される。

第二には，紋切り型の授業展開ではなく，学習段階や生徒の学習状態やその

ときの授業展開に応じて，授業形態を柔軟に状況依存的に変化させ使い分けているということである。山本氏の授業は，基本的には図7-4に示すような個別活動，班（4～5名のグループ）活動，全体活動，教師のまとめという4つの構成要素からなるのであるが，どの活動にどれだけの時間を配分するかは毎時間異なる。現場の先生方に，「どのようなときに話し合い活動をさせるか」という質問をしてみると，「意見が出てこないとき」というワンパターンの反応が多い。しかし，山本氏のこの授業実践のなかには「意見先行型」「意見構成型」「状況対話型」と特徴づけられるような3つのパターンによる対話場面がみられ，状況に応じて話し合い活動の様相も多様であることがわかる。

　第三には，生徒どうしの発言を繋げたり，ある生徒の発言を取り上げその発言の内容を補完したり，広めたり，あるいは新たな視点から考え直す対立的な視点を突きつける。そして，その発言した個人に対してのみでなく，グループないしはクラス全体でその新たな視点からの考えを吟味・検討する探索的対話を展開するように誘導するようなはたらきかけが随所にみられる。そのような発言をオコーナーら（O'Connor & Michaels, 1993）は，リボイスイング（revoicing）と命名しているが，山本氏はそのリボイスイングをうまく使い分けているようだ。

　第四には，抽象的ではなく，自分たちが生きている生活環境や日常性の文脈のなかでの具体的な状況や具体例を積極的に取り上げ，発言したり考えるようにアドバイスし，生徒たちの考え方をより明確にさせようとしたり，広めさせようとするはたらきがみられる。

　第五には，1時間毎の授業内容がスナップ写真のように点と点となっているのではなく，これまでに学習した授業内容と現在の授業内容との間に論理的な流れが一本の線となって描きだせるようにはたらきかける。すなわち，授業の終わりにはみなで話し合った授業内容の特徴を簡単にまとめながら反省すると同時に，次回の授業へと繋がりができるような示唆を与えている。そして次の授業を始めるときには前回までのことを振り返り，今日の授業にこれまで自分たちが話し合ってきた内容がうまく繋がるように橋渡しをする。いやそれだけではない。

　第六には，生徒たちが班活動している間の机間巡視のなかで気づいたある生

徒や班のユニークな考え方をクラス全体に披露したり，班活動での各自の考えや感想をメモした内容に注目し，そのすばらしさをクラス全体に報告するように意図的，無意図的に示唆する。しかし，その示唆を受けて，その生徒ないしは班がその考えや感想をクラス全体の前に公にするか否かは主体的判断に任せる。こうした班活動のなかでの内容は，発表の機会を逃すとすべてが公にされるわけではないだけに，たとえすばらしい考えであっても水面下に消え去ってしまいがちである。が，山本氏はその重要性を認識し，どこかの段階（今日の授業のなかでなくても明日の授業，あるいはその次の授業時間のなか）でそれが授業のなかに環流してくるようなはたらきかけを常に心がけている。ということは，山本氏の授業のなかでの生徒へのはたらきかけは，現在志向的だけではなく，それ以上に未来志向的なはたらきかけが強いといえる。そうした未来志向的なはたらきかけは，教授効果の即効性を求めるのではなく，"いまの教師の一つひとつのはたらきかけは，いつかきっと未来のどこかで機が熟したときに，偶然のタイミングで，生徒の頭のなかや心のなかに花咲くにちがいない"といった待ちの姿勢に支えられた教育観，授業観に裏づけられているのではあるまいか。

　この山本氏の授業を体験した生徒たちに感想を訊ねてみると次のような声が帰ってくる。「頭を使う」「どんな意見や考えをも取り上げてくれるからうれしい」「友だちの考えのすばらしさに気づく」「いろいろな考え方や見方があるのだなと思う」「自分の頭でもこんな考え方や見方ができたのかと，自分で自分のすごさに気づく」「いっしょに考えるから楽しい」といった新たな自己発見や他者発見の声である。山本氏の対話型実践が教えているもの，それを一言で述べるならば，「子どもの潜在的な可能性は，教師が心を開き，生徒といっしょになって協同構成するなかで，偶然に出会う新たな学びの場を積極的に生かす柔軟さと創造性に支えられた未来志向的なかかわりのなかで拓かれる」ということになろうか。

3節 学習者のスキル

　表7-1に示した社会的構成主義の考え方からも推察されるように，授業は教材を媒介にしての教師の教授活動と生徒の学習活動との相互作用によるものである，また"学習者の諸能力が開花する起源は，ひとり学習者の頭のなかに閉じているのではなく，教授者とのかかわりの関係のなかで拓かれる"ことを考えるならば，授業による学習効果の有無を，教授者あるいは学習者のスキルだけに帰属させることはできない。両者の関係の在り方を問わねばならない。もし両者の関係性を問わずに学習者のスキルだけに原因を求めるとなると，「教える方には問題はないが，学ぶ生徒の側に原因がある」ということになりかねない。とはいっても，切るに切り離せない関係性のなかで展開する授業の営みの効果が上がるか否かの原因を，教師の教授スキル（活動）や生徒の学習スキル（活動）に個々に分けて論じることもあるが，それはあくまでもよりよい「関係性」を追求するための分析視点であることに注意しなければならない。

1 ── 授業に能動的に参加し，主体的に関わるには

　授業を観察してみると，1時間という限られた時空間のなかにおいても，生徒の参加形態は，個人間でも個人内でも多様に変化することがわかる。物理的には参加しているが心理的には参加していないようにみえる生徒，授業の動きと一体となって知的活動に没頭している生徒，授業に没頭しているかと思えばふと自分の思考の世界に閉じて授業の流れからは一歩距離をおいているようにみえる生徒とさまざまだ。授業の過程，そこは教師の教授活動に対する生徒一人ひとりの瞬時瞬時の心模様や思考の営みの模様が描き出されるキャンバスである。

　ここで，1時間の授業のなかにおいてさえも，なぜ生徒の授業への参加形態や思考の営みの様相が異なるのか，その原因を学習者のスキルという視点から

考えてみる。

　第一は，自分のことをどこまで理解できているかという自己理解の問題である。自分はどんな科目やどんな領域が得意であるか，自分の思考のしかたにはどのような特徴があるか，いま自分はどこまでわかりどこがわかっていないか，自分が1番知りたいことは何なのかなど，自分で自分に問いただすことである。自分の状態を自分でしっかりと把握することが何よりもまずたいせつである。

　第二は，動機づけの問題である。教科内容に興味関心があれば積極的に参加する。ただし興味関心があるだけではいけない。自分は効力感を発揮できそうか，できるとすれば，どこでどのような内容で発揮できそうか，その課題や内容に前向きに関わろうとする姿勢が重要だ。

　第三は，考え方の問題である。教科内容を理解していくときに，できるだけ日常的な文脈のなかでの事象や自分自身の体験に重ね合わせて考える。あるいは「なぜ」「どうして」という問いを意識的にたてながら，課題の背景に潜む因果を考える。つまり，与えられた問題にひとつの正解を見いだすことだけに集中するのではなく，自分なりに納得が得られるまで他の可能性を吟味したり，意味を追求する問題発見／問題解決型の創造的学びのスタイルで授業に参加することである。

　第四は，新たな考え方や見方の創出，すなわち，「知の起源をどこに求めるか」という問題である。たしかに授業のなかでは，自分の頭のなかに閉じた形で思考の営みが求められる個人プレーの場が多い。しかし個人の頭のなかだけに閉じていては新たな考えや見方の創出には限界がある。だとするならば，積極的に教師に質問したり，他の生徒の発言に耳を傾け，問題点を見つけてはいっしょになって解決していくということがたいせつになる。そのためには，「新たな知の起源を自分の頭のなかに求めるのではなく，他者や状況との間に開かれているアリーナ（活舞台）に求める」というように，知の起源に対する認識を切りかえることが必要である。

　第五は，つまずきや失敗をどのように受け止め，どのようにはたらきかけるかという「つまずき体験様式」の問題である。新たなものを学ぶ過程には必ず大なり小なりのつまづきをだれしもが体験する。それを自分の能力の限界というように消極的に受け止めるのではなく，「つまずき体験そのものはどこに問

題があり，どのように修正していくべきかを反省し，新たな解決策を自分に知らしめてくれる新たな発展性に繋がるよき学びの機会である」というようにつまずき体験を前向きに受け止めて対処することが重要になる。

第六は，他者の発話に対する聞き取りの姿勢の問題である。知識伝達型の授業にしろ，対話型の授業にしろ，授業に生徒が積極的に参加するためには，話す（質問／発問）こともたいせつではあるが，それ以上に「聞く」姿勢がきわ

表7-3 それぞれの学習機能は教師が始発するときと生徒自らが始発するときとでどのように異なるか（Shuell, 1996を改作）

学習機能	教師の始発による場合	生徒の始発による場合
期待	・授業の目的／目標を述べる ・学習すべき材料の概観を示す	・割り当てられたプロジェクトや宿題を行なう目的を認識する ・章を読むなど
動機	・生徒に相互作用する機会を与える ・興味ある材料を使用する	・個人的に適切な材料，授業，プロジェクトをつくるための方法を探す
既有知識の活性化	・必要不可欠な情報や前の授業のなかでの適切な情報を生徒に思い起こさせる	・そのトピックについて何を知っているか，割り当てられたものを完了させるにはどのような情報が必要であるかを自問自答する
注意	・重要な情報や特徴を強調する ・言語的に強調する	・学習すべき材料の重要な（キーになる）特徴を認識する ・重要な情報にアンダーラインをする；ノートをとる
符合化	・図式や多くの事例や文脈を与える ・記憶のしかたを示唆する	・多様な文脈の中での記憶のしかたやイメージや多くの事例を生成する
比較	・質問や図式や図表を用いて比較をうながす	・類似性を探す，学習すべき材料を比較する図式や図表を描く
仮説生成	・"……たらどうなるだろう"と質問する ・他の行為の可能性を考えるように生徒を促す	・いろいろな可能性やそれに対応する解決策を創出する
くり返し（反復）	・実践や反省を誘導する，また多数の視点や事例で誘導する	・学習すべき材料に関して体系的に復習したり省察する
フィードバック	・教授するうえで適切なフィードバックや修正を与える	・自分で生成した質問に対して答えや反応を探す
評価	・受け取ったフィードバックに照らして成績や視点を評価するように生徒に促す	・"自分は今学習していることについて何を知っているか" ・"何を知り，何を見いだす必要があるか"を自分に問う
モニタリング	・理解しているかをチェックする	・成績をモニターする；自分で検証する
組み合わせ／統合／体系化	・情報の組み合わせや統合のしかたを示唆する（例：図式やグラフを描くことによって）	・カテゴリーをつくる，ラベルを付ける，高次の関係を探す

めて重要である。教師の教授内容や他の生徒が何を語っているか，その内容を聞き取ることができなければ，質問や発問をしたくてもできない。たとえ質問や発問をしたとしても，聞き取りが誤っていたり偏っていたりすると，的はずれなものになり，結果的には質問や発問それ自体が生きないことになる。その意味では，まず「聞き取る力」を身につけることである。

このような学習者のスキルや態度があれば，授業へ能動的に参加し，主体的に関わることができるにちがいない。表7-3は，授業のなかに潜在しているそれぞれの学習機能が教師主導による場合と生徒主導による場合とではどのように異なるかを整理したものである。能動的に授業に参加するためには，生徒はどのような姿勢で思考を働かせたらよいかがわかる。

2 ── 聞き取る力をつけることのたいせつさ

授業のなかでは，「話す力」以上に「聞き取る力」が重要であることを述べた。なぜなら，教師や他者の発言を繋ぎ合わせたり，全体の流れを読み取るためには，その聞き取る力が不可欠であるからだ。たしかに授業は，聞くことに始まるのであるが，たんに教師や他者の発言を聞き取るだけではいけない。それらを自分のもつ知識や体験（意味世界）に照らし合わせて吟味・検討し，疑問を感じたら補足質問を重ねたり反論できるように前向きに聞くことが重要だ。

その聞き方には，少なくとも3つの聞く姿勢が考えられる。第一は，他者の話の中心を把握したり／論点を整理したり，不明な点／疑問点を訊ねたり，共感を表明したりしながら，他者を受容する聞き方である。第二の姿勢は，自己照合的な聞き方である。他者の発言を自分に重ね合わせ（引き寄せ），自分の経験，知識，考えと較べながら，納得できないことを問いただしていく聞き方である。第三の姿勢は，他者の考えを受容し，自他の考えとの類似性や差異性を明確にしながら，新たな自己発見に繋がるような自分に自分が問いただす聞き方である。こうした3つの聞き方の姿勢を状況依存的にうまく使い分けることによって，教授内容の理解がスムーズになったり，他の生徒との間で創造的な対話をくり返すことができたり，他者からの新しい視点やアイディアに敏感

に反応できたり，自分のなかに新たなものを発見できる可能性がふくらむ。しかし，そうした積極的傾聴の姿勢を働かせ，時には授業の流れを時間的に逆行しながら自己反省をくり返すためには，自分や他者の考えや状態や状況の流れを絶えずモニタリングしていることが前提となる。

　［実践事例7-3］は，聞き取る力のちがいによって授業内容の理解のどの側面に差異が生じるかを，6年生の道徳授業を対象に，筆者の指導のもとに筆者の研究室の川村氏が検討した実験授業である。聞き取る力の高い生徒は，1つには，授業のなかで展開する個々の部分的な情報というよりも全体的な論の流れや中心的な情報に注目しながら参加していることがわかる。2つには，だれが全体の論理的な流れを構成していくうえで重要な発言をしたか，そのソースをしっかりと把握できている者が多い。こうした結果は，聞き取る力が習得できていれば，どこに重要な問題や原因があるか，何を中心に議論しなければならないかを理解でき，授業の全体的な流れを読み取ることができる，まただれがどんな場面でどんな重要な発言をしたか，そのソースをしっかりと押さえたうえで，相互の意見を繋ぎ合わせたり，相互の意見の矛盾点を明確にしていけるということを物語っているといえよう。

実践事例7-3

実験方法

　6年生を対象に，担任教師に以下のモラルジレンマ課題を用いて，話し合いを取り入れた対話型授業を行ない（図7-5），その後，聞き取る力のレベルの違いによって，生徒が話し合い過程をどの程度モニタリングし，理解しているかがどのように異なるかを調べる（表7-4）。聞き取る力のレベルの測定は，現在，研究室で開発しつつある「聴く力尺度」（表7-5）を用いて，それぞれの項目が自分にどれほど当てはまるかを5段階で評定させた。高い群の平均得点は3.71（SD:.46），低い群の平均得点は2.54（SD.28）であった（図7-6）。

【小学6年生の道徳の授業で用いたモラルジレンマ課題：サッカー大会】
　健一は放課後，いつものように仲間とサッカーの練習をした。4年，5年，6年と3年間サッカーを続けている健一たちにとって，今年は一つ大きな夢がある。
　それは，毎年一回開かれる郡のサッカー大会にぜひとも優勝してみたいということだ。

6年生でキャプテンでもある健一には、今年が最後のチャンスであった。
「健ちゃん、3年間一緒にがんばってきたんだ。今年こそ優勝したいなあ。」
友達の勇二が健一にパスをしながらいった。2人はチームの中でも特に息のあったコンビだった。勇二がボールを敵陣に持ち込み、健一に素早くパスをする。健一は、それを思いっきりシュートする。これが今までの試合のパターンだ。
明日がサッカー大会だという日の夕方、健一は、いっしょに帰っている勇二の歩き方が少しおかしいような気がしてたずねた。
「勇ちゃん、足どうしたの？」
「うーん、今日の練習でちょっと……。でも、たいしたことないよ。明日は大切な試合だ。健ちゃんがんばろうな。」
いよいよ、サッカー大会の日。
試合が進むにつれ、健一は勇二のパスが少しおかしいのに気がついた。いつもは正確でシュートしやすいパスをする勇二なのに、今日はパスが少しそれてシュートにうまく結びつかないのだ。健一は心の中で、ひょっとしたら昨日のけがのせいかもしれないと思った。一緒に試合に出ている仲間も何となく気がついているみたいだ。さかんに勇二を励ましたり、いっしょうけんめいカバーしたりしている。健一はキャプテンとしてうれしかった。
そのとき、0対0のまま前半終了のふえがなり、健一は監督に呼ばれた。
「健一、勇二の足が少しおかしいような気がするのだが、何か感じないか……。」
監督はベンチの和雄を見やりながらたずねた。和雄は5年生だから今日は補欠になっているが、練習はいつもいっしょうけんめいだし、健一とコンビを組んで試合に出たこともある。足を痛めている勇二より、和雄を出した方がいいかもしれない……。
和雄のことを考えていた健一は、こちらをじっと見つめている勇二に気がついた。

教師の活動	授業で出てきた理由づけの視点
モラルジレンマの資料を読む	
〈1回目の判断と理由を紙に記入させる〉	
話し合いⅠ 1回目の判断・理由付けを子どもに発表させ、教師がそれを分類し、分類名を付ける	視点1：チームのことを考えて言う 視点2：勇二のことを考えて言う 視点3：勇二のことを考えて言わない
〈2回目の判断と理由を紙に記入させる〉	
話し合いⅡ 発問によって新たな視点からの理由に気づかせ、その理由に分類名をつける	視点4：試合に出られなくて負けたときの勇二の気持ちを考えて言わない
〈3回目の判断と理由を紙に記入させる〉	

図7-5　授業の流れ（教師の活動と話し合いで出てきた理由付けの視点）

主な結果

1）聴く力得点の高い生徒は，何が原因になっているか，どこに問題点があるかなど，全体の話の流れを読み取っていることがわかる。
2）聴く力得点の高い生徒は，授業の中で展開した個々の情報の内容の記憶だけでなく，誰がどの情報を発言したかのソースモニタリング得点も高い。

表7-4　授業過程のモニタリングを測定する

測定の視点	方法
Ⅰ．話し合いの流れを把握しているか	話し合いに出てきた視点をランダムに提示し，並べ替えさせる。
Ⅱ．重要な発言を把握しているか	話し合いにあった発話のうち重要なものについて，それが話し合いに出てきたか判断させる。
Ⅲ．重要な発言のソースを把握しているか	話し合いにあった発話のうち重要なものについて，それが誰の発言であるか記入させた。
Ⅳ．発言の意味の主体的構成を行なっているか	話し合いになかったものについて，それが話し合いに出てきたか判断させた。

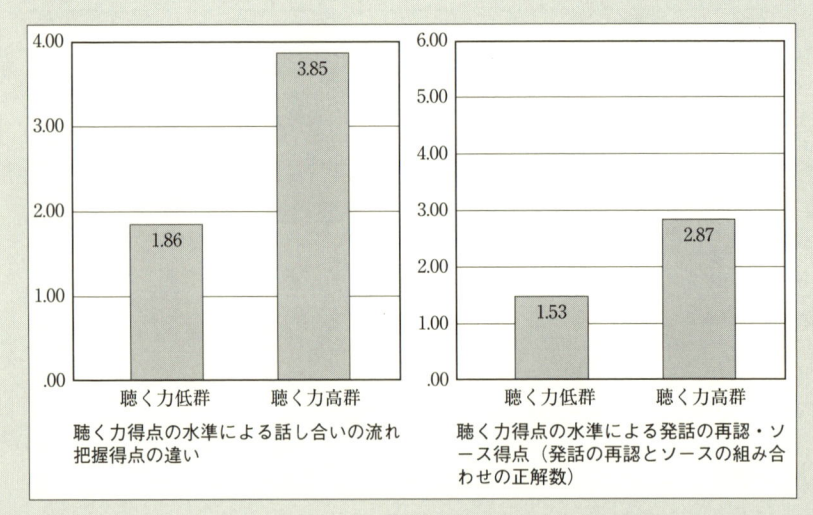

聴く力得点の水準による話し合いの流れ把握得点の違い
- 聴く力低群: 1.86
- 聴く力高群: 3.85

聴く力得点の水準による発話の再認・ソース得点（発話の再認とソースの組み合わせの正解数）
- 聴く力低群: 1.53
- 聴く力高群: 2.87

図7-6

表7-5 「聴く力尺度」の構成と具体的な項目例

構成	項目数	項目例
1．話し手に話しやすくさせる態度	13	・あいづちを打ちながらきく ・どんな内容でも，話し手の話を最初から疑ったりしないで，すなおにきく ・ちょっときいたところでは関心がもてなくて，つまらなそうな話でも，その話を最後まできく
2．話し手の話を客観的に理解する力	8	・話し手の言いたいことは何かを考えながらきく ・話の組み立てを考えながらきく
3．話し手の話を自分と結びつける力	19	・話し手の話をききながら，自分のもっていた考えをまとめる ・話し手と自分の意見とにちがいがないか，気をつけながらきく ・話し手と自分の意見とのちがいに気をつけるだけでなく，どこがどう違うのかまで考えながらきく ・話し手の話と自分の経験や体験とに違いがないか，気をつけながらきく
4．話し手の話を広げる力	25	・話し手の考え方に，前後でうまくつながらないところがないかに気をつけながらきく ・話し手が直せつは言っていないけれども，きき手に伝えたいと思っていることが，はっきりしているかに気をつけながらきく ・話し手が自分がそう思う理由をはっきり説明しているかに気をつけながらきく ・話し手が話しているときに頭に思い描いている場面を想像しながらきく
5．言外の情報に注意する力	10	・話し手がなぜその話をしたのかを考えながらきく ・話し手の気持ちに気をつけながらきく・話し手の気持ちの変化に気をつけながらきく
6．理解状態をモニタリングする力	3	・話し手の話のなかで，自分がわかっていないところがないかに気をつけながらきく ・話し手の話を自分がわかっていないのは，自分のきき方が悪いのか，話し手の話し方が悪いのか，考えながらきく
7．話し合い全体を客観的に理解する力	8	・話し合い全体での大事なところがどこにあるか考えながらきく ・話し合い全体の組み立てを考えながらきく ・話し合い全体の流れを考えながらきく ・今までの話し合い全体の流れをふりかえりながらきく
8．話し手の話と他の人の話を結びつける力	8	・今までの話し手の話をふりかえりながらきく ・話し手が今話している話と，前に他の人が話した話とをくらべて似たところがあるか，気をつけながらきく ・話し手が今話している話と，前に他の人が話した話とをくらべて違いがあるか，気をつけながらきく

7章のまとめ

理論と実践をつなぐポイント

(1) 理論研究の中で見いだされてきている諸知見を無批判的にそのまま教育現場に当てはめないこと。

その理由はこうである。理論研究のなかで明らかにされてきた知は，一面性（ある特定領域や特定現象の一面を切り出し，それを対象に分析し，そこに潜在している原理や法則を抽象化したもの），三人称性（第三者の視点から対象化され認識されるものであり，認識主体としての私がそこからは抜け落ちている），状況遊離性（特殊な具体的な状況要因によって影響されるものではない）といった特徴をもった知である。それに対し，実践の場で必要な知とは，全体性（あるひとつの問題に対処する場合にも，さまざまな視点を働かせながら同時に多様な要因を考慮しなければならない），相互主観性ないしは一・二人称性（第三者的に関わる世界ではなく，認識主体としての私があなたと対峙しながらいっしょに認識すると同時に，主体的行為者となって繰り広げていく世界である），状況依存性（原因や目標は状況のなかに埋め込まれていることが多く，結果的に見いだされていく性質をもつ）といった特徴をもった知である。

この両者の知の差異を認識したうえで，どのような理論知が実践の場に役立つかを考え，それを適用するときには，実践の場がどのような状況であるかを考え，理論知を状況にうまく合うように翻訳し直す必要がある。その翻訳し直すときには，現場教師が長年の実践のなかで積み上げてきた「臨床的な知」（実践知）を大事にする姿勢を忘れてはなるまい。

(2) 自分が日頃生きている世界の"ものさし"のちがいを認識したうえで，研究者と実践家がいっしょになってひとつの実践をあらゆる角度から検討・研究し合う真の意味での「学びの共同体」をつくり，恒常的に努力していくこと。

ここでたいせつなことは，互いの責任性を自覚すると同時に，自分はどのような文脈や状況のなかで仕事（研究や実践）をしているか，その仕事にはどのような限界や特徴があるかを正しく認識したうえで，しかも対等の立場で，同じテーマや問題に立ち向かい研究していくことである。けっして研究者が実践家に較べて優れているわけではない。逆に実践家が研究者に較べて優れているわけではない。それぞれは異なる世界に生きているわけであり，その世界にはその世界に通じるものごとの価値判断を計る"ものさし"がある。ただ，研究者の使う"ものさし"と実践家が使う"ものさし"が異なっているだけである。いや"ものさし"が異なるだけでなく，その"ものさし"の扱い方も異なる。その意味では，各自（研究者あるいは実践家）が自分の"ものさし"を先行させ，その"ものさし"からみえてくる問題点を一方的に相手（研究者あるいは実践家）に突きつけるのではなく，いわば投機的な方略（自分の考えを脇に置き，他者や状況に任せて，その状況のなかに立ち現

れてくるものに関わるようなやり方，簡単に言うと，プラン先行，意図先行で動くのではなく，動くなかで考える／判断するやり方）を用いながら他者に関わることがたいせつである。そしてそのなかに新たにみえてきた問題，立ち現れてきた問題を，各自が各自の職場に持ち帰り，それを新たな視点から研究したり，実践したりしてみること。こうしたサイクルをくり返していくなかに，理論と実践がうまく結びついていく道が開けるかもしれない。どちらかの関わる姿勢が強すぎると相手は心を閉ざすことを忘れてはならない。

推薦図書

『現象学から授業の世界へ：対話における教師と子どもの生の解明』　中田基昭　東京大学出版会
　この本のなかには，主タイトルやサブタイトルからも推察できるように，授業のなかに展開する人と人とのかかわりの発言の一つひとつに秘められた人間模様や，その息吹が手に取るように描き出されている。

『心理学と教育実践の間で』　佐伯　胖他（編）　東京大学出版会
　この本は，臨床知の運用がきわめて重要な実践学としての教育実践に，科学的な普遍性を追求してきた心理学，そのなかでもとくに教育心理学がどこまで役立ち貢献できるかを多面的視点から鋭く論じたものである。

『学びへの誘い』　佐伯　胖他（編）　東京大学出版会
　この本のなかには社会的構成主義の考え方に依拠した「文化的実践への参加としての学び」「学びの対話的実践」「社会的文化的文脈からの学習の問い直し」がわかりやすく述べられている。

8章

授業を分析する

　教室では，多様な個人差を持ち合わせた学習者が，教師やほかの学習者とかかわり合いながら，日々学習活動を営んでいる。授業を行なうに当たって教師が理解するべきは，どのような個人差をもった学習者が教室のなかにいるのかということ，そして，実際の授業においてはどのようなやりとりがなされ，学習内容が身につけられているのかということである。

　そこで，本章では，実際の教室における教授学習過程の多面性とダイナミズムをできるだけそこなうことなく，授業にはどのような学習者が参加しているのかを理解する手がかりと，教室談話を多面的にとらえ，反省的実践の糸口を探るための研究手法とその実際を紹介する。

1節 授業を分析する

　八田（1990）は授業分析を「授業における教師と児童生徒の発言そのほか，授業を構成するものをできるだけ詳細に記録し，その記録を分析することによって授業において生起する現象を解釈しようとするものである」と定義している。この定義の範疇に入る諸研究の代表例としては，フランダースによる相互作用分析（Flanders, 1970）があげられる。これは，教室における教師と学習者の発話を，用意されたカテゴリー（「発問」，「賞賛と励まし」，「応答」など）に従ってコード化し，発話の連鎖パターンがわかるようマトリックス上に発話頻度をプロットすることにより，教室のやりとりの雰囲気を客観的に測定する技法である（詳細は加藤（1977）を参照）。さらに，これよりも体系的かつ詳細な分析手法として，ベラックら（Bellack et al., 1966）によるものが知られており，これらはあわせて「相互作用分析」とよばれている。

　相互作用分析の手法を援用・発展させて行なわれた，わが国の研究例としては，木原（1958），重松（1961），八田（1961, 1962, 1963b），加藤（1977），

表8-1　わが国における授業分析の研究例

著者	資料	方法	質的・量的の別	検討された課題
木原（1958）	逐語記録観察記録	発言回数及びそれらのカテゴリーごとの比率を検討。	量的	教育過程内の社会関係，特に教師と子どもの相互関係。
重松（1961）		逐語記録により，授業を分節に分け，授業の流れに現れてきた諸事実の関連を合理的に説明。	質的	思考体制の動き（各人の個性的な思考の仕方）。
八田（1961, 1962, 1963b）			質的	教師において実現しようとするものと，子どもにおいて実現しつつあるものの関係的把握。
加藤（1977）		分析システム（分析のねらいとカテゴリー化のルール）に則った分析。	量的	授業の雰囲気，授業の手法，授業の論理構造，授業形態とそれらの総合的考察。
柴田（2002）		逐語記録をコンピュータ処理し，各発言における語の出現パターンを検討。	質的手法と量的手法の融合	思考の深化過程。

柴田（2002）があげられる。表8-1はこれらの研究の方法および検討された課題の概要を示したものである。これらは，1単位時間の授業が実際にどのように行なわれたのかということを検討するために有効であり，教師がみずから行なった授業を内省し，授業の改善につなげることができる。すなわち，従来のいわゆる「授業分析」という語のさし示す内容は，一般的には1単位時間における授業中の教師および学習者の発話ないしは行動を逐次記録し，それらを構造化して1つの授業を支配する原理や法則を明らかにしようとする営みであるといえる。

　しかし，授業とは，その1時間だけのやりとりだけで完結するものではない。子どもの学習活動は，細切れの授業の集積として起こるのではなく，年間や学期といった連続した時間軸で展開するものである。それがゆえに，ある1単位時間の授業を理解しようとする場合であっても，その授業の成り立ちを支える学習者の個人差や学習歴をとらえる必要がある。このような点からみた場合，従来の授業分析においては，教室における学習者の個人差が考慮されないという問題がある。そこで，第2節では，まず，授業にはどのような学習者が参加しているのかを理解する手がかりとなる学習者プロファイリングの方法と，この手法によってとらえることのできた学習者個人の特徴がどのように授業の効果と関連するかを示した研究例を提示する。

　さらに，教授学習過程のより深い理解や授業計画や教授法の見直しに相互作用分析を活かそうとする場合，次のような限界がある。第一に，従来の授業分析的手法は，意図された教授効果が得られたかどうかの検証は可能だが，「提示された教材や教師の発問を学習者がどのようにとらえ，その結果，どのような教授効果が得られたのか」を理解するには向いていない。第二に，従来の手法では，ある教授法の効果を検討したとしても，「その教授法が依拠する価値観や暗黙の前提がどのようなものか」といった俯瞰的な視点からの分析は行なわれてこなかった。このような俯瞰的な分析は，具体的な教授手続きだけでは問題が改善しない場合に，とくに重要になると考えられる。第3節では，このような限界を補う分析手法として，談話分析による授業分析を紹介する。そして，第4節では，このような研究と日々の授業実践との接点について考察する。

2節 授業における学習者の個人差をとらえる

1 ── 個人差の多面性

　教室は，多様な要因からなる個性をもつさまざまな個人の集団である。図8-1は個人差要因の暫定的分類である（Snow et al., 1996）。この図が示すように，個人差というのは，ある変数（たとえば知能）だけで規定されるのではなく，あらゆる要因の組み合わせにより，その人の「人となり」となって発現するという性質をもつ。さらに，知能だけとってみても，流動性知能，結晶性知能など，さらに下位のコンポーネントに分けることができる。

　たとえば，「美人」という人となりを考えてみよう。二重まぶたである，鼻筋がとおっている，口元が凛としている，輪郭が美しいなどの諸要因の組み合わせとバランスによって「美人」かどうかが規定されるわけである。けっして「鼻筋」などといった単一の要因だけで美人かどうかが規定されるわけではない。

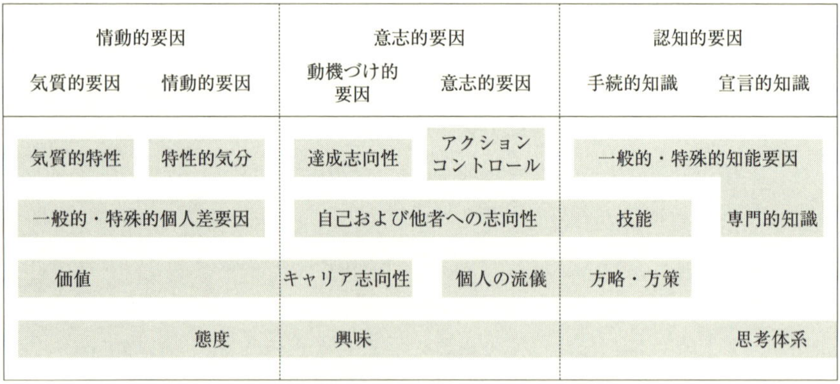

情動的要因		意志的要因		認知的要因	
気質的要因	情動的要因	動機づけ的要因	意志的要因	手続的知識	宣言的知識
気質的特性	特性的気分	達成志向性	アクションコントロール	一般的・特殊的知能要因	
一般的・特殊的個人差要因		自己および他者への志向性		技能	専門的知識
価値		キャリア志向性	個人の流儀	方略・方策	
	態度	興味			思考体系

図8-1　個人差要因の暫定的分類（Snow et al., 1996）

そこで，単一の要因ではなく，個人差の多面性を維持しながら学習者をグルーピングすることによって，どのような学習者を対象として授業を行なっているのかを把握するための方法を論じたい。複数の個人差変数を一度に扱い，学習者を分類し，その学習者グループの特徴を検討するためにはクラスター分析を用いるのが有効である。以下では，この手法を用いた学習者プロファイリングの研究例を取り上げ，授業にはどのような学習者が参加しているのかを把握し，学習者個人の特徴と授業の効果との関連を示した研究例を提示する。

2 —— 複数の変数を一度に扱った研究

　クラスター分析とは，ある集団のなかで，パターンが似た人を集めて，似たものどうしのグループをつくる手法である（磯田，2004）。アレクサンダーとマーフィー（Alexander & Murphy, 1998）は，クラスター分析を学習者プロファイリングに用いる利点として，以下の4点をあげている。第一に，クラスター分析は多くの変数を一度に扱い，ひとつの教室のなかでどのようなタイプの生徒がいるのかを明らかにすることができるという点である。第二に，一般的にクラスター分析の手法として用いられる階層的クラスター分析は，因子分析などとは異なり正規分布の仮定が不要だという点である。第三に，計算が比較的簡単であり単純な結果が得られやすい点である。そして第四に，トーナメント表のような樹状図によって分析結果が表現されるため，結果が視覚的で分類過程も明らかな点である。

　この手法を用いると，学習者を多面的に，かつ教室における学習者の実態をできるだけそこなうことなく考察することが可能となる。この手法を用いた代表的な教育心理学的研究としては，以下のものがあげられる。

　コジック-サボとライトバウン（Kojic-Sabo & Lightbown, 1999）は，語彙学習ストラテジーの調査をもとにクラスター分析を行ない，学習者を8つのクラスターに分け，それぞれの学習者のタイプと語彙テスト得点との関係を調べた。その結果，辞書の使用は語彙学習の基本であるといえることと，学習者自身が自主的に学習に取り組むことは，時間をかけて取り組むことと同様に高い学習成果につながる重要な要因であることが明らかになった。またこの結果か

ら高い学習成果につながる学習者のタイプが複数見いだされたことから，すべての生徒に効果的である学習法は存在しないと指摘している。

また，ターナーら（Turner et al., 1998）は，数学の学習における学習目標の違いが数学に対する考え方や行動にどのように影響するのかを調査し，クラスター分析により4つのパターンを見いだした。

さらに，アレクサンダーら（Alexander & Murphy, 1998）は，大学の教育心理学の講義の受講者を対象に，知識，興味，方略使用などを用いて学習者のプロファイルを明らかにし，そのプロファイルの学期間における変化をとらえることを目的に，調査を行なった。その結果，学期初めで3つ，学期末において4つの学習者グループに分けることができた。そのなかでも習得志向グループの学習者は，興味と方略使用が学期を通じて高く維持され，かつ教育心理学の知識のテスト得点の平均が，他のグループに比べて有意に高かった。また，今後はこのような研究で得られたそれぞれのタイプの学習者に対して，どのような指導方法で授業を行なえばよいかを考える必要があることを主張している。

実践事例8-1：学習観が英語学習の成果に及ぼす影響

ここでは筆者ら（下山ら，2002）が，ある私立高等学校1年生に対して実施したCALL（コンピュータを用いた語学学習支援システム）教室における授業の学習成果に及ぼす学習観の影響の研究を概観し，学習者プロファイリングの実際を検討する。なお，CALLとは，従来から外国語教育で活用されているLL（Language Laboratory）とCAI（Computer Assisted Instruction）を統合したシステムであり，機械を相手にしながらみずからのペースで個人的に対話練習を行なうことなどを可能としている。

〈方法〉

学習観の測度としては，表8-2のとおり，BALLI（Horwitz, 1987）とよばれる言語学習観インベントリ（一覧表）のなかから11項目を用いた。その結果に対して平方ユークリッド距離を用いたウォード法（磯田，2004）によるクラスター分析を行ない，対象者を分類した。

〈結果〉

学習者は3つのクラスターに分けられ，図8-2のような学習者プロファイ

ルが得られた。このプロファイルをもとに各クラスターの特徴をまとめると表8-3のとおりになる。

また、当該単元後の習得度テスト（300点満点）の結果は、第1クラスター（M=219.55, SD=30.83）、第2クラスター（M=230.23, SD=31.88）、第3クラスター（M=249.89, SD=29.44）であった。これらのクラスター間の差を一

表8-2　用いられたBALLIの項目

No.1	私は自分が英語をじょうずに話せるようになると信じている。
No.2	きれいな発音で英語を話すことがたいせつである
No.3	英語を話すためには英語を話す国の文化について知ることが必要だ
No.4	外国語を学習するのに最もたいせつなことは単語を学習することである
No.5	何度もくり返し練習することがたいせつである
No.6	日本人は英語を話すのがたいせつだと感じている
No.7	他の人と英語を話す際にびくびくしてしまう
No.8	外国語を学習するのに最もたいせつなことは文法を学習することである
No.9	カセットテープ等を用いて練習することがたいせつである
No.10	英語を学習するのに最もたいせつなことは日本語からの訳し方を学習することである
No.11	英語をじょうずに学習すればよい仕事につく機会が増える
No.12	私は英語をじょうずに話せるようになりたい
No.13	英語を話したり聞いたりするよりも読んだり書いたりする方が容易である

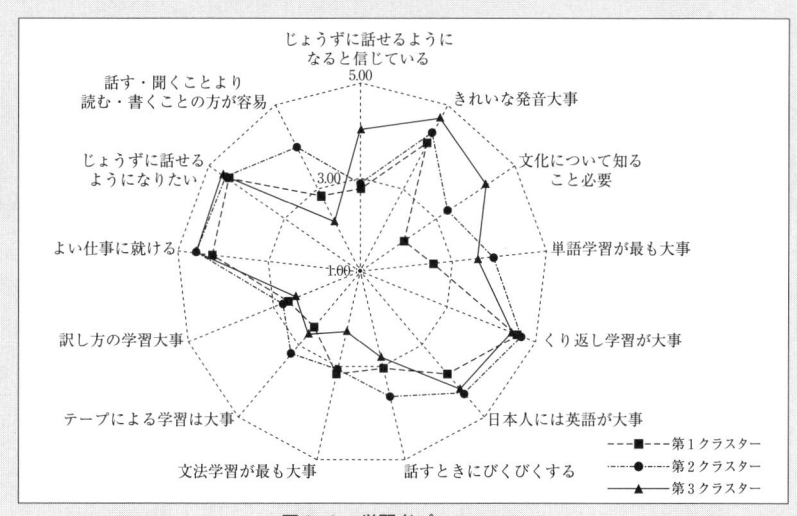

図8-2　学習者プロフィール

表 8-3　クラスターごとの生徒の特徴

第1クラスター (n=22)	「自分が英語をじょうずに話せるようになると信じている」傾向が強くなく，「英語を話すためには英語を話す国の文化について知ることが必要だ」とあまり感じず，同時に「外国語を学習する際単語を学習することがたいせつだ」とも感じていない。一方で，「文法を学習することがたいせつだ」とは普通に感じている。全体的に英語学習に対して消極的な学習観を有している。
第2クラスター (n=35)	「自分が英語をじょうずに話せるようになると信じている」傾向が強くなく，「英語を話したり聞いたりするよりも読んだり書いたりする方が容易である」と感じていて，「他の人と英語で話す際びくびくしてしまう」と同時に「カセットテープ等を用いて練習することがたいせつだ」と感じている。全体的に消極的で口頭練習に対する不安が高いが，対人関係のない個別学習に向いている。
第3クラスター (n=18)	「自分が英語をじょうずに話せるようになると信じている」傾向が高く，「英語を話すためには英語を話す国の文化について知ることが必要だ」と感じている一方で「外国語学習において文法を学習することがたいせつだ」とは感じず，「英語を読んだり書いたりするより話したり聞いたりする方が容易だ」と感じている。全体的に英語学習に対して，コミュニケーションをとおして積極的に取り組む姿勢をもっている。

元配置の分散分析によって検討した結果，$F(2,74)=3.31$, $p=.04$であり，クラスター間で学習成果に有意差がみられた。さらに，Tukey法による多重比較を行なった結果，第1クラスターと第3クラスターとの間で有意差（$p=.03$）があり，第1クラスターの生徒は第3クラスターの生徒に比べて学習成果が有意に低いことが示唆された。

〈考察〉

　第1クラスターに属する学習者は，「自分が英語をじょうずに話せるようになると信じている」傾向が強くなく，全体的に英語学習に対して消極的な学習観を有していた。このクラスターに属する学習者は，後述する第3クラスターの学習者に比べて，学習成果が有意に低かった。しかし，このような学習者は，CALL教室での学習に対して不向きであるというわけではなく，英語学習全般においても，高い学習成果を期待することはできないであろう。

　第2クラスターに属する学習者は「他の人と英語で話す際びくびくしてしまう」という項目の点が高いことから，言語不安が高い学習者であるといえる。本研究においては，他のクラスターと比べて統計的に有意な学習成果の差は確認できなかった。しかし，全体的に英語学習に対して消極的な学習観を有する

第1クラスターの学習者と比べて,学習成果が高い傾向が確認された。

第3クラスターに属する学習者は,最も学習成果が高かった群であった。このクラスターに属する学習者は,「自分が英語をじょうずに話せるようになると信じている」傾向が高く,コミュニケーションをとおして積極的に英語学習に取り組む姿勢をもった,英語学習において望ましい学習観を有している学習者である。このような学習者の場合,CALL教室における英語学習のみならず,普通教室における従来型の英語学習においても,同様に高い学習成果を修める学習者であると考えられる。

以上の点から,CALL教室における学習は,従来型の英語の授業では高い学習成果を期待することがむずかしいが,個人で学習を進めることに対して肯定的な学習観をもつ学習者,すなわち本研究の結果における第2クラスターに属する学習者に対して,機械を相手にしながらみずからのペースで個人的に対話練習を行なうことなどが可能であることから,補償的にはたらく可能性が示唆された。

3 ── 学習者プロファイリングの利点

このように,学習者を多面的に,かつできるだけ教室における実態をそこなうことなく考察できる点が,クラスター分析を用いた学習者プロファイリングを教育研究に用いる利点である。

先述した研究例においては,英語学習観のインベントリに対する回答から,「自分が英語をじょうずに話せるようになると信じている傾向が高い」か否かといった,単一の観点からの学習者の特徴を記述するのではなく,「自分が英語をじょうずに話せるようになると信じている傾向が高く,英語を話すためには英語が話されている国の文化について知ることが必要だと感じている一方で,外国語学習において文法を学習することがたいせつだとは感じず,英語を読んだり書いたりするより話したり聞いたりする方が容易だと感じている」というように,複数の観点から学習者像をとらえ,それらの結果を総合的に判断して,「全体的に英語学習に対して,コミュニケーションをとおして積極的に

取り組む姿勢をもった生徒」という学習者の特徴を導き出している。さらに，そのような特徴をもつ学習者のグループに対する授業効果の検討を可能としている。

だが，教室にどのような学習者がいるのかということをとらえるだけでは，学習過程のより深い理解にはいたらない。授業にはどのような学習者が参加しているのかを把握し，学習者個人の特徴と授業の効果との関連を検討することにとどまらず，実際の授業がどのように進められているのかということも理解する必要がある。その方法として，いわゆる「授業分析」のような研究手法も用いられる必要がある。次節において論じられる談話分析は，動的な過程である学習過程をより深くとらえようとする手法である。

以上で概観したクラスター分析による学習者プロファイリングの利点をまとめれば，以下のとおりである。

第一は，あらゆる要因の組み合わせによる「人となり」をとらえる手がかりとなる点である。先述したように，個人差はある単一の要因によってのみ規定されるわけではない。クラスター分析を用いることによって，複数の要因からなる子ども像をとらえ，どのような学習者を対象として授業を行なっているのかを把握することが可能となる。

第二は，個人差の諸相を維持しながら学習者をいくつかのグループに分けてとらえることができる点である。一般的に教室における授業は，教師と学習者の1対1の関係で行なわれるのではなく，教師が複数の学習者に対して同時に教育的介入を行なう営みである。学習者の個人差を1人ずつとらえ，その結果をもとに教育的介入を行なうのは容易なことではない。クラスター分析を用いることによって学習者のグループ分けが可能となり，「このような傾向の学習者には，どのような教授法がよいだろうか」ということの検討が可能となる。

このように，クラスター分析を用いた学習者プロファイリングを用いると，教室内の学習者の全体的傾向ではなく，どのような特徴をもつ学習者が存在するのかを把握できる。そして，その結果は個人差に応じた授業の計画と実施に際して有用な視点を提供する。

ここで紹介した研究例は，「どのような学習者を対象に授業を行なっているのか」また「学習者がどのように変容したか」をとらえたものであった。しか

し，これだけで授業における学習者の営みをすべてとらえたとはいえない。クラスター分析の結果から得られたグループだけを意識して授業を行なうのではなく，実際の授業においては「教育とは個に発して個に帰するべきものである」（齋藤，1986）ということを意識し，学習者個人に対するまなざしを常にもつべきであることはいうまでもない。

本節では，学習者プロファイリングを行ない，教室の成員たる学習者がどのような個人差を持ち合わせているのかを検討した。次節では，学習者がひとつの具体的な授業のなかで，教師が用意した教材や教案をとおして学習を行なう動的な過程をとらえるための談話分析的手法について論じる。

3節 授業の動的過程をとらえる

1 —— 談話分析とは

「談話」とは，文よりも大きい言葉の単位をさす語であり，「談話分析」とは，談話の規則性の解明，あるいはその解明された規則に基づく，談話の社会的・認知的過程の解明を目的とした研究技法の総称である（定義の詳細は宇佐見（1999）を参照）。教室場面を対象にした談話分析では，1970年代の終わりから80年代にかけて台頭したエスノメソドロジーや社会言語学・文化人類学的研究の知見・技法を土台にして，90年代初頭から現在にいたるまで多くの研究が発表されている（詳細な経緯についてはHicks（1995）を参照）。談話分析は，従来の相互作用分析と同様に教室の発話や行動を分析対象とするが，あらかじめ設定されたカテゴリーに当てはまる発話や行動を集計するだけではなく，特定の発話や行動が起こった物理的・社会的文脈や文化・歴史的背景を考慮して分析する点に特徴がある。そのため，従来の相互作用分析では扱えなかった，発話者の認知的・社会的やりとりのなかにみられる関係性や価値体系の相互交渉過程を検討することが可能となる。たとえば，ジー（Gee, 1999）は，談話を取り巻く物理的環境や道具の配置，活動の種類，アイデンティティや関

係性，政治性（何を「よい」とし，何を「悪い」とするかを決定する価値体系），過去の談話との関連，使われる言葉のジャンルなどを分析すべき側面としてあげている。また，キャズデン（Cazden, 1988）は，談話を命題的機能，社会的機能，表現機能の3側面からとらえている。

以下では，この談話分析を用いてどのように教室談話を読み解いていくのか，その1例を解説するが，談話分析にはあらかじめ決まった手続きがあるわけではない（Gee, 1999）。むしろ，ある問いをたて，その問いに答えるのにふさわしい説明概念や視点，分析システムを談話データと突き合わせながら探索し，答えを出し，さらに問いを深めていくといった極めて柔軟な分析手続きを必要としている。そこで，いわゆるハウツーとしてではなく，分析の探索的な過程を追体験するような形で解説する。

2 ── 問いの設定　理科における「ゆさぶり」の効果性を検討する

従来から，理科教育などの教授の中心的過程のひとつとして考えられているのが，学習者の心をゆさぶる教師のはたらきかけである。ゆさぶりが重要視されるのは，これがたんなる教え込みではなく，教師が導き役として学習者の自発的学びを援助するものだからであろう。この背後には「学習者はしばしば学習対象を，日常知に基づいて誤って理解しているが，その思い込みをゆさぶる教材や，やりとりの場を教師が用意さえすれば，学習者はみずからの認識を再構成し，その結果，より正しい理解に達することができる」という想定がある。しかし，ある教授手続きが学習者に「ゆさぶり」を引き起こしたかどうかが直接検討されることはほとんどない。教室では，同じ教材と教授手続きを用いて，多くの学習者に対して一斉にはたらきかけが行なわれているという状況を考えると，それぞれが多様な日常知の意味世界をもった学習者に一様にゆさぶりを引き起こすのは非常にむずかしいはずである。したがって，教師の与えるゆさぶりが実際にどのように機能しているかについては，常に検証しておく必要があるだろう。

そこで今回は，理科の授業にみられる教師のはたらきかけやそれをきっかけとした教室でのやりとりを読み解き，教師のゆさぶりが実際の教授過程におい

てどのように機能しているのかを分析した。具体的には，まずおもに教師のはたらきかけを中心として，教師の意図した教授効果が意図通りに得られたかを検証するという立場からの分析を試み，その後，別の視点からの分析として，社会・文化的視点からの分析を試みる。そして，この2つの分析結果の相違から，どのような教授法改善のためのヒントが得られるか考察したい。

3 ── 教授効果の検証という側面から見た教室談話

以下で紹介する［実践事例8-2］は，高垣（2004）の一部である。本節で紹介する分析は，以下の〈目的〉で述べているように，教師の意図した教授効果の検証を目的としたものであった。

実践事例8-2

〈目的〉

高垣（2004）の目的は，理科における作用・反作用の法則（物に力を加えると加えた方にも同じ力がはたらくという法則）の理解を促進する教授法の開発であった。学習者は，作用・反作用の理解において「運動物と静止物がぶつかった場合，静止物のほうが大きな力を受ける」と誤解していることが多い。そこで，本研究は，学習者がより理解しやすい対象（ここでは人と人との衝突）について，まず作用・反作用を理解させ，次にそれを足がかりにして車どうしの衝突という，理解がより困難な対象について学習すると，学習がより容易に進むと予測した。

〈方法〉

小学4年生の理科の授業（4時間の単元）が観察対象であり，①話し合いをとおした仮説生成，②仮説検証のための実験観察，③実験結果についての話し合い，という段階を経て進められた。これに先立つ授業では，学習者は自分自身でバネを両手で縮めることを体験している。教室のやりとりはすべて録音され，書き起こされた（書き起こし作成の留意点については，當眞（2001）を参照）。

〈結果と考察〉

表8-4は，段階①の授業でみられたやりとりを書き起こしたものである。教師は，黒板に車Aと車B 2つの絵を貼り，「走っている車Aと止まっている車Bが衝突したとき，両者の受ける力は同じかどうか」を学習者にたずねた。ここで学習者は，

実験観察に先立ち，結果の予測を行なった。ほとんどの学習者は車Bが車Aよりも大きな力を受けると答えた（以下，この予想を「A＜B」と表記する）。車Aと車Bが同じ力を受けると正しく予想（以下，この予想を「A＝B」と表記する）できた最初の学習者はタケであった。表8-4，8-5，8-6の最右列には，学習者の意見のちがいや変化をわかりやすくするために，個別の学習者の発話が「A＜B」あるいは「A＝B」のどちらを支持しているか示した。

当初は「A＜B」という予測ばかりであったが，教師がはたらきかけを続けることによって「A＝B」という対立仮説をタケから引き出すことができた。さらに教師は，その論拠をタケから引き出した。その内容は，人と人との衝突という日常的体験に言及したものであることから，結果的にこの発言は次の段階で行なう実験観察の布石の役割を果たしていたと考えられる。

次の段階②は，以上の予測を検証するための実験ビデオを観察し，話し合うというものであった。まず，車どうしの衝突よりも学習者にとって身近な状況の教材と

表8-4　教授段階①においてみられたやりとり

発話ターン	話者	発話内容	意見
4	ヒロ	たぶんだけど……。こっち（A）よりかはこっち（B）の方かなあ。	A＜B
5	アミ	ヒロと同じ，何となく，まー，こっちの方（B）が，受ける力が強いって感じはするけど……。	A＜B
6	教師	そうなの。こっち（A）よりかこっち（B）が，受ける力が大きいかなって思うの。何となくね。どうしてそう思うのかなあ？	—
7	シゲ	えっと。Aの方が速く……，スピード出して走ってきて，Bの車にきて……，その力をBが受けるから。	A＜B
8	教師	他の人はどうかな？	—
9	C3	だから，Aが走っている力をバーンってBが受けるでしょ。急に来るから，スピードもついてくるし。	A＜B
10	教師	Aがスピード出してこっちから走ってきて，こう来て。Bは，そのスピードをバーンと受けるから，Bの方が受ける力が大きいと思うわけ？　みんな同じ意見？　他の考え方はない？	—
11	タケ	みんなは，Bの方が受ける力が大きいと言ったけど……，Aもたぶん，Bとだいたい同じ位って気がする。	A＝B
12	教師	何？　新しい考え方が出たね。どうしてAもBも受ける力が同じ位と思ったの？	—
13	タケ	それは，車じゃなくて人間でやってみて。思ったんだけど……。もし走っている人が，止まっている人にぶつかったら，相当痛いでしょ。	A＝B

して，走っている女の子（アン）が，止まっている同じ体重の女の子（ミキ）に衝突するというビデオを視聴した。2人の女の子にはバネがつけられており，衝突時に2つのバネが同じだけ縮むことから，2人の受けた力の大きさが同じであることがビデオからわかるようになっている。表 8-5 は，これを視聴した直後のやりとりである。教師は「この2人がぶつかった瞬間に両者が受ける力が同じか違うかについて，実験からわかったことを答えてほしい」と学習者に問いかける。ビデオ視聴後も，衝突された側のミキが大きく力を受けるという意見（「A＜B」）が多数みられたため，教師は，衝突する側のアンに注目してビデオを再度視聴するよう教示した（ターン8）。すると，その直後からシゲ以外の多くの学習者は「A＝B」に意見を変えている。

次の段階③は，最初の授業で学習者たちが予測した，車どうしの衝突場面である。段階②を経たことで，最初は理解が困難だった車どうしの衝突の理解も容易になるはずである。表 8-6 は，バネをつけた車どうしの衝突を写したビデオを視聴した後

表 8-5 段階②においてみられたやりとり

発話ターン	話者	発話内容	意見
4	C 2	目で見た感じ，たぶん，ミキちゃんの方が力を受けてる。	A＜B
5	教師	ミキちゃんの方が受ける力が大きい……。そうか。なぜ？　その理由は？	―
7	シゲ	アンちゃんはスピードつけてアタックしてくるから。ミキちゃんはアンちゃんのスピードの分だけ，多く力を受けてる。	A＜B
8	教師	みんなどうもミキちゃんばっかりに注目して考えてるみたいだけど，アンちゃんの動きもよおく見て。もう一度，やってもらうから……。ね，今度はアンちゃんになったつもりで見ててね，OK？［中略］（VTR視聴後）アンちゃんの動きどうだった？	―
11	タケ	シゲは，アンちゃんのスピードの分だけ，ミキちゃんが力を受けてるって言ったけど……。アンちゃんだって，自分のスピードをつけた分だけ，力がはね返ってくる。	A＝B
12	教師	ほう。自分がスピードをつけた分だけ自分にも力がはね返ってくる。	―
13	ヒロ	そっか。アンちゃんもスピード落とさずにそのままぶつかるんだから。ドーンって強く押したら強い力が自分にはね返ってくる。相手が壁だったら鼻血ブーって。	A＝B
14	アミ	さっきは，ミキちゃんの方が力を受けてると思ったけど……。アンちゃんにも力がはね返ってくる，って感じがしてきた。	A＝B
15	シゲ	タケはアンちゃんもミキちゃんも力は同じって言ったけど。でも，アンちゃんの方が「勢い」がついている。	A＜B

8章　授業を分析する

に，これらの受けた力が同じかどうかを教師がたずねた場面である。表8-5と比較して，最初から多くの学習者が「A＝B」を支持していることがわかる。さらに，ターン6・7の発言では，2台の車が同じ力を受けたことを示す証拠として，バネの縮んだ長さがあげられており，個人的体験に基づく憶測が判断の理由としてあげられていた表8-5よりも理解が深まっていることがわかる。

以上から，学習者に身近な題材を足がかりとして，最終的に作用・反作用の一般的な理解を引き出すという教授法が効果的であること，教師による適切な発問や注意の方向づけがその成功を支えていたことなどが示唆された。

表8-6　段階③においてみられたやりとり

発話ターン	話者	発話内容	意見
5	教師	みんな，だいたい同じって思うわけ？	—
6	アミ	だって，左も右も，バネが10cm縮んだから。	A＝B
7	タケ	バネの縮みが同じだったから，受ける力の大きさは同じっていうことを意味してる	A＝B
8	シゲ	でもさ，バネの縮みは同じ位だったけど。なんか，右の車の方がダメージが大きいような……。	A＜B
9	教師	ダメージが大きい？　それってどういうこと？	—
10	ヒロ	ぶつかった後，飛ばされたりとか，ひっくり返ったりとか。右の車の方がダメージが大きかったでしょ。	A＜B
11	シゲ	距離を比べれば，右の車の方がダメージを受けている証拠。	A＜B
12	C3	ビデオみてたら，右の車の方が遠くに飛ばされた。	A＜B
13	教師	ヒロやシゲたちは今，ぶつかった後のことを話してるよね？　ね？　今，みんなが調べたいのは何だった？　ぶつかった瞬間に［中略］：受ける力を調べるんだよね。いい？　もう1回ビデオ戻すから。ぶつかった瞬間を，スローモーションでよく見てみよう。［中略］	—

4 ── 社会・文化的プロセスとして見た教室談話

［実践事例8-2］は，ある教授法の効果性を確証するものであった。ただし，表8-6の後半をみると，うまくいったことばかりではないこともわかる。たとえば，シゲはこれまで一貫して「A＜B」を主張しており，他の数名の学

習者もそれに追随している。それはなぜであろうか。この問いの答えを探るべく，以下では談話の社会・文化的側面に視点を移して分析する。

［実践事例 8 - 3］での分析は，社会・文化的アプローチ（たとえば，Wertsch, 1998）とよばれる理論的視座にヒントを得たものである。この理論的視座は，人の行動を説明する際に，個人内に閉じたプロセスだけでなく，その個人の特定の行動を成り立たせている社会的文脈やそこに内在する価値・規範の体系やそれらの相互交渉過程，およびそのような過程の背後にある文化的・歴史的変遷を説明に含める立場である。このような理論的視座に立脚することにより，従来の説明では見落とされがちであった，日常の生きたプロセスをとらえることが可能になる。

実践事例 8 - 3

　　［実践事例 8 - 2］での分析との比較を明確にするために，学習者の考えの変化に貢献したと思われる教師のはたらきかけに注目する。まず，表 8 - 5 のターン 8 でみられた，教師のはたらきかけについてである。表 8 - 5 の直前に，最初のビデオ視聴が行なわれたが，学習者たちの意見は「A＜B」のままであることがやりとりからうかがわれたため，注目する点を変えて再度視聴するよう教師は指示した。教師の視点からみると，この発言は注意の再焦点化を意図したものであると思われるが，この状況においてもう一度ビデオを視聴させるという行為は「『A＜B』はまちがいである」という暗黙のメッセージをも含意する。つまり，答えが 2 つしかない状況において，教師があるひとつの答えに納得していない素振りをみせるということはすなわち，その答えは正しくないというメッセージを暗に発していることとなる。同様の構造をもった発言は，表 8 - 6 のターン 13 においてもみられる。

　　さらに教師のはたらきかけだけではなく，学習者どうしのなかでも同様の含意が生まれる可能性があり，その例が表 8 - 4 のターン 12 のタケの発言である。この談話データだけでは判断できないが，もしタケがいつも教師の発問に的確に正答するようなタイプの学習者であるとすれば，多くの学習者がタケの発言をヒントとみなし，タケの発言に従った形で自分の説明を再構成するということが起こると考えられる。

これらの状況的手がかりを参照すれば、学習者たちは、なぜ「A＝B」なのかということを観察結果から見いださずとも、なんとなく「A＝B」が正解らしいという判断を行なうことができる。つまり、ビデオの視聴によって意見を変えた学習者は、まず「A＝B」が正解であることを状況から推し量り、その後「A＝B」を正当化する理由づけを構成するという帰納的プロセスによって正しい理解にいたった可能性も考えられる。以上に述べたような、文脈から生まれる含意による説明と、最初に行なった説明とを比較・整理したものが表8-7である。

　やりとりのなかに認知的過程だけではなく、社会的・状況的な過程があることを考慮すると、シゲを含む数名の学習者の誤理解が修正されなかったのは、状況的な過程に含まれる、含意を中心としたやりとりに乗りきれていなかったからだとも考えられる。むしろ、表8-6をみると、科学的な論の組み立て方という面では、シゲは、タケと同様に十分に理解していると考えられる。「バネの縮みが、受けた力の大きさを示しており、それがAとBで同じであることから『A＝B』である」というタケの主張に対し、「衝突後の車の移動距離が受けた力の大きさを示しており、BはAよりも移動距離が大きいことから『A＜B』である」という反論をシゲは展開する（ターン8）。もちろんシゲの

表8-7　作用・反作用についての誤理解が変化したきっかけについての2つの説明

発言の位置	発話内容の要約	認知的説明	社会的・状況的説明
書き起こし1 発話12	タケが「A＝B」を主張。	対立仮説が生徒によって自発的に生成された。	（もしタケがいつも正解するようなタイプの生徒であったならば）タケの主張する「A＝B」が正解でありそうなことを暗に示唆。
書き起こし2 発話8	教師がVTRを再度視聴するよう教示。	適切な観察が行なえるように、生徒の注意を最焦点化させた。	「A＜B」が誤りであることを暗に示唆。
書き起こし3 発話13	教師がVTRを再度視聴するよう教示。	適切な観察が行なえるように、生徒の注意を最焦点化させた。	「A＜B」が誤りであることを暗に示唆。
想定された認識変化のプロセス		教師が生徒の注意を方向づけることによって、生徒は自発的に「A＝B」を理解するようになる。	生徒が談話上の含意を読みとり、正答が何であるかを推論。

> 意見は内容的には誤りであるが，彼の主張には意見とそれを支える根拠，そして「なぜそれが根拠となりうるか」という論拠が含まれており，理科教育の目標である，科学的な考え方の獲得の萌芽的段階を示しているといえる。この点から考えると，教師はシゲラに対して適切な次元への注目をうながすのみではなく，「なぜ衝突後の移動距離ではなく，バネの縮みが受けた力の大きさを示すのか」について明示的に取り上げることがシゲラを正しい理解へと導いていた可能性が示唆される。

　上の［実践事例8-3］では，［実践事例8-2］とは視点を変え，教師による「ゆさぶり」が効果的でなかった部分に注目して分析した結果，うまく授業に乗れていない学習者も，実は萌芽的な形では科学的論証に積極的に参加していたことが明らかになった。もし彼の誤理解が，彼の論証スキルがゆえに修正されにくかったのであれば，彼の科学的思考力の向上と科学的知識の獲得を促すためには，学習者の素朴な思い込みの背後にある論証過程に焦点化した教授法が有効であろう。

　最後に，今回取り上げた授業過程の背後にあると考えられる文化的背景について考察しておきたい。これまでみてきた，含意による状況的意味の読み取りから，学習者の認識の変化を導く過程は，従来から日本の授業一般の特徴といわれてきた，共感を媒介とした学習の伝統と関連している。共感を媒介とした学習では，教科内容を教授するにあたって，因果的あるいは論理的な説明を明示的に行なうのではなく，状況に語らせ，学習者の共感を引き出すというスタイルがとられる（渡辺，2003）。今回の授業においても，教師や他の学習者の発言状況から，そこで求められる理解のしかたが暗に示されており，理科という科学的思考を体系的に教授する過程においてさえ，文化とは切り離せないことが示唆される。このことは，今後さらに問いを深めていく際の新たな分析の視点に繋がるかもしれない。

5 ──談話分析についてのまとめ

　以上2つの分析の比較からわかるように，談話分析においてはどのような視点から分析するかによって見えてくる現象が大きく異なってくる。そのため，分析にあたっては分析者がどのような視点に立って分析するのかを明確にする必要がある。とくに，現在の心理学は，認知を中心に対象を説明する傾向にあるため，多くの教授法や分析の枠組みは，コミュニケーションのなかでも情報のやりとりに専ら注目しがちである。しかし，以上の分析例からわかるように，教室談話をより現実的に検討しようとすれば，社会的な側面や価値の側面を分析の範疇に取り入れる必要がある。

　今回は，書き起こしから質的な解釈を行なっているが，同様な分析は，数量的にも可能である。たとえば，学習者の発言内容を分析するために，学習者の意見に含まれているのが意見だけなのか，根拠が含まれているのか，根拠が含まれているならばどのような種類の根拠なのかという視点からカテゴリーを作成し，各カテゴリーの出現頻度や出現パターンを他の教室談話と比較することができる（分析カテゴリーの作成方法については，岡田（1997）を参照）。ただし，数量的分析を行なうかどうかも研究の目的しだいである。他の教室談話との比較や，見いだされた現象の一般化の可能性を検証する際には，数量化と推測統計の手続きが必要となる。

4節 授業実践との接点

　ここまで，学習者プロファイリングによる学級内の学習者像をとらえる試みと，教室談話分析による授業過程のダイナミクスをとらえる試みの事例を紹介した。最後に，このような分析を用いて，学習者像と授業過程をとらえることが教室における日々の実践にどのように役立つのかを考察したい。

授業とは，学習者が，教育課程によって定められた目標を達成し，教育内容を身につけるために教師が学習者にはたらきかける活動であるといえる。したがって，学習者像をとらえることによってはじめて，学習者の個人差に応じた指導の手だてを計画することができる。そして，その手だてそのものの過程をとらえることによって，学習内容が学習者にどのように身についていくのかを検討することが可能となる。

　学習者像と授業過程をとらえる試みは，ここで紹介した分析手法などを用いなくとも，教師の頭のなかでは日常的に行なわれていることではある。しかし，本章で述べたように，データとして学習者像と授業過程を明らかにすることにより，それらは教師の頭のなかにとどまらず，多くの目にふれることが可能となる。ひとつの授業を対象として研究協議などを行なう場合には，授業参観における直感的な印象で議論されることがしばしば見受けられるが，学習者像と授業過程をデータとして提示することによって，情報の共有を図ることができ，多くの同僚らと事例を検討することが可能となり，日々の教育実践の改善につながるのである。

　従来の授業分析は，客観性を重んじるばかりに授業の表層のみをとらえるにすぎないという印象を抱かせがちであり，教室において日々学習者とかかわり合いながら授業を行なう教師にとって，リアリティに乏しいものであったといえよう。しかし，本章で紹介したような分析手法は，実際の教室における教授学習過程の多面性とダイナミズムをできるだけそこなわずに，実践者たる教師の実感に近いデータの提示を可能としている。

　ここで紹介した分析手法が，学習者像と授業過程をとらえるための手法のすべてではない。どのような手法を用いるにせよ，さまざまな分析手法を用いて学習者像と授業過程を明らかにしようとする際には，できるだけ「学習者の顔が見える」ような配慮が必要である。研究結果を見た教師が「こういう子どもが私の授業にもいる」「たしかにうちの子どもに授業したときにもこういうことがあった」というような共感を与えられるような研究が「学習者の顔が見える」研究であるといえる。そして，その共感こそが，教師が授業を見直し，改善を行なう原動力となり，その研究は真に実践に役立つ研究となり得るのである。

8章のまとめ

　授業とは，その1時間だけのやりとりだけで起こるものではなく，単元，学期，年間といった長期的な時間軸で展開するものである。したがって，授業を分析する際にはその授業に参加している学習者の個人差をとらえることと，授業のなかで起こる詳細な動的過程について把握する必要がある。

　クラスター分析を用いた学習者プロファイリングを用いると，教室内にどのような特徴をもつ学習者が存在するのかを把握できる。さらに，個人差に応じた授業の計画と実施に際して有用な視点を提供する。

　談話分析とは，教室コミュニケーションの動的過程を，物理的・社会的文脈や社会文化的背景を考慮しながら分析する諸手法をさす。談話分析を用いることによって，教室談話に埋め込まれた多様な意味構成と学習者の理解過程との関連を検討することが可能である。

　これらの分析手法を用いることにより，実際の教室における教授学習過程の多面性とダイナミズムをできるだけそこなわないデータの提示が可能になる。

推薦図書

『英語教師のための教育データ分析入門——授業が変わるテスト・評価・研究』　三浦省五（監修）前田啓朗　山森光陽（編）　大修館書店
　日常の校務に沿った章立てで統計的手法をわかりやすく解説しており，本章で扱ったクラスター分析についての詳しい説明と研究例が示されている。

『新版教育心理学研究法ハンドブック——教師教育のために』　松田伯彦・松田文子　北大路書房
　教育心理学で一般的に用いられる研究手法をほぼ網羅しており，量的研究と質的研究の両方の研究手法の基礎と実際の研究例を解説している。

『心理学マニュアル観察法』　中澤潤・大野木裕明・南博文（編）　北大路書房
　教育研究に特化したものではないが，授業を分析する際の基盤となる，さまざまな方法論や技法をきわめて簡潔に説明している。

『日本語学　1999年10月号』　明治書院
　日本語による談話分析の特集号であり，非常に幅広い談話研究の概要を網羅するとともに，豊富な文献と資料が掲載されている。

9章

授業を評価する

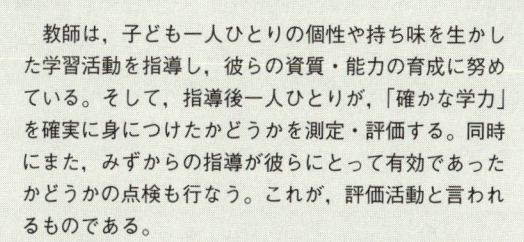

　教師は，子ども一人ひとりの個性や持ち味を生かした学習活動を指導し，彼らの資質・能力の育成に努めている。そして，指導後一人ひとりが，「確かな学力」を確実に身につけたかどうかを測定・評価する。同時にまた，みずからの指導が彼らにとって有効であったかどうかの点検も行なう。これが，評価活動と言われるものである。
　本章では，おもに学習者である子どもの学習成果の測定・評価についての問題に絞って考える。

1節 評価の意義

実践事例 9-1

　現在ほとんどの大学では，シラバス（授業計画表）が整備されており，さまざまなタイプの授業が試みられている。本章の執筆者（井上）は，教員養成系の大学に勤務したこれまでの34年間，「教育心理学」や「学校心理学」の最初の授業では，「授業のめあて」のみならず，「授業の内容・方法」「評価の内容・しかた」までを，レジュメを準備してできるだけ詳細に伝えることにしてきた。この授業では，その科目の内容をこのような授業方法で進め，そして単位認定のための評価では，こんな課題の内容をこのようなかたちで課すということまで具体的に伝達した。授業の開始日に，受講生に対して留意点を具体的に提示することはたいへん意義のあることと考えてきたからである（井上，1997, 1998）。

1 ─ 評価の意義と役割

　教育活動は，教師が学習者にはたらきかけ，一人ひとりの個性や持ち味を尊重しながらその資質・能力を育成する営みである。1992（平成4）年度からの学習指導要領に基づく「新しい学力観」では，子どもの個性や持ち味が「よさや可能性」といった概念で強調された（北尾，1993；井上，1995；下村，1996）。また，2002（平成14）年度からの学習指導要領に基づく現行の教育では，「生きる力」ならびに「確かな学力」を育成することが重視され，それらの力を子どもの身につける指導が重視されている（高階，2004；井上，2005）。それで，これらの新しい教育的な概念のもとに進行している教育活動が，はたして子どもの資質・能力の育成に寄与しているかどうかを点検・評価することが重要である。

(1) 評価のもつ意義

　子どもの「よさや可能性」や「生きる力」「確かな学力」を育成し，それを伸ばす教育活動には，教育目標（めあて）があり，教育活動はその教育目標の達成をめざしてなされる。教師の指導のもとにある一定期間の教育的な営みが実行されると，あらかじめ設定されていた教育目標が学習者一人ひとりにどの程度達成されたかを点検し，評価することがきわめて重要である。このようなはたらきが，評価活動と言われるものである。

　したがって，評価の意義は，一定期間の指導の後実施されるので，その評価結果をその後の指導に役立てて，授業の改善に資することにある。

(2) 評価の役割

　図9-1は，学校での教育活動が「教育目標」「教授活動」「評価活動」といった3つの要素で構成されるシステムとしてとらえられることを表わしたものである（井上，1986）。このシステムには3つの意味がある。その1つは，これら3つの要素は，循環路をなしており，「教育目標」は「教授活動」のあり方を決め，その教授活動は，「評価活動」の内容およびその方法を決める。その結果によって次の学習の教育目標が決定される。2つめは，このサイクルは，一方向だけではなく逆方向にも回転している。教育目標が設定されると，その達成状況を調べるための評価活動が決定される。また，その評価活動の内容と方法が教授活動の内容や方法の決定まで影響を与える。3つめは，このサイクルは一周すると完了するというのではなく，連続的に回転し，さらに新しい教育目標，教授活動，評価活動のあり方が追求されねばならない。

　教育活動をシステムとしてとらえた場合，教師はそれぞれの活動を確実に実行しなければならない。教育活動の最初には教授目標を具体的に設定し，一人ひとりの個性や持ち味に合った指導を実行し，その結果どのような学力が彼らの身に定着したのかを確実に測定・評価することがきわめて重要である。

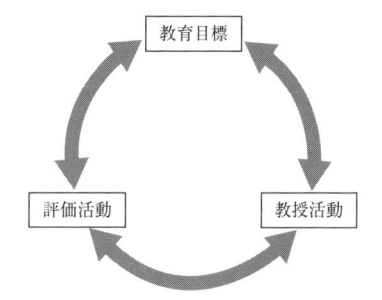

図9-1　教育活動を構成しているシステム（井上，1986）

2 ── 評価の対象

システムとしての教育活動では，学習者である児童生徒学生の諸側面，指導者である教師の諸側面，この両者を側面から支援する役割を担っている学習環境の諸側面といった，3つの領域が評価されなければならない。ここでは，学習者の活動を規定するさまざまな要因に絞って簡単に述べる（井上，1988）。

（1）学習者自身の既得特性

子どもの学習活動が効果的に進むように，「学習者自身の既得特性」が評価される。新学期が始まると，身長や体重，胸囲などの身体的特性の測定，走力や跳躍力，持続力，投力などの体力測定がある。また，視力や聴力，色盲，尿や血液の検査，心臓検診，内臓的疾患，既往症などの健康診断も実施される。

知能や性格は子どもの学習を規定する重要な要因であり，それぞれを診断するテスト類も開発されている。小学校5年生の国語の成績が優れている者とそうでない者との知能の因子特性の比較をした研究では，記憶因子と非言語因子

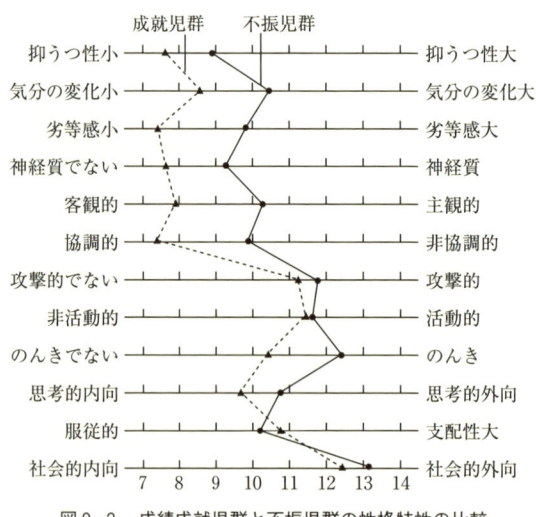

図9-2　成績成就児群と不振児群の性格特性の比較
（大阪学芸大学心理学教室，1966）

に比べて思考因子と言語因子が相対的に劣っている子どもが学業不振に陥りやすいことが示されている（大阪学芸大学心理学教室，1966）。同じ大阪学芸大学心理学教室が実施した研究で，中学2年生における成績成就児群と成績不振児群それぞれの性格をY-G性格検査の尺度特性群で比較した結果，成績不振児群のほうが，「気分の変化が大きく」「劣等感があり」「神経質で」「客観的でなく」「協調的ではなく」「のんきである」といった傾向にあることも明らかにされている（図9-2参照）。

（2）学習者の習得した能力・特性

次に，「学習者の習得した能力・特性」が評価される。学習指導要領に示された各学年・各教科のめあてや目標，内容が確実に一人ひとりの身に定着したかどうかの点検・評価が求められている。1時限ないし1単元の学習が終了すると，一人ひとりがどういった学習をし，その結果どのような成果が得られたのかを具体的に測定し，評価する必要がある。

とりわけ，学力を身につけていく基礎としての学習能力，いわば学ぶ力や学び方について診断・評価することがきわめて重要である。学ぶ力や学び方は，個性的なものであり，一人ひとり異なっている。それで，授業中彼らの学習行動を綿密に観察して評価する必要がある（福岡教育大学附属小倉小学校，2003）。このほか，「関心・意欲・態度」も学習活動によって身につく。1980（昭和55）年の指導要録の改訂において，「各教科の学習の記録」欄に「観点別学習状況」が新設され，各教科の評価観点に「各教科に対する関心・態度」が設けられて以来，1992（平成4）年度からの指導要録および2002（平成14）年度からの現行指導要録にも，「各教科への関心・意欲・態度」として継承された。これらの情意的特性は，重要な指導観点であるとともに，たいせつな評価観点として重視されている（教育開発研究所編集部，2001；井上，2003b）。これらの情意的特性を診断するテスト類も開発されているので，積極的に活用するとよい。

（3）学習者の対人関係

「学習者の対人関係」も学習を規定する重要な要因である。学校では，基本的に学級を単位としながら学習活動が進められるが，一人ひとりが他の級友と

どのような友好関係を保っているかが学習活動を規定する。したがって，このような仲間との対人関係について調べることも教師の重要な仕事である。

また，子どもは教師の指導によって学習活動を行なっているので，教師とうまくいっているかどうかは学習の重要な促進・阻害要因となる。教師とそりが合わないと反抗的な態度を取ったり，暴力を振るったりして，学習が有効に進まない。さらに，家族の構成員との関係も学習に影響を与える。両親などとの不和が原因で，学習が効果的に進まないこともある。教師が家族の問題に立ち入ることはあまり適切なことではないが，もし該当する子どもがいた場合には，可能な限り立ち入り，問題解決の手助けをする必要があろう。

2節 評価の種類

実践事例 9-2

　有働は，小学校第6学年の国語科指導で，単元「話し合って考えを深め，意見文にまとめよう」を実践した（表9-1）。この単元の「評価規準」として，4つの観点ごとに表9-1の最初の段に示された「評価規準」のように設定された。そして，「単元指導計画」では，11時間が用意され，それぞれの時間では，「学習活動と内容」「評価規準」「評価の観点と方法」が詳細に準備された。ここで注目すべき点は，その単元の「評価規準」が，活動状況（「つかむ活動：1時間」「しらべる活動：2時間」「ふかめる活動：3時間」「いかす活動：5時間」）のそれぞれの段階に応じて，さらに詳しい「具体的な評価規準」として用意されていたということである。

　たとえば，「ふかめる活動」（活動3）の3時限目の学習活動「パネルディスカッションを行なう」の時間では，「討論のしかたについて学びとったか」という評価の視点を評価するために，「話す・聞く能力」については，④「主張のキーワード，問題点や疑問点についてメモを取りながら聞く」および⑤「相手の発言の問題点や疑問点について確認・質問・反論したり自分の考えを見直したりしながら話し合う」といった2つの「具体的な評価規準」が準備され，

それらについて評価された。また、「言語についての知識・理解・技能」については、④「事実と感想を文末表現で区別しているか、語句を正しく使っているかを考えながら話したり聞いたりする」といった「具体的な評価規準」について評価された（有働, 2002）。

表9-1　小学校第6学年国語科の学習指導案（有働, 2002）

指導者　有働　功一

1　単元　話し合って考えを深め、意見文にまとめよう。
2　単元の評価規準

観点	ア　国語への関心・意欲・態度	イ　話す・聞く能力	ウ　書く能力	エ　言語についての知識・理解・技能
単元の評価規準	身近な問題に対応するための内容を論題として選び、計画的に話し合おうとする。	相手意識・目的意識をもち、事実と感想や意見で話しを組み立て、資料を用いて話すことができる。 何を伝え共に考えたいのかを考えながら聞くことができる。 互いの意見の根拠やよさ・問題点をはっきりさせながら話し合うことができる。	討論会で深まった考えを、組み立ての効果を考えて文章にまとめることができる。	語句や言い回しが、場や話の内容に適切かを考えながら話したり聞いたりすることができる。
具体的な評価規準　活動1	①身近な問題に対応する内容を論題として選ぶ。 ②パネルディスカッションの進め方に関心をもち、進んで調べる。	①身近な問題についての考えを深めるために、友達や家族・地域の方と話し合うということをつかむ。		①新聞・雑誌、日頃の会話等から資料を収集すること、観点を決めて分類・整理することの必要性が分かる。
具体的な評価規準　活動2		②「推測」とは、考えて導き出されたことであり、間違っていることが十分にあるということを理解し、どのような態度で討論に参加すればよいかについて話し合う。 ・相手の意見のよいところは取り入れる。 ・自分の意見に矛盾点があれば認める。		②パネルディスカッションの場では、立場と理由をはっきりさせ→それを支える事実や具体的事例を述べ→相手に対する反論をする、といった発言の仕方が分かる。

具体的な評価規準	活動3	③別の立場の人が納得するような客観的な資料や情報を集めようとする。			③インタビューは，その目的，相手の情報，相手の反応の予想，雰囲気を考えながら行なうことの大切さがわかる。
		④提示資料が主張に生かされるように作る。	③立場と根拠をはっきりさせて資料を示しながら話したり，別の立場からの質問や意見に応じたりする。		
			④主張のキーワード，問題点や疑問点についてメモを取りながら聞く。 ⑤相手の発言の問題点や疑問点について確認・質問・反論したり自分も考えを見直したりしながら話し合う。		④事実と感想を文末表現で区別しているか，語句を正しく使っているかを考えながら話したり聞いたりする。
	活動4	⑤討論会を通して考えたことを生かして家族や地域の方と話し合う意欲をもつ。		①討論を通して考えたこととそれを支える事実を効果的に整理して書く。	
		⑥自分のものの見方や考え方の深まりに気付く。	⑥討論会で深まった考えを資料を提示しながら述べ，家族や地域の方の考えや感想を取り入れて話し合う。		

1 ── 目標達成状況の判定基準の視点からとらえる評価

　評価の種類には，2通りのとらえ方があろう。1つは，あらかじめ設定していた教育目標への達成状況を吟味する際，どのような判定基準を評価の拠りどころにするのかといった観点からとらえようとする場合である。もう1つは，学習開始前，学習活動中，学習終末時，といった学習過程の段階で学力の進捗状況をどのように評価していくのかといった観点からとらえようとする場合である。

（1）各学年・各教科における「評価規準」の作成

［実践事例9-2］のように，2002（平成14）年度からの学校教育では，学習指導に入る前には，教科などの単元・題材でめざす指導目標を「具体的な評価規準」で明確に提示することが強調されている（教育課程審議会，2000；井上，2000；文部科学省，2001）。「具体的な評価規準」とは，「学習指導要領に示す各教科目標の内容項目ごとについての4観点ごとの具体的な達成目標事項群」のことである。それで，評価活動というのは，ある一定期間の指導が終了した段階で，めいめいの子どもがあらかじめ設定されていた「具体的な評価規準」をどの程度達成することができたかを点検・評価するといった作業にほかならない。

現在の学校での指導・評価は，これまで支配的であった集団のなかでの相対的な位置づけを重視する「集団に準拠した評価（いわゆる相対評価）」から，一人ひとりの指導目標への達成の実現状況を客観的に測ることをめざす「目標に準拠した評価（いわゆる絶対評価）」へ完全に移行している。それで，いずれの学校でも，この「目標に準拠した評価（いわゆる絶対評価）」がいま鋭意実施されている（井上，2000；田中，2002，2003）。

この2種類の指導・評価のとらえ方の体系を，渋谷（2003）は，図9-3のように表わしている。現在評価活動の主流を占めるにいたった「目標に準拠し

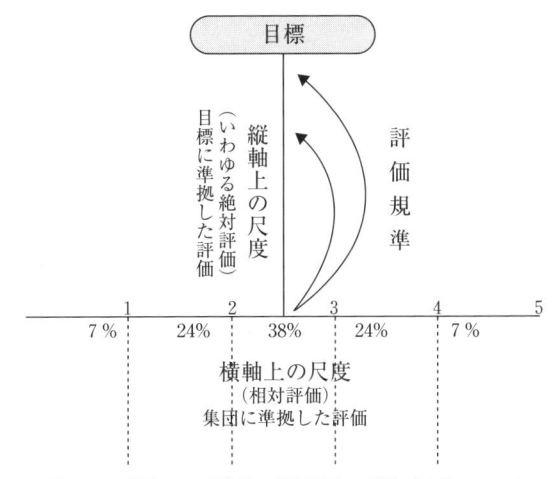

図9-3　縦軸および横軸の評価尺度の構造（渋谷，2003）

た評価（いわゆる絶対評価）」は，目標に対してどれだけ高まったか，深まったかがとらえられる縦軸上の尺度（これが「評価規準」の設定）から，教育測定的次元についての情報を得ることができる。もちろん，横軸上の尺度（正規分布に基づく「評価基準」の設定）をもった「集団に準拠した評価（いわゆる相対評価）」も心理的な特性をとらえるためには必要であることは当然のことである。

（2）「評価規準」の達成状況を測る「評価基準」

ところで，「関心・意欲・態度」「思考・判断」「技能・表現」「知識・理解」といった4つの観点ごとに設定された「具体的な評価規準」をいったいどのような判定基準に照らし合わせて評価すればよいのであろうか。そのためには，それぞれの子どもが「具体的な評価規準」をどの程度達成することができたかを実際に目に見えるかたちで明確に示されなければならない。たとえば，表9-1の「活動3」のなかの「話す・聞く能力」の④と⑤，ならびに「言語についての知識・理解・技能」の④について，子どもたちがそれらの項目で示された内容をいったいどのくらい身につけることができたかを具体的に，目に見えるかたちで測定・評価する必要がある。

その場合，それらの「具体的な評価規準」の達成状況を量的な尺度を用いて測る必要がある。「話す・聞く能力」の観点の④では，「積極的にメモをしながら聞いているのか」「ある程度メモをしながら聞いているのか」ないしは「教師が指示しないとメモをしないのか」などに区分し，その段階に応じてそれぞれA・B・Cなどの評語をつける。この区分を決めるための基準が，「評価基準」であり，「観点別学習状況」では，「十分満足できると判断されるもの」とみされるとA，「おおむね満足できると判断されるもの」とみなされるとB，「努力を要すると判断されるもの」とみなされるとC，といったように評価される。

「評価規準」の作成・設定は，たいへんな時間と労力をともなう作業であるので，国立教育政策研究所教育課程研究センター（2002）が発刊した評価規準，評価方法等の研究開発についての参考資料を活用するとよい。なお，この参考資料では，「評価規準」という言葉は使用されているが，「評価基準」という言

葉は用いられてはいない。各学年・各教科の「評価規準」が「B基準」を標準として作成・掲載されているからである。この参考資料をもとにして児童生徒の実態や学校の特殊性などを考慮して，各学年・各教科での「B基準」に相当する「評価規準」を作成・設定しておき，それに連動したかたちで「A基準」ならびに「C基準」をも設定する必要がある。

(3) 3種類の「評価基準」

　教師は，「具体的な評価規準」の達成をめざしてある一定期間指導し，それが終了した段階でその「評価規準」（評価目標）がどの程度一人ひとりの身についたかを「評価基準」（判定基準）という「評価の拠りどころ」に照らし合わせて評価する。この「評価の拠りどころ」には，図9-4に示すように，3つの種類がある（井上，2003a，2004）。

① 「集団の全員に対して設定された共通目標」への達成状況の評価

　その1つが，［実践事例9-2］の試みのように，「集団の全員に対して設定された共通目標」への達成状況の視点で評価するタイプである。今日，各学年・各教科の授業はクラス単位で実施されているので，学習活動を指導した後一人ひとりがあらかじめ設定しておいた共通目標をどの程度クリアすることができたかを判定する。学習結果にしたがって，その結果をA（十分満足できると判断されるもの），B（おおむね満足できると判断されるもの），C（努力を要すると判断されるもの）といった3段階で評価する。

② 「集団の個々人に対して設定された個別目標」への達成状況の評価

　2つめが，「集団の個々人に対して設定された個別目標」への達成状況の視点から評価するタイプである。いま，さかんに実施されている個別指導や習

```
評価の拠りどころ ─┬─ ①集団の全員に対して設定された共通目標
(standard)        │      (criterion-standard)
                  ├─ ②集団の個々人に対して設定された個別目標
                  │      (individual-standard)
                  └─ ③集団の全員のなかから求められた代表値
                         (norm-standard)
```

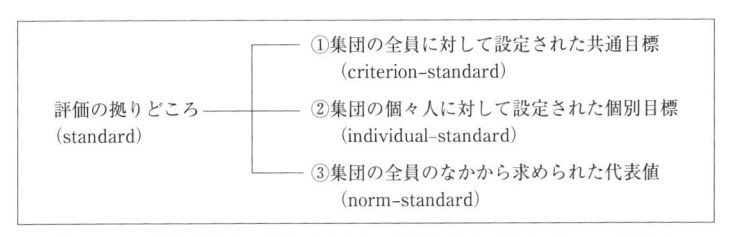

図9-4　「評価規準」を判定するための評価の拠りどころ（井上，2003a）

熟度別指導では，個別的に学習目標が設定されるので，指導後それぞれの子どもがあらかじめ設定されていた個別目標にどの程度達成することができたかを評価する。その評価基準は，①の場合の方法に従う。

　これらの2つのタイプが，「目標に準拠した評価（いわゆる絶対評価）」に相当する。したがって，目標に準拠した評価には，共通目標への達成状況，あるいは個別目標への達成状況の2つのタイプがあるということである。

③「集団の全員のなかから求められた代表値」に照らしての評価

　3つめが，「集団の全員のなかから求められた代表値」に照らし合わせて評価するタイプである。一定期間の学習活動後，テストなどを実施してその結果を求める。そして，全員の得点からクラスの特徴を代表する平均値を算出する。その後それぞれの子どもの得点がクラスの平均値とどれだけへだたっているかを調べる。ある子の得点がクラス平均値とほぼ同じ得点を示したのであれば，その子の学力は学級のなかのほぼ中央に位置づけられる。これが，「集団に準拠した評価（いわゆる相対評価）」に相当する。

　以上述べた3種類のほかに，一人ひとりのよい点や可能性，進歩の状況などを評価するための「個人内評価」がある。個人内評価は，自由な文章表現によって一人ひとりの長所やよいところをほめるというところに意義がある。具体的には，指導要録の「総合所見及び指導上参考となる諸事項」で活用される。

2 ── 学習過程の進捗状況の視点からとらえる評価

　このタイプの評価は，学習過程のなかで子どもの学習の進捗および定着状況を把握しようとする方法である。アメリカの教育心理学者であるブルーム（Bloom, B. S.）が完全習得学習の理論を具体的に実施していくため，形成的評価を中核として考案した評価理論である（Bloom et al., 1971）。わが国では，このブルームらの書籍が翻訳されて以来（梶田ら，1973），これまでにさまざまな実践的研究が行なわれてきた（梶田・静岡大学附属浜松中学校，1981，1984；梶田・愛知県東浦町立緒川小学校，1985；梶田・下館市立下館小学校，1986，1988；福岡教育大学附属福岡中学校，1978，1982，1985，1991）。なお，前5冊については，いずれも梶田叡一氏の監修によるものであった。後4冊に

ついても，梶田氏の指導によるものであった。

　その理論は，学習過程のなかで評価活動がいったいどのようなはたらき（機能）を有するのかといった視点からとらえようとするものであり，次の3種類の評価がある。

(1) 診断的評価（diagnostic evaluation）

　ある一定期間の学習活動に入る前に，可能な限り各自の個性ないし持ち味の把握・診断を実施し，その結果に基づいて学習指導を進めていくことが行なわれている。そのために実施されるのが，診断的評価である。たとえば，指導前に，身体的特性はどうなのか，知能や学力の程度はどうなのか，これまでにどのようなことに興味・関心を抱いてきたのか，いまどのような認知スタイルを示しているのか，このようなさまざまな側面についての診断が実施され，その結果に基づいてそれぞれの子に適切な学習材料が選ばれ，それに基づいて学習活動が進められる。

(2) 形成的評価（formative evaluation）

　ある単元の学習活動が進むにつれて，一人ひとりがどのような学習を進めているのか，どの子がどこでどうつまずいているのか，などを把握していくために実施されるのが形成的評価である。目標に準拠した評価（いわゆる絶対評価）を重視するということは，この形成的評価を学習過程のなかに適切に位置づけて積極的に活用するということにほかならない。たとえば，1時限ないしは1単元といった比較的短期間の授業が終了した段階で，そこで学習した内容についてすぐさま点検・評価が実施される。その結果，すべての子どもがめあてを達成できた場合には，その後改善の手だてを構ずる必要はない。しかしながら，かなりの子どもが目標をクリアできなかった場合には，どこかにそのつまずきの原因があったはずであり，次の指導では改善の手だてを考え，適切な内容およびその方法に基づいて指導しなければならない。

(3) 総括的評価（summative evaluation）

　各教科の学習でいくつかの単元が終了した段階で，中間テストや期末テスト

などを実施して，その期間での学力の定着状況を評価する。また，1学期あるいは1年間といった比較的長期間にわたる指導の終了後，一人ひとりがいったいどのような学力を身につけることができたかを点検・診断する。これが，総括的評価と言われるものである。学期末には「学習のようす」を通信簿に記載して子どもに渡す。また学年終了時では，指導要録の「各教科の学習の記録」欄に記載する。新学年や新学期が始まると，学級担任がそれに目を通し，指導のあり方や方針を決める。

3節 評価の方法

1 — 4つの評価の観点と評価方法の適合関係

　［実践事例9-3］は，実際の授業で，「話す・聞く能力」と「言語についての知識・理解・技能」それぞれ2つの観点について，その「具体的な評価規準」を「観察法」および「ノート法」を活用して評価した例を示したものである。

　指導要録の「観点別学習状況」で掲げられた4つの観点を評価する方法（用具）には，このほかにもいろいろある。評価の観点と評価方法の適合関係については，表9-2のように整理できる（福岡県教育委員会・福岡県教育センター，2003）。表9-2は，基本的な4種類の評価方法とそれらの評価方法が最も適切に評価することのできる評価観点を示したものである。

> **実践事例9-3：「観察法」や「ノート法」の活用による質的分析**
>
> 　前に紹介した［実践事例9-2］では，「話す・聞く能力」の「具体的な評価規準」である④「主張のキーワード，問題点や疑問点についてメモを取りながら聞く」および⑤「相手の発言の問題点や疑問点について確認・質問・反論したり自分の考えを見直したりしながら話し合う」という評価項目については，

「観察法」や「ノート法」を活用して，その観点の評価が実施された。また，「言語についての知識・理解・技能」の具体的な評価規準の④「事実と感想……」については，とくに児童の発言に注目した「観察法」を活用して評価が行なわれた。

パネルディスカッションを行なっている際に，教師は子どもたちが示す行動のようすや特徴，顔の表情，しぐさ，目線，まなざしなどについてよく観察しておき，特記すべき発言や行動，様態などについて記録用紙やメモ帳に記録しておいた。また，子どものノートに記載・記録した学習内容やメモなどを後で詳しく点検することで，これらの「具体的な評価規準」をある程度客観的に評価することができた（有働，2002）。

表9-2 評価方法と評価の観点との適合関係（福岡県教育委員会・福岡県教育センター，2003）

評価方法 \ 観点	関・意・態	思考・判断	技能・表現	知識・理解
観察法 （行動・発言・態度等）	◎	◎	◎	○
作品法 （ノート・プリント・制作物等）	◎	◎	◎	○
テスト法 （ペーパーテスト・実技テスト等）	△	○	○	◎
自己評価・相互評価分析法 （チェック項目・自由記述等）	◎	○	○	△

（注）◎…かなり適している　　○…適している　　△…あまり適していない

（1）観察法

「観察法」は，教師が自分の担当しているクラスの一人ひとりの行動や発言，発表のようす，学習態度，実技などをつぶさに観察し，彼らの示す具体的な表出行動などの様相に基づいて，彼らの心の奥に潜むやる気などの情意的な傾向や特徴ある思考や考え方，特技などを診断・評価しようとする方法である。この評価方法は，「関心・意欲・態度」「思考・判断」「技能・表現」を評価するのに適している。

これを活用する際の具体的な評価道具の例として，〈チェックリスト〉や

〈評定尺度法〉〈自由記述法〉などがある。〈チェックリスト〉という方法は，あらかじめ行動をチェックするための診断項目を用意しておいて，子どもがその項目に合致した行動特徴を具体的に示した場合に，その項目にチェックする。また，あらかじめ評定尺度を準備しておいて，これに記入する方法が，〈評定尺度法〉である。さらに，特徴のある行動を文章で自由に記述したりメモしたりしておいて，授業後それを整理するのが，〈自由記述法〉である。

　いずれの評価方法も，教師が子どもたちの行動をよく観察することが前提になっているので，客観的な厳しい眼力を養うことが最も肝心である。

（2）作品法
　「作品法」というのは，子どもたちが学習活動中に使用するノートやプリントの中身をよく点検して，彼らの学習の成果や個性や持ち味などを診断・評価しようとする方法である。たとえば，子どもたちが学習活動中に学習材料として用いて学習を進めている〈ノート〉や〈学習プリント〉を適宜点検したりして，彼らの学習途中での進捗状況を診断・評価することができる。また，社会科や理科，生活科，総合的な学習の時間などの場合には，観察や調査，実験，インタビューなどの手法を用いてその活動の結果を記録することが多いので，それらの結果資料を点検することで評価することができる。また，これらの学習活動では，〈レポート〉などが作成されることもあるので，それを適宜点検すれば学習の成果がわかり，その後の指導方策などを指示・助言することができる。さらに，図画工作科や美術科，音楽科などの授業では，〈制作物〉を制作することが頻繁にあるので，その成果を点検・評価する。

（3）テスト法
　「テスト法」というのは，これまでの学校教育の場で最も頻繁に活用されてきた評価方法であり，その妥当性や信頼性もかなり高いものである。そのなかでは，主として「知識・理解」や「技能・表現」を測定することに適している，紙と鉛筆を用いての〈ペーパーテスト〉がある。この方法の具体的な道具としては，〈客観式テスト〉〈論文体テスト〉〈問題場面テスト〉などがある。これらの用具は，その活用しだいでは，かなり深い思考力や判断力を診断・測定す

ることができる。

また，とくに音楽科や美術科，保健体育科などの学習では，子どもたちが実技を演ずることが比較的多いので，それを評価する方法として〈実技テスト〉がある。子どもたちが教師の目の前でいろいろな活動や表出行動をするので，教師は，その行動をつぶさに観察することによって，評価のためのいろいろな資料を得ることができる。

（4）自己評価法・相互評価法

「自己評価法」は，児童生徒たちに自分自身の学習などの活動を振り返らせ，次の課題への活動の取り組みについての動機づけや方向づけをさせる評価方法である。この方法は，「新しい学力観」や「生きる力」「確かな学力」が標榜・強調されて以来，いずれの学校でもさかんに活用されている。また，子どもどうしがお互いの学習活動などを評価し合い，お互いに活動の方向性を学習し合う「相互評価法」もさかんに活用されている。

具体的な方法としては，〈自己評価表〉ないしは〈自己評価カード〉が活用されている。ある一定の学習活動が終了した段階で，みずからの活動についてあらかじめ用意されていた調査項目群に答える。このほかに，項目群に反応する代わりに，自由に文章で記述する方法もある。前者の方法では，結果を数量的に処理し，統計的な検定などができるが，後者の場合には，子どもたちの生の声を聞くことができるというメリットがある。

2 ── 総合的な学習の時間に適しているポートフォリオ評価法

（1）ポートフォリオ評価法の意義

表9-2にかかげたいずれの評価方法にも入らないが，いま学校教育でさかんに活用されているのが，〈ポートフォリオ評価法〉である。この方法は，とくに「総合的な学習の時間」の際の評価方法として活用され，適切であると考えられている（Shaklee et al., 1977；Puckett & Black, 1994；Glauert, 1996；Wiggins, 1998；加藤・安藤, 1999；小田, 1999；高浦, 2000；大隅, 2000；

田中，2003；安藤，2003；西岡，2003）。

　もともとこのポートフォリオという語源は，ある人の仕事やその人がやってきた活動を体系的に収集した物をさす。たとえば，建築家や写真家，広告，ジャーナリストたちのような人々が自分の技術や技能，やり遂げたことなど，その成長の記録・軌跡を示したものであり，自分の顧客や雇い主たちに宣伝するためのサンプル類を集めたファイルやフォルダーのようなものである。

　このような考え方を学校に応用しようとしたのが，この〈ポートフォリオ評価法〉である。つまり，子どもたちがさまざまな活動の途中やその終末の段階で制作した作品などを自分専用のファイルのなかに入れておき，いつでもそれを取り出してさらに検討を加えるというものである。このようにして，自分の制作した作品などをよりよいものにしていく。

（2）ポートフォリオ評価法の活用場面

　この〈ポートフォリオ評価法〉は，総合的な学習の時間の評価方法としていまさかんに活用されている。図9-5は，ポートフォリオを構成する要素を示

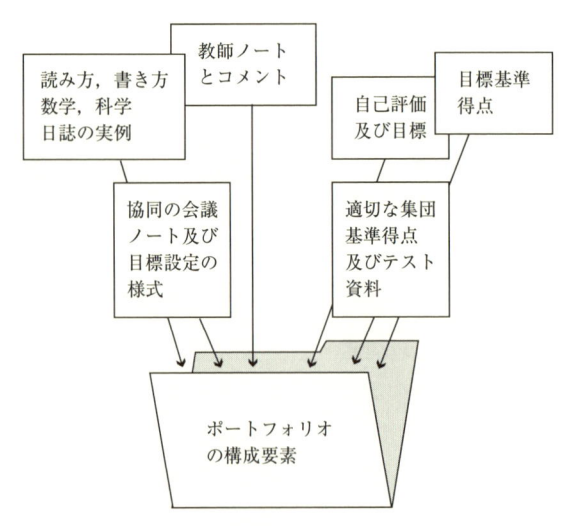

図9-5　ポートフォリオを構成する要素
　　　　（Puckett & Black, 1994；高浦，2000より）

したものである。ポートフォリオ評価を構成するものには，さまざまな資料や制作物がある。子どもが作成したものばかりではなく，教師が作成したものも入る。子どもたちは，自分のファイルのなかから，いつでもそれを取り出して見直したり，加工したりすることができる。また，教師も，子どもたちの制作したものをいつでも取り出してコメントを加えたり，再加工したりして適切な指示を与えたり，アドバイスを与えたりすることができる。

このように，この〈ポートフォリオ評価法〉は，数値的な評価にはなじまないので，教師は文章で自由に記述する。〈ポートフォリオ評価法〉は，教師と子どもが共同して作業を行ない，彼らの主体的な活動を促したり，新しいものにチャレンジしたりする精神を養おうとする，将来性のある評価法である。

4節 評価の実際

1 ── 習熟度別指導と評価活動

2003（平成15）年10月に中央教育審議会が指導の充実・改善方策に関する答申を公表した（中央教育審議会, 2003）。2003年12月には，文部科学省が学習指導要領の一部改正について各都道府県教育委員会に通知した。これらの答申や通知のおもな内容は，いまの子どもたちに求められる学力についての基本的な考え方の転換ならびに個に応じた指導のいっそうの充実についての改善策の提言であった。そこでは，「学習内容の習熟の程度に応じた指導」のいっそうの推進が提言されている。それで，今日の小・中学校では，個別指導や習熟度別指導を積極的に実行している学校が多くなってきた。ここでは，その取り組みを実行していく際の実際の評価のしかたを中心に述べてみよう。

（1）習熟度別指導のための「評価規準」の作成

個別指導や習熟度別指導を行なっていく場合にも，各学年・各教科での「評価規準」の作成はたいへん重要な作業である。国立教育政策研究所教育課程研

究センターが発刊した参考資料では，たとえば，中学校の数学科の場合では，各学年に，①学年目標，②当該学年の評価の観点の趣旨，③学習指導要領の内容，内容のまとまりごとの「評価規準」およびその具体例が示されている。とくに，③では，「A．数と式」「B．図形」「C．数量関係」それぞれごとに「数学への関心・意欲・態度」「数学的な見方や考え方」「数学的な表現・処理」「数量・図形などについての知識・理解」といった4つの観点ごとに，「評価規準」およびその具体例が掲載されている。

この参考資料に掲載されている各学年・各教科の「評価規準」の具体例は，あくまでも，「おおむね満足できると判断されるB基準」での評価規準が想定されて示されたものである。それで，学力（学業成績）に準拠して班や学級を編成して習熟度別指導を行なう際には，ここで示された「B基準」を基にしながらグループ編成を考える必要がある。つまり，「B基準」というのは，学力（学業成績）がふつうであるとみなされたグループが達成すべき「評価規準」であると考えておくとよい。

学力（学業成績）が高いほうのグループには，この「B基準」を基本としながらも，これより若干高めの「評価規準」を考慮して別に作成しておく必要があろう。ただし，ここに示された具体例を参考にするわけであるから，それほど高度な内容をともなった「評価規準」を作成する必要はない。

2 ── 習熟度別指導における評価のしかた

とくに中学校での習熟度別指導における評価では，「知識・理解・技能」などの，いわば内容的な学力については，〈ペーパーテスト〉などを活用すれば，かなりの程度測定することができる。また，「関心・意欲・態度」などの，いわば情意的な学力や，「思考・判断」などのいわゆる機能的な学力についても，〈ペーパーテスト〉や〈学習プリント〉などにある程度の創意くふうを加えさえすれば，かなりの程度診断・評価することが可能である。

実践事例9-4：数学科で関心・意欲・態度を評価する〈学習プリント〉や〈チェックリスト〉のくふう

中学校第3学年での単元「5章 三平方の定理」（東京書籍）の学習で，直角図形を書く活動で，図形に成り立つ関係について，予想をたててそれを確かめる活動を位置づけた学習を行なった。この実践事例では，図9-6に示すように，評価活動として予想と確かめ，および新たな気づきと考えを記述する欄

〈学習プリント〉
 問　例に示すように，直角三角形ABCの各辺の上に相似な図形をできるだけたくさんかいてみよう。
　　　また，作図した図形について予想できることをかき，それを確かめてみよう。

【例】

△ABCの各辺の長さは
AB＝c，BC＝a，CA＝b とします。

（予想できること）
（確かめ）

（予想できること）
（確かめ）

問　今日の学習で，新たに気づいたり，考えたりしたことを書きなさい。

〈チェックリスト〉
ア　2種類以上作図をしようとしている。　　　　　　イ　P，Q，Rの面積の関係に着目しようとしている。
ウ　三平方の定理を使って文字式で解決しようとしている。　エ　相似な図形なら正方形のときと同じことがいえると気づいている。

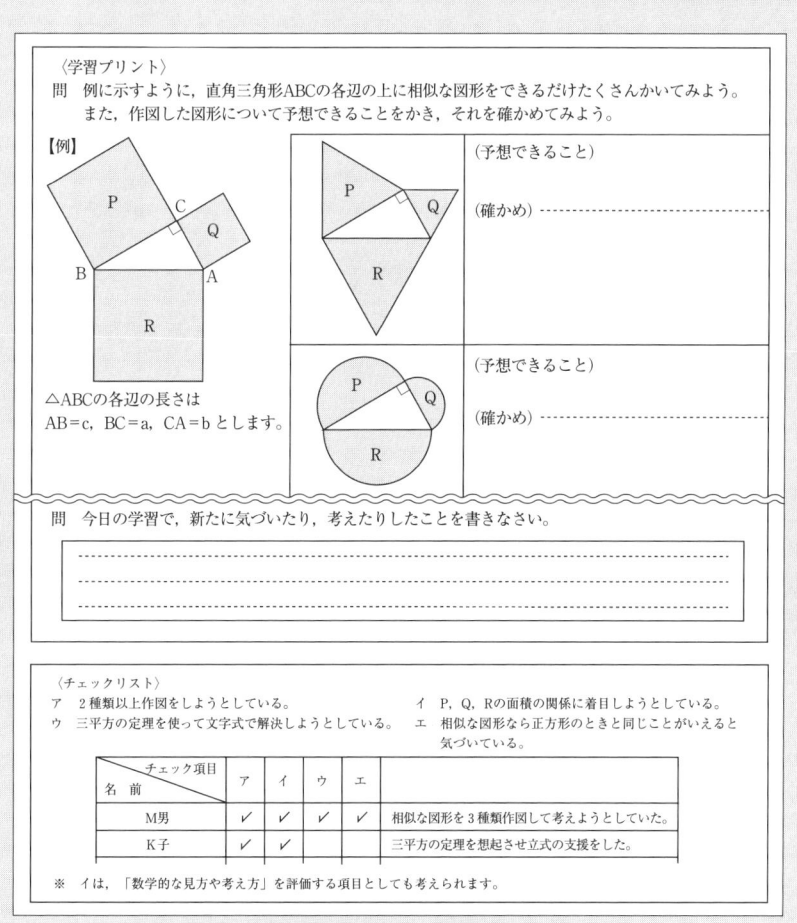

チェック項目 名　前	ア	イ	ウ	エ	
M男	✓	✓	✓	✓	相似な図形を3種類作図して考えようとしていた。
K子	✓	✓			三平方の定理を想起させ立式の支援をした。

※　イは，「数学的な見方や考え方」を評価する項目としても考えられます。

図9-6　関心・意欲・態度を評価するための〈学習プリント〉と〈チェックリスト〉
（福岡教育大学附属教育実践総合センター，2003）

9章　授業を評価する

を設けた〈学習プリント〉と，生徒たちの活動のようすを記録する〈チェックリスト〉を準備した。そして，実際には，これらの資料をもとにした〈プリント分析〉によって，生徒の「関心・意欲・態度」を評価しようとした（福岡教育大学附属教育実践総合センター，2003）。

　この実践では，〈学習プリント〉では，直角三角形の各辺上に正三角形や半円などのいろいろな作図しながら，それから予想できることや確かめをしながら学習を進めた。〈チェックリスト〉では，既習内容から「課題を見つけようとしているか」「既習の考えを活用して解決しようとしているか」「既習内容と統合的にまとめようとしているか」などの観点を活用して問題を解いているかどうかを観察しながら，その学習内容に対する「関心・意欲・態度」の程度を評価しようとした。具体的には，4つの項目について，それを活用しているかどうかについて，生徒の活動を綿密に観察し，めいめいの名前の欄にチェックを書き入れた。

　このように，活動している生徒の行動をあらかじめ用意しておいた評価方法を用いて綿密に観察し，その結果を記録しておくことで，彼らの情意的な特性をある程度測定・評価することができた。

実践事例9-5：英語科における理解ならびに表現の能力を評価する〈真偽法〉や〈訂正法〉のくふう

　中学校第2学年での単元「Unit 5 A Park or a Parking Area?」（NEW HORIZON 2，TOKYO SHOSEKI）の学習で，本時で学習した内容の英文をプリントに印刷して，生徒たちに配布し，彼らにそれを見せながら学習活動に取り組ませました。生徒たちが本時での学習内容を理解したかどうかを把握するための評価方法として〈真偽法〉および〈訂正法〉が活用された（福岡教育大学附属教育実践総合センター，2003）。

　この実践では，図9-7に示したテスト問題が生徒に課せられた。各設問について，「T」ないしは「F」を書き込む作業と，間違っている箇所に下線を引くことができたかどうかが，「理解の能力」であった。また，間違いの箇所を

英語で正しく訂正できたかどうかが,「表現の能力」であった。

そして,T・Fに関する設問の正解数が3問以上で,しかもFの場合の間違っている箇所の指摘が正しければ,「B」と判定した。「B」のなかで,正解数が4問以上で,間違っている箇所の指摘が正しい場合を「A」と判定した。

学力が低い班には,このままの評価規準を適用することでよいが,高い班ではそのハードルを若干高くする必要があろう。たとえば,正解数が5問以上で,間違っている箇所の指摘がすべて正しい場合のみを「A」にするというように,創意くふうを加えるとよい。

個別指導や習熟度別指導での実際の評価のしかたは,別に新しいことを試みるというのではなく,基本的には,これまでの一斉指導での評価のしかたにさまざまな創意くふうを加えればよいだろう。

〈真偽法〉〈訂正法〉

True or False

Class (　　) Name (　　　　　　)

次の文が,本文の内容と一致していれば"T",異なっていれば"F"と記入しなさい。"F"の時は,本文の内容と合うように,間違っている箇所(単語や語句)に下線を引き,その部分を正しく書き直しなさい。

No.	T or F	間違いがあれば,その語句に下線を引き書き直しなさい。
1	F	A bike fell on Ishii Miki <u>in Midori Park</u>. 　　　　　　　　　　　near the station
2	T	Some people want a new parking area for bikes.
3	F	The city <u>made</u> a new parking area for bikes. 　　　　will make
4	F	<u>Everyone is</u> against the city plan. Some people are
5	T	Some people think they should keep the park.
得点	理解の能力　/5	表現の能力　/3

図9-7　理解ならびに表現の能力を評価するための〈客観式テスト〉の〈真偽法〉と〈訂正法〉
　　　　(福岡教育大学附属教育実践総合センター,2003)

9章のまとめ

「具体的な評価の手順」の作成のしかたについて，下図のようにまとめてみました。各学校では，これを参考にして取り組んでみてください。

```
各時限にそれぞれの観点の評価規準を作成
          ↓
各単元にそれぞれの観点の評価規準を作成
          ↓
各学期でそれぞれの観点の評価規準の達成状況の評価
          ↓
観点別学習状況における各観点の評価
          ↓
観点別学習状況の評価結果から総括的な評定値を算出
          ↓
通知表における「学習のようす」への記載
          ↓
指導要録の「各教科の学習の記録」への記載
```

教師みずからの教授活動を評価するには

1．指導している児童生徒から評価してもらう。
2．同じ学校の同僚教師から評価してもらう。
3．同じ学校の管理職から評価してもらう。
4．外部のひとたち（教育研究者や保護者）から評価してもらう。
5．もちろん，自分自身で自己評価することもたいせつ。

推薦図書

『観点別学習状況の新評価基準表』　北尾倫彦（編）　図書文化
　各学年・各教科の「評価規準」における「評価基準」が具体的に掲載され，学校の評価実践研究に役立つ。

『教育における評価の理論Ⅰ・Ⅱ・Ⅲ』　梶田叡一　金子書房
　わが国にブルームの評価理論が紹介された書籍であり，評価理論とともに，さまざまな学校との共同研究の成果が掲載されている。

『教育評価』　続有恒　第一法規
　「教育評価」と「教育評定」についての理論的な解釈がなされており，たいへん有名な書物である。

『自己評価——「自己教育論」を超えて』　安彦忠彦　図書文化
　「自己評価」について教育方法学の視点から理論的な解釈が行なわれた書籍である。

『新・教育評価法総説（上・下）』　橋本重治　金子書房
　わが国における教育評価法の古典的な著書であり，教育評価の基礎的な理論がよく理解できる。

10章
カリキュラムから授業を考える

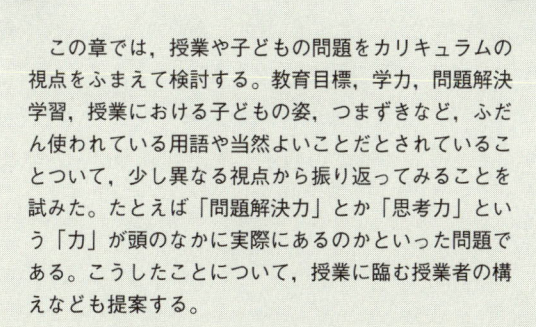

　この章では，授業や子どもの問題をカリキュラムの視点をふまえて検討する。教育目標，学力，問題解決学習，授業における子どもの姿，つまずきなど，ふだん使われている用語や当然よいことだとされていることについて，少し異なる視点から振り返ってみることを試みた。たとえば「問題解決力」とか「思考力」という「力」が頭のなかに実際にあるのかといった問題である。こうしたことについて，授業に臨む授業者の構えなども提案する。

1節 カリキュラムの構成要素とその検討

　カリキュラムとは「教育目標を達成するために学校において用意される経験の総体である」といわれる。それは，教育目標，教育活動の領域，教育内容，教材，さらには実際の授業で子どもにどういう経験を与えるか，どういう活動をさせるか，教師の指導や役割のくふう，評価のしかたまでも含む。その学校や教師たちが，子どもたちにどのような力をつけさせたいかという願いをもとに，教育目標を設定し，その目標を達成するために，そうしたさまざまな要素を組み合わせ，プランをたてることがカリキュラムの編成である。子どもは与えられた経験・活動をとおして学習する。実際，子どもの活動がちがえば，そこで子どもたちが達成するものもちがってくる。筆者は以前，教育内容概念と目標概念を分けて議論する必要性を指摘したことがある（小泉，1997）。授業を考えるとき，カリキュラム全体の視点から考えてみることも必要であろう。この節では，カリキュラムの要素のいくつかを取り上げ，少し視点を変えて検討してみたい。

1 ── 教育内容と教材

　まず初めに，教育内容と教材の概念を簡単に確認しておこう。教育内容は「○○を理解する」というときの，「○○」にあたる部分ということができる。たとえば，「金属は電気をとおす」「モノはみな，固体，液体，気体というように，三態変化する」「三角形は，3本の直線で囲まれた図形であり，3つの角がある」「平行四辺形の相対する辺は平行である」などは教育内容にあたる。ただし，ここで，「金属の性質」「平行四辺形の性質」という表現では本来は不正確である。なぜなら，金属の性質にはほかにも，金属光沢や延性・展性があるし，さらに言えばなぜ電気を通すのかということまで含むこともあり得るからである。「金属の性質」というだけでは，どれを取り上げるのかはわからな

い。極端なことをいうと教師がその性質を理解していなくても、「金属の性質」とは書けるが、「金属の性質は……」と表そうとしたら、「……」の部分を具体的に把握しておかなければならないことになる。

　三態変化を学習するときに使う材料は教材ということになる。どんな材料を使うか——水だけにするか、アルコール、パラゾール、あるいは、水銀なども使うか——というような検討は「教材の検討」ということになる。

2 ── 教育目標　学力論を基に考える

　ある教育内容を理解するといっても、その内容をどのくらい深く理解するか、どういうレベルで理解するかにより、同じ内容でも達成の程度はちがう。ここで学習者の達成のレベルは目標論の問題になる。達成されたときどのような行動や認知的な処理ができるようになったのかに関わることである。ここでは、学力論の論議を基にして、教育目標について考えてみよう。

　教育目標については、教育の議論のなかで「思考力とか態度、問題解決能力や○○力を育てる」というようなことがいわれる。ところで、そうした「……力」「……力」というものが実際に人の頭のなかにあるのかどうかについては議論のあるところである。一度、問題解決「力」を学習させれば、いろいろなことについても問題解決していけるのだろうか。一般的な「力」が頭のなかにあると考える学力論はそうしたことを想定しているわけである。そして、授業としては、「課題設定」「仮説の検討」「解決方法の検討」「実験・調査」「結果のまとめ」というようなプロセスが設定される。こうした方法を身につけることが問題解決の「力」を身につけることだと考える。しかし、こうした「方法」を身につければ本当にいろいろな問題を解決できるのだろうか。物理学者が物理の分野で問題解決ができたからといって、歴史学でも問題解決力を働かせて優れた成果をあげられると考えてよいのだろうか。

　一方、逆に知識だけを身につければよいということになるのだろうか。これについても検討する必要があろう。

　佐伯は、学力は一般的な「力」としては存在しないと、やや刺激的な言い方で論じている。

子どものなかにあるものは，さまざまな知識や技能について，「知っている」「わかっている」「できる」というような知的性向（intellectual disposition）である。それはすべて，「かくかくしかじかのことを知っている」「これこれのことがわかっている」「あれこれのことができる」というように個別化されているのであって，「理解力」とか「認知能力」というような一般化された「力」ではないだろう。(中略)何かしら「わかることができる」というような別個の能力が付与されているわけではない。

さらに，

　子どもの知的性向がいかなるものか，また，それがいかに獲得形成されるかについて，一般論ではなく，「かくかくしかじかを知っている」「かくかくしかじかがわかっている」「かくかくしかじかのことをできる」ということの内容にそって明らかにしなければならないのである（佐伯，1982）

と述べる。
　一方で，佐伯は一般的な力の傾向をまったく否定するわけではなく，次のように述べる。

　「教えたいこと」を，教育内容とよぶならば，そこには必ず知識の転移的側面，生成的側面を含んでいるはずである。……その認識能力を「わかろうとする力」などという言葉で表すのは不適切にしても，「教えられたこと以上のことを自らわかる」認識様式を含むのである。ただし，このような認識様式は「わかる力」とか，内容と独立の「能力」とか，知識とは別の「態度」というものではなく，教育内容に即した認識様式であり，「知っていること」の内容である（佐伯，1982）。

　つまり，理解「力」という一般的な「力」が頭のなかにあるのではなく，「具体的な〇〇がわかる，できる」ということなのだというのである。そのうえで，その「わかる，できる」は「具体的な〇〇」という個々の内容に則しつつも，その〇〇の内容が転移して応用可能なような状態で獲得されることが必要だということである。知識は必要であるが，転移して応用可能なように知識を獲得するということである。学習の過程についていえば，具体的な「知る」

「わかる」「できる」ことの中身の学習の過程に即し、かつ、応用可能なような状態で獲得されるための学習の過程がどのようなものであるのかを明らかにしなければならないというわけである。

最近「リテラシー」という概念が注目されている。表10-1に示すように、そこでは、知識とプロセスの組み合わせ、知識の応用的・機能的な側面が重視されている。

ここで、「花と実」という仮説実験授業の授業書を参考にした事例に即して考えてみよう。

「アサガオ、タンポポ、ユリなどに花がさくだろうか？」という問いに対して、たいていの人は花が咲くと認めることはできる。あるいは、「花の種類をあげてください」と聞くと、多くの人はそうした花の名前をあげるだろう。

そこで、「キャベツに花はさくでしょうか。」と問うと「咲かないのでは」とか「わからない」という答えが出てくる。ここでは、「花は子孫をつくるため

表 10-1　PISA調査にみるリテラシー概念

> 国際学習到達度調査（Programme for International Student Assessment；PISA）において「リテラシー」という概念が提起された。この調査はエポックメーキングな問題提起と考えられている。32か国の15歳の生徒（日本は高校1年生）を対象として、読解力、数学、理科についてなされた（渡辺、2000；国立教育政策研究所、2002、2004）。
> 　ここで注目したいのは、調査の考え方である。
> 　この調査では、評価の対象をそれぞれの分野の「リテラシー」としている。リテラシーの調査問題を開発する側面として、次の3つの側面をあげている。
> ・生徒が各分野で習得する必要がある知識の「内容」あるいは「構成」
> ・実行する必要があり、さまざまな認知的技能（cognitive skills）が求められる、幅広い「プロセス」
> ・知識・技能の応用やそれが必要とされる「状況」あるいは「文脈」
> 　また、科学的リテラシーを例として：
>
> > 科学的リテラシーとは、自然界および、人間の活動により自然界で起きる変化について理解し意志決定するために、科学的知識を使用し、疑問を明確にし、証拠に基づく結論を引き出す能力である。科学的リテラシーにおいては、科学に関する知識という意味での科学的知識（scientific knowledge）と、その知識を発展させるプロセスの両方が重要であるが、それだけでなく、この用語の意味では、これらが結びつけられていることも強調すべきであるということで、科学的リテラシーという用語を用いることとした。……科学的プロセスを用いることは、必然的に何らかの科学的な事象を理解することである。ここで採用されている科学的リテラシーとはこのように、世界の科学的側面を考える方法と、それを理解する方法（知識とプロセス）との組み合わせだと認識されている。

にある」「種が子孫である——種をまけば，また芽が出てくる」「花が咲いた所に種ができる」という知識がたいせつである。そうした知識を獲得していれば，白菜も種がなければ芽がでないから「花はさくはずだ」という「判断」や「予想」が可能になる。さらに「パイナップルに花が咲くだろうか」と聞けば，「咲くはずだ」と答えられるだろう。そこで「どんな花だろう」，「どこに咲くのだろう」（花の咲いた後にできるはずだ），「種はどれだろう」（種を探せば，花の咲く場所がわかるはずだ）というような判断や予想が生まれる。そうした判断や予想ができることがまさに「考える（思考）」ことにほかならない。しかし，一般的な「判断力」や「思考力」という「力」を想定するということではない。アンダーラインで示したような知識に基づいて，そうした疑問を生み出すことがまさに「考える（思考）」ことにほかならない。「思考力」という「力」があるのではなく，花の知識に基づいて考えるのである。ただし，アンダーラインの内容をたんに憶えさせただけでは，いろいろなことについて「判断」も「予想」もできないだろう。その知識を実際にいろいろな場面で使って「判断」させたり「予想」させたりしながら学習することによってこそ，転移して応用可能な状態で知識が獲得されると考えられるのである。花に関して「判断」や「思考」として使える知識が獲得されるともいえる。

　麻柄らは，興味・関心についても，「エンターテインメント（娯楽）」と「インタレスト」を区別して，内容のある知識に基づく「インタレスト」のたいせつさを強調している（授業を考える教育心理学者の会，1999）。

3 —— 学習活動

　最近「活動理論」が注目されている（Engeström, 1987）。図10-1において，道具とは，ものをつくるときに使われる道具というより，もっと広い意味をもっている。たとえば，子どもが学習するときには，教材を使う。仮説を確かめようとして実験をするとすればさまざまな実験道具を使う。さらにそうした，目に見える「モノ」ばかりとは限らない。いままでもっている知識や経験も使う。また，当然，言葉を使って考える。ここでいう道具とは，学習対象と関わるとき子どもが使うものや知識・言葉などの総称といえよう。さらに活動理論

では，かかわりはひとりで行なわれるのではなく，他人とのかかわりのなかで行なわれるという点も強調する。仮にひとりで行なったとしても，授業そのものは，学校のカリキュラムの一環として行なわれているのであり，社会的文脈のなかでの営みにほかならない。

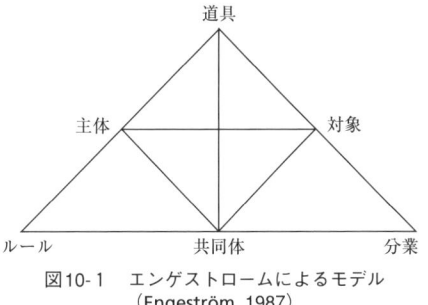

図10-1　エンゲストロームによるモデル
（Engeström, 1987）

活動理論によれば，「こうした活動によって，知的能力（academic competence）や社会的能力（social competence）を獲得していく」（松下，2003）わけである。

別の観点から，佐藤学の言を紹介しよう。佐藤は「学び」という言葉を使用し，「これまで外から操作対象として認識されてきた『学習』を，学び手の内側に広がる活動世界として理解する方途を探索する（中略）教師は，教室において『学習』を操作し統制することはできても，子どもの『学び』については，触発し援助できても操作し統制することはできない。『学び』は，子ども一人ひとりが内側で構成する個性的で個別的な『意味の経験』にほかならないからである」（佐藤，1995）と述べる。「学びにおける第一の対話的実践は，対象との対話である。この実践は，（中略）教育内容の概念や法則や構造を，子どもたちは，具体的な対象の観察や実験や操作を遂行し，一般化された概念やシンボルを導入し活用しながら，対象の意味の世界を構成し，構造化し，統制する関係を構築している」（佐藤，1995）。

このことから次の点を読み取ることができよう。学習するのは子ども自身であるということである。教師が教えた内容がそのままコピーのように伝達されるのではない。学習そのものは，それぞれの子どもが環境（物的環境，人的環境を含む）との相互交渉，すなわち，ものや人と関わる「活動」をとおして，環境から受けるさまざまな刺激や情報，はたらきかけを，自分のなかで構成していくものである。学習活動が異なれば達成されることも異なってくるということになる。

学習活動に着目することによって，授業設計において，子どもにどんな学び

をさせたいか，そのためにどんな活動をさせるかという方向で考えることになる。教師の役割は，子どもが関わったり活動したりする際に必要な対象となるもの（教材）を用意するとともに，そのかかわり方を方向づけることである。また，そのなかで他の人とのかかわりのなかでの学びを組織することである。

一方，学習は子ども自身が行なうものであるということは，教師の指導性を否定することを意味するものではない。子どもの学びにおける学習活動の意義は，学びがどのような性質の活動であるかを論じているのであって，子ども中心とか教師中心とかの議論とは別の次元の問題だということである。教師がなんらかの形で学びに関わることはいうまでもない。

2節 開かれた学びと学習環境

実践事例10-1

まず，授業の事例を示そう。6年生の「じゃがいも」の授業である。「じゃがいものでんぷんはどこからきたのだろう」という問題に対して，子どもから出てきた考えとして，次の三つがあげられた。
- 根からでんぷんがきた。
- たねいものでんぷんからきた。
- 葉からでんぷんがきた。

それぞれの考えによってグループをつくり自分たちの考えを確かめる実験を行なった。「根からきた」というグループは根を洗い，根を切って切り口にヨウ素液をつけてでんぷんの有無を確かめようとした。たねいもグループはたねいものヨウ素でんぷん反応をみようとした。葉のグループは葉をアルコールで煮て葉緑素を溶かし出してからヨウ素液をつけてでんぷんの有無を確かめようとしていた。

子どもに自分なりに考えさせ，その考えを自分たちで確かめさせていこうとする先生の姿勢がよく伝わってくる授業だといえるだろう。

　そうしたことを認めたうえでのことであるが，ここでひとつ疑問がわいてくる。葉のグループはなぜ初めに葉っぱをアルコールで煮ることを知っているのだろう。葉のヨウ素でんぷん反応を見えやすくするために葉緑素をアルコールで溶かすというようなことは普通には考えられないことなのではないか。不自然だと言えなくもない。もし思いつくことが困難なことだとしたら子どもは考えたというより，どこかでその知識を仕入れてきたと考えられる。そうすると葉からでんぷんがくるというのは考えたからというよりは，教科書か何か他の参考書を見てすでに知っていた，実験はその知ったことを確かめるためのものだったという解釈も成り立つ。もし知っていたのだとしたら，「問題解決」ということにはならないだろう。こうした例は結構多くみられるのではないだろうか。大科学者が発見したことをどこの教室でも発見するというようなことが想定されていたりする。

　日本の教師は，教え込みが多いので，もっと問題解決学習を進める必要があると言われる。しかし，図10-2に示すように，第3回国際数学・理科教育調査の際に実施された，ビデオによる授業の研究の結果によれば，日本の教師は生徒の意見を取り入れながら授業を進めている。たいていの人は真ん中が日本

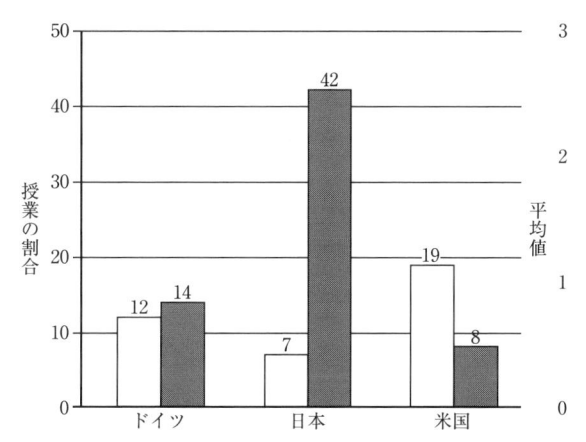

中学2年生の数学の授業の比較結果（Stigler & Hiebert, 2002）
図10-2　生徒提示の別解を含む授業の百分率（白は教師提示，黒は生徒提示）

の結果だとは思わない。むしろ，どのような問題解決学習がなされているかを検討することが必要である。

　授業の計画にあたって，私はかつて次のように考えてみようと提案したことがある。(小泉，1987，1997)

　　「何も知らないとしたら」と考えてみる。
　　「すでに知っているのでは」と考えてみる。
　　「本当に知っているのか」と考えてみる。

　先の例で「何も知らないとしたら」と考えてみた場合，葉をアルコールで煮るというのはいかにも不自然な活動になる。

　それを今度は逆発想で考えてみたらどうだろうか。

　「すでに知っているのでは」と考えてみたらどうだろう。

　もし知っているならば，実際には考えさせているのではなくて，知識として知っていることを答えさせているということになる。知識として知っているということを前提にして，考えてみると，授業計画は変わってくるだろう。

　そこで次に「本当に知っているのか」と考えてみよう。でんぷんが葉でつくられるということをどの程度知っているのだろうか。むしろたんに言葉のうえでだけ知っているのではないか。

　たとえば次のような疑問についてはどうだろうか。

　・茎も緑だが，茎ではでんぷんはできないのだろうか。
　・電灯や蛍光灯の光でも光合成をするのだろうか。
　・1日のうちで何時頃から何時頃までにでんぷんができるのだろう。
　・曇っている日もでんぷんはできるのだろうか。
　・日陰のところではでんぷんはできるだろうか。
　・緑色のピーマンの実のところでもでんぷんはできるのだろうか等々。

　このように考えてくると，光合成だけでなく，光の性質にまで問題は広がってくる。——たとえば，直射日光でないと光がないと考える。

　こうしたことになると教師でも知っているとは限らない。教科書にかかれていること，あるいは言葉のうえで知ったことを基にして，このようなさまざまな問題を考えること，そしてそれをなんとかくふうして確かめてみることがあってよいのではないだろうか。

結論が教科書に書いてあることを"問題解決"をとおして学習するよりは，教科書にある知識を「本当にそうか」と確かめたり，そこから生まれる疑問を解決したりするほうが，真の問題解決となるのではないだろうか。

　上記で示した子どもの姿は表10-2のようにまとめることができる。従来，学習者論としては，「誤概念」の視点から考えることが多かったが，これは少し違った視点からの子どもの姿といえよう。

表　10-2　子どもの姿

> 子どもの姿
> ・学習することを，既に学習前に知っている子どもがいる。
> ・ただし，既に知っていることは，言葉の上や手続きだけの知識であったり，一面的であったりする。
> ・状況がかわったり，別の事例のことになったりする場合は正しく判断できるとは限らない。
> ・一方で，全く知らない子どももいる。
> ・現実には，授業でこうした子どもが混在している。

1 ── 「学びを開く」ということ

　ここでは，上記で示したことに関連して，他の論に触れながら「学びを開く」ということについて考えてみよう。

　市川は「今の学校で，授業がわからない，つまらないというとき，そこには2つのタイプがある」と述べ，次のように指摘する。

> 　1つは，伝統的な日本の詰め込み教育。子どもの興味・関心や理解度を無視して先生がどんどん知識を教え込んでいき，これが勉強嫌いをつくっている。しかし，小学校で「新しい学力観」のころからみられるようになったのは，逆に，先生がしっかり教えないという授業です。例えば，ほとんど基本的な知識をもっていない状態で，「自分で考えましょう」とか，「みんなで考えてみましょう」といって，いろいろな意見を出させる。詰め込みになってはいけないという理由で，先生は説明をほとんどしない。すると，子どもは，この時間でいったい，何が身についたのか，どんな新しいことがわかったのか，実感をもてないまま進んでいきます。これが新タイプのわからない授業です（市川，2004）。

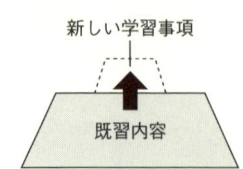

図10-3　「教えずに考えさせる授業」とその流れ
　　　　　（市川，2004）

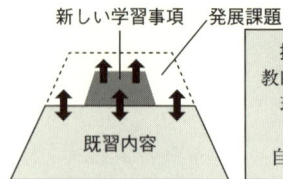

図10-4　教えて考えさせる授業
　　　　　（市川，2004）

　新タイプのわからない授業に対して，市川は「教えずに考えさせる授業」から「教えて考えさせる授業」へという提案をして，図10-3，10-4を示している。（市川，2004）

　図10-3については，新しい学習内容について「初めに問題提示があり，「自分で考えてみましょう」，あるいは「みんなで考えていきましょう」となる。ところが，子どものなかには，すでに新しい学習内容についてついて知っている子どもがいる（市川はそれを「先取り学習」と述べている）。そのような子どもにとっては，考えてみようといっても考えて問題解決をしたことにはならない。一方，自分で考えてみましょうといわれても，考えられない子，考えてもわからない子もいる。最初からあきらめてしまう子もいる。そういう子どもにとっても問題解決にはなっていない。

　そうしたことを踏まえて，図10-4では，新しい学習内容に関わる導入部分や基本的な部分（既習内容の上の黒い部分）を教師からきちんと教える。そのうえで，そうした基礎の理解に基づいて，発展課題に取り組む。ただし，問題解決学習を軽視しているのではない。「問題解決場面を（中略）単元の最初に入れるのではなくて，むしろ基礎的な部分の内容の説明をして，それを理解させてから問題解決にもっていく」（市川，2004）と述べる。

　佐伯は，「開かれた結果主義」という論文で次のように述べている。

　　あらかじめ設定された結果，すなわち，『言葉』『手続き』に収束させるのではなく，多様なことば，多様な手つづきの試みをうながし，それらがすべて同一の真理をめぐる多様なとらえ方であることを容認するような結果主義——すなわち，開かれた結果主義——へと発想を転換するのである。子どもたちひとりひとりが，自分のことばで言い直し，自分なりの工夫による手続き，教えられたもの以外の手続きを自分で発見させ，それらがやはりそれなりに意味のあ

ることだと評価してあげるのである。学習の『おさえ』を定式化するのでなく，学習の最終段階を開かれたものにし，ほんのわずかでもよいから，どこか『教えられていないこと』『自分がひとりで工夫したこと』『自分の身近な体験と結びつくところ』を明らかにし，もっともっと深められることに気づいた状態にしておこう，……（佐伯，1993）

　従来の授業は，概念やルールを言葉として引き出した所で終了する。結論は教科書に書いてある。その結論を言語的に定式化するだけでなく，むしろ本当の理解はそれから始まると考えることもできる。
　「新しい学力観」で唱えられた「関心・意欲・態度」も，このように学びを開く「関心・意欲・態度」として位置づけることが重要である（小泉，1994）。

2 ── 学びを開く多様な活動を考える

（1）吟味する活動
　1＋1＝2は，ほとんどだれも自明のことと考えているだろう。また，ここで子どもがつまずくということもあまり考えないだろう。ところで，リンゴ1つとミカン1つは本当に2つといえるのかどうかという疑問が生まれる。言えるとしたらどのように説明するか，言えないとしたらその場合もどう説明できるのか，こうした問題は，自分なりに考えてみてもよい問題といえないだろうか。また，この場合，ただ1つの正解があるとは限らない。むしろ，一人ひとりの説明があり得るし，あってよいのである。その方が一人ひとりの考えをたいせつにするという点でも理にかなうといえよう。

（2）鑑賞する活動
　バードウォッチングをしている学校があった。林のなかを教師と子どもが肩を並べていっしょに歩いて鑑賞していた。従来，教師と子どもの関係は一般的には，対面して教師が子どもに何か教えるという関係であった。それだけでなく，ともに楽しむということがもっとあってよい。そうした教師の姿からも子どもは何がおもしろいのか，何が価値があるのかということを学んでいくので

ある。さらに子どもがいろいろなことを楽しむということも必要である。本を読む、学んでいることに関してテレビなどをみて楽しむというような活動がもっとあってよい。

（3）「情報コーナー・タイム，お知らせコーナー・タイム」

教室に，学んでいる（学んだ）ことに関わる「情報コーナー，お知らせコーナー」などを設けたり，お知らせタイムなどを設けてお互いに紹介しあったりすることも考えられる。「新聞や雑誌の記事」などを切り抜いて展示するコーナーを設ける。テレビで観たことを紹介する。そうしたニュースは日々，さまざまな分野に亘って入手することは容易である。たんにお互いに紹介し合うだけの活動であるので，実行しやすいといってよいだろう。

（4）長期断続的な活動

答えをその時間のなかで求めるのではなく，1週間，1か月考えて，何か糸口が思いついたら検討するというような活動があってもよいように思う。実際，本当にむずかしい問題や本当に考える価値のある問題を解決するときにはそのようにあれこれ考えるものである。

先ほどの「1 + 1 = 2」の問題を例として考えよう。これは，1時間のなかで考えを出したり，まとめたりすることは，必ずしも必要ではない。

3 ── 学びの文化としての学習環境

以上のような活動が生まれ持続するためには，そうした開かれた学びが，個人の問題ではなく，学びの環境における文化の問題としてとらえられることが重要である。エンゲストロームの活動モデルによっても，学習は，個人の問題ではなく，共同体とかかわりをもちつつ，かつ，一定のルールの下に行なわれる営みであるということであった。

よく知られていることであるが，国際的な調査において，日本の生徒はテストの点数は高いが，「数学や理科が好き」「数学や理科は生活でたいせつ」「将来数学や科学を使う仕事がしたい」とする生徒の割合は国際的にみてかなり低

く，数学や科学への興味，価値や有用性への評価がたいへん低い。（国立教育政策研究所，2001；国立教育研究所，1997）科学や数学を学ぶことに価値をおいてないということである。そうした学びを尊重する文化が根づいていないということでもあろう。活動理論に照らしてみれば，このことは，個人個人のことではなく，共同体の文化の問題ととらえることが必要である。集団やクラスのなかで，どのような価値を共有するかがたいせつなこととなる。

「1＋1＝2」の根拠をいろいろ考えたり，他人の説明に耳を傾けて聴こうとしたりする雰囲気（文化）があるかどうか，学んでいることに関わるニュースを「おもしろい，価値がある」と共有する文化があるかどうかが重要である。

「環境設定者，ともに楽しむ人」としての教師の役割が必要となる。「情報コーナー・タイム，お知らせコーナー・タイム」のように環境を設定することとともに，ともに楽しむこと自体が，学びの文化・環境をつくることになる。

中村は「生命誌研究館」（大阪府高槻市）開館の趣旨として「科学はどういうわけか社会のなかに文化として存在していません。科学も音楽，絵画，文学，スポーツなどと同じでありたいのです。知る楽しみ，美しいものを感じる喜びを（中略）日常の一部にしていただければ」（中村，1999）と述べている。研究所でなく，「研究館」としたのも，美術館や音楽館のように文化として楽しんでもらいたいという願いが込められている。最近では，博物館など社会教育的な施設もさまざまくふうがなされてきている。こうした施設も学びを開くために利用する目をもちたい。

3節 個への着目からの授業改善

1 ── 学習相談とは

学習相談は，市川が認知カウンセリングとして始めたものである（用語としては，学習相談，認知カウンセリング，学習カウンセリングなどがあるが，ここでは通常「学習相談」を使う）。

本節では，市川に依ってその概略を述べていく。認知カウンセリングは「認知的な問題をかかえているクライエント（主として「何々がわからなくて困っている」という人）に対して，個人的な面接を通じて原因を探り，解決のための援助を与えるもの」である。「認知カウンセリングでは，学習者が『わからない』といってもち込んでくる個々のテーマについての学習を援助することはもちろん大切ですが，それを通じて，『わかると楽しいものだ』という動機づけの側面や，『自分はこんなところがわかっていなかったんだ』『このように学習すればよいのか』というようなメタ認知の側面を促すことが重要」（市川，1997）であり，「保健室の学習版としての学習相談室」（市川，1998）と位置づけられていいのではと指摘する。認知カウンセリングは学習における「メタ認知」の側面に着目し，適切な学習観や学習のしかたの獲得を重視する。

　学習のつまずきには，2種類のつまずきがある。1つは，「誤概念」「ru（バーをつけてルバーと読む）」といわれるもので，学習内容に関わるつまずきである。「100度以上の水蒸気はない」「100度以下の水蒸気はない」「分数で帯分数を仮分数に直すとき，くりさがりとして，数字をそのまま分子の位につけてしまう」等々。通常，つまずきというとこちらのほうが問題にされる。

　一方，学習相談では，そうした「誤概念」とともに，学習のしかたの不適切さに起因する学習のつまずきにも着目する。この種のつまずきは従来あまり着目されることは少なかった。しかし，学習者の自立のためには大事なことであり，ここに着目したのが「学習相談」の大きな特徴といえよう。

　学習相談は，カウンセリングマインドがあればできるというものではない。子どものつまずきとその要因やふだんの学習方法の把握，「理解の過程」についての深い理解，教材研究，指導過程，さらにできないことへの共感など，多くのことについての理論や事例を踏まえて行なう総合的な実践である。

　市川は学習相談（認知カウンセリング）で「メタ認知」をうながす手だてとして，「自己説明」と「教訓帰納」をあげている（市川，1998）。

　自己説明については次のような説明をたいせつにする。

　　概念の説明：一般的な定義や法則とその事例や反例をあげる
　　理由や事実の間の因果関係の説明
　　解答のプロセスの自己説明：どのようにして答えを出したのか

教訓帰納（lesson induction）とは，「なぜ，初めはうまく解けなかったのか」「自分はこの問題から何を学んだのか」という教訓を一般的な形で引き出し，次の解決に備えようとする。

　市川は，「『カウンセラーが説明している時間よりも，学習者が説明している時間のほうが長い』というふうになってくれば，認知カウンセリングとして本物」だという。（市川，1997）

　［実践事例10-2］は，ある小学校で「相談がある人（5年生）は図書室に来るように」と伝えて，学生が学習相談として実施した例である（小泉，2002）。

実践事例10-2

　相談内容は「平行四辺形がうまく書けない」というものである。アンダーラインを引いてある箇所では，子どもに「自己説明」や「自己診断」を求めているようすがよくみえる。
Coはカウンセラー（学生）Clはクライエント（子ども）である（小泉，2002）。
Co「平行四辺形が書けないの？　じゃあ，まずは，<u>平行四辺形ってどういう性質をもっているかわかるかな？</u>」
Cl「うーん？」
Co「わからない？　性質っていうからわからないのかな？　それじゃあ，<u>どういう形を平行四辺形っていうのかな？</u>」
Cl「二辺が平行で……」
Co「それでいいのかな？」
Cl「……」（教科書を広げる）
　平行四辺形の性質
　　1．向かい合う2組の辺はそれぞれ平行
　　2．向かい合う2組の辺の長さはそれぞれ等しい
　　3．向かい合う2組の角の大きさはそれぞれ等しい
Co「ここを見てごらん。ここに平行四辺形の性質が書いてあるよね。このことなんだけどわかるかな？」
Cl「あー，これか！　わかります。」
Co「じゃあ，<u>説明してくれるかな？</u>」
Cl（教科書に書いてある平行四辺形の図を使いながら説明する）

Co「そのとおりだよ。じゃあ、今度は実際に平行四辺形を書いてみようか。」
　（教科書にある例題をやってもらう→どうしてもズレてしまう）
Co「どうしてズレちゃうのかな？」
Cl「直線がうまく引けない。あと、目印を大きくつけてしまうので、位置がズレてしまう。ちょっとおおざっぱなのかな。」
Co「そうかもしれないね。じゃあ、ゆっくりでいいから、もっとていねいに書いてみようか。そのときに、さっきの平行四辺形の性質を思い出しながら書いてごらん」（平行四辺形の性質を口にしながら書く。うまく書くことができた）。

　学習相談は、基本的には個人指導という形になるが、この考え方や技法は、ふだんの授業のなかでも、活かすことは十分可能であろう。以下にあげるような発問や指示のくふうなどは、教師が日頃実践のなかで行なっているかもしれないが、それを自覚的にとらえ直すことが必要といえる。

・自分の言葉で、わかったこと、わからなかったことをノートにまとめさせる。
・学習のポイントカードを作成する。
・友だちどうしで説明する。
・どのように考えてその答えを出したのかを聞く。
・どんな勉強のしかたをしているの？
　　学習のしかたを話し合う
　　よいアイディアから学ぶ
・蛍光ペンで大事な所にマークをつける。
・できた問題よりまちがった問題をやってみることをたいせつにする。
・わからない所に印をつけながら教科書を読む。
・わからないときは先生に聞いてみる。

2 ── カリキュラムの視点から　多様な時間のもち方

　学校で学習相談をというと，40人についてできるはずがないという声がすぐ出てくるように思う。しかし，カリキュラムの発想を活かして考えるといろいろなやり方がありうる。

　ここでは，1時間のなかでできること，1日，1週間，1か月，1学期のなかでできること，1年間のなかでできること，というように多様な周期のなかで活動を考える観点について検討しよう。学習について「質問したり相談したりする時間」の設定を考えてみよう。この場合も多様な時間の取り方が考えられる。1時間の終わりの10分間に今日わからなかったことについて質問を受けてそれについて相談する。10分間を自分で学習する時間に当てて，その間に先生が机間巡視をして，わからなかった生徒に対応する。もちろん毎時間やる必要はない。1日のうちのどこかで，教科にかかわらず少し時間をとる。1週間に一度そういう時間をとる，1週間に一度だったら少し余分に時間をとるというように1週間のなかで柔軟に考えることもできる。あるいは，学期の途中の特定の期間に（たとえば，学期のはじまりに勉強のしかたなどについて学習相談期間を設ける，あるいは期末テストの前に復習期間として設けるなど）というような設定もあり得る。こうした活動をとおして「わからないときは，人に聞いてみる」ことができるようになれば，これも学習相談の大事な成果である。また，質問したり相談したりするときは，自分のわからないことをふり返ること＝自己評価を行なうことになる。

　また，時には時間をとって，先に示したような学習のしかたやくふうをまとめて話し合うという活動がなされてもよい。

　学習相談は，学習の自立（自己教育力），学力保証，教師の力量形成などの面からも，これからのカリキュラムや授業改善の課題になりうる。また，学校支援事業として，放課後チューターやティーチングアシスタントなどの活動が始まっており，そうした活動に参加する人にとっても必要とされることとなろう。

10章のまとめ

- 目標や学力，子どもの理解が異なれば，授業のねらいもあり方も異なってくる。
- 教育目標や学力を考えるとき，一般的な「力」，たとえば，理解「力」という一般的な「力」ではなく，具体的に「どういうことがわかる，できる」ことなのか，そのためにどのようなはたらきかけをするのかを考える。
- 授業に臨んで，子どもは学習することをすでに知っていることが少なくない。ただし，その知識は言葉だけの知識で，いろいろな判断には使えない限定されたものである。一方で，まったく知らない子どももいる。
- 教科書に書いてある知識を問題解決で発見させるのでなく，その知識を確認したうえで新たな問題にチャレンジするような授業を構想してみる。
- 「学びを開く活動」をお互いに楽しみ，交流し合おうとする環境，学びの文化があることがたいせつである。
- 授業の計画に際して，次のように考えてみてはどうだろうか。
「何も知らないとしたら」「すでに知っているのでは」「本当に知っているのか」と考えてみる。
- 学習の相談ができる環境——時間や場，教師の役割など——を設定することが求められる。

推薦図書

『生きるための知識と技能—OECD生徒の学習到達度調査（PISA）2003年調査報告書』　国立教育政策研究所（編）　ぎょうせい出版
　カリキュラムや評価について，リテラシー概念を提起し，世界的に大きな問題提起となっている。また，日本の生徒の学力低下に関しても話題になった。

『学びへの誘い—シリーズ学びと文化①』　佐伯胖，佐藤学（編）　東京大学出版会
　「学び」を，文化的実践への参加，対話という概念で鋭く考察している。学びや授業を根本にもどって考えるのに役立つ。

『学ぶ意欲とスキルを育てる』　市川伸一　小学館
　具体的な学習や授業の問題について，教育や子どもの現実をふまえつつ，認知心理学の理論に基づき，着実な提言が述べられている。

引用文献

▼ 1章

Berkowitz, M. W., & Gibbs, J. C. 1983 Measuring the developmental features of moral discussion. *Merrill-Palmer Quarterly*, **29**, 399-410.
Berkowitz, M. W., Oser, F., & Althof,W. 1987 The development of sociomoral discourse. In W. Kurtines & J. Gewirtz (Eds.), *Moral development through social interaction*, New York : J.Wiley & Sons, pp.322-352.
Brown, A. L. 1992 Design experiments:Theoretical and Methodological challenges in evaluating complex interventions in classroom setting. *The Journal of the Learning Science*, **2**, 141-178.
Brown, A. L. 1997 Transforming schools into communities of thinking and learning about serious matters. *American Psychologist*, **52**, 399-413.
Brown, J. S., Collins, A., & Duguid, P. 1989 Situated cognition and the culture of learning. *Educational Researcher*, **18**(1), 32-42.
Cole, M., & Engeström, Y. A. 1993 Cultural-historical approach to distributed cognition. In G.Salomon (Ed.), *Distributed cognitions : Psychological and educational considerations*. Cambridge : Cambridge University Press.
福岡敏行・植田千賀子　1992　概念地図作りの学習効果に対する一考察――ペーパーテスト法による有効性の確認　日本理科教育学会研究紀要, **33**, 1-8.
海保博之・加藤　隆（編著）1999　認知研究の技法　福村出版
丸野俊一　1987　社会的相互交渉モデルに関する理論的考察　九州大学教育学部紀要（教育心理学部門）, **32**, 42-64.
丸野俊一　1991　社会的相互交渉による手続き的知識の改善と"自己―他者"視点の分化・獲得　発達心理学研究, **1**, 116-127.
丸野俊一　1994　子ども同士の相互作用による知識獲得に関する最近の動向　九州大学教育学部紀要（教育心理学部門）, **39**, 25-37.
皆川　順　1997　理科の概念学習における概念地図完成法の効果に関する研究　教育心理学研究, **45**, 98-107.
森田祐介・榊原雄太郎　1996　学習者の作成したコンセプトマップの変容と授業過程の関わりについての一考察　科学教育研究, **19**, 86-93.
Novak, J. D., & Gowin, D, B. 1984 *Learning How to Learn*. Cambridge : Cambridge University Press.
大村彰道（編著）2000　教育心理学研究の技法　福村出版
大貫麻美・福岡敏行・井上典子　2002　視点移動による概念の再構築に関する事例研究――生き物が生きていく環境における「自分」概念と「ネコ」概念　学校教育研究論集, **127**-139.
大島　純・丸野俊一　2001　共同学習から協調学習へ：その学習効果の検討とCSCLシステムの役割　静岡大学教育学部付属教育実践総合センター紀要, **7**, 77-91.
Orsolini, M. 1993 Drafts do not shoot : An analysis of children's justifications. *Cognition and Instruction*, **11**, 281-297.
Pontecorvo, C., & Girardet, H. 1993 Arguing and reasoning in understanding historical topics. *Cognition and Instruction*, **11**, 365-395.
Strauss, A., & Corbin, J. 1990 *Basics of qualitative research : grounded theory procedures and technique*. London : Sage.
高垣マユミ　2004a　理科授業の協同学習における発話事例の解釈的分析　教育心理学研究, **52**
高垣マユミ　2004b　大学生はいかに力のプリコンセプションを変容させるか　発達心理学研究, **15**, 217-229.

▼ 2章

Anderson, C. W., & Smith, E. L. 1983 Children's preconceptions and content-area textbooks. In G. Duffy, L. Roehler & J. Mason (Eds.), *Comprehension instruction : Perspectives and suggestions*. New York : Longman Inc.
Champagne, A. B., Klopfer, L. E., & Anderson, J. H. 1980 Factors influencing the learning of classical mechanics. *American Journal of Physics*, **48**, 1074-1079.
Charles, R. N. 1991 A strategy for disccovering the formulas for finding the area of polygons. *School Science and Mathematics*, **91**, 362-366.
Clement, J. 1987 The Use of analogies and anchoring intuitions to remediate misconceptions in mechanics. Paper presented at annual meeting of the AERA.
Clement, J. 1988 Observed methods for generating analogies in scientific problem solving. *Cognitive Science*, **12**, 563-586.

Clement, J. 1993 Using bridging analogies and anchoring intuitions to deal with students'preconceptions in physics. *Journal of Research in Science Teaching*, **30**, 1241-1257.
Duit, R, 1990 On the role of analogies, smiles, and metaphors in learning science. Paper presented at the Annual Meeting of the American Educational Research Association, Atlanta.
Fischbein, E. 1993 The theory of figural concept. *Educational Studies in Mathematic*, **24**, 139-162.
Gail, S. 1982 The shear joy of area. *Arithmetic Teacher*, **29**, 36-38.
Gick, M. L., & Holyoak, K. J. 1983 Schema induction and analogical transfer. *Cognitive Psychology*, **82**, 293-305.
Hashweh, M. Z. 1986 Toward an explanation of conceptual change. *European Journal of Science Education*, **8**, 229-249.
Hashweh, M. Z. 1988 Descriptive studies of students' conceptions in Science. *Journal of Research in Science Teaching*, **25**, 121-134.
Herrenkohl, L. R., & Guerra, M. R. 1998 Participant structures, scientific discourse, and student engagement in fourth grade. *Cognition and Instruction*, **16**, 433-475.
Herrenkohl, L. R., Palincsar, A. S., DeWater, L. S., & Kawasaki, K. 1999 Developing scientific communities in classrooms : A sociocognitive approach. *The Journal of the Learning Sciences*, **8**, 451-493.
金子賢太朗　平成16年度版　新訂小学校算数5年下　大日本図書
守屋誠司・進藤聡彦　1989　面積概念形成におけるコンピュータを利用したガバリエリの方法導入の試み　日本教育方法学会紀要, **15**, 109-116.
村山　功　1994　科学教育　日本児童研究所（編）　児童心理学の進歩　金子書房　pp.172-193.
Nystrand, M. 1997 *Opening dialogue : Understanding the dynamics of language and learning in the English classroom*. New York : Teacher College Press.
岡本夏木・清水御代明・村井潤一（監訳）1995　発達心理学事典　ミネルヴァ書房
Palincsar, A. S. 1986 The role of dialogue in providing scaffolded instruction. *Educational Psychologist*, **21**, 73-98.
Palincsar, A. S., & Brown, A. L. 1984 Reciprocal teaching of comprehension- fostering and comprehension-monitoring activities. *Cognition and Instruction*, **1**, 117-175.
Palincsar, A. S., Brown, A. L., & Campione, J. C. 1993 First grade dialogues for knowledge acquisition and use. In E. Forman, N. Minick & A. Stone (Eds.), *Contexts for learning : Sociocultural dynamics in children's development*. New York : Oxford University press. pp.43-57.
Palincsar, A. S., Collins, K., Marano, N., & Magnusson, S. J. 2000 Investigating the engagement and learning of students with learning disabilities in guided inquiry science teaching. *Language, Speech, and Hearing Services in the Schools*, **31**, 240-251.
Petire, H. G. 1979 Metaphor and learning. In A. Ortney (Ed.), *Metaphor and thought*. Cambridge : Cambridge University Press, pp.438-461.
Posner, G. J., Strike, K. A., Hewson, P. W., & Gertzog, W. A. 1982 Accommodation of a scientific conception : Toward a theory of conceptual change. *Science Education*, **66**, 211-227.
作間慎一　1983　図形に関する児童のつまずき，わかる授業, **23**, 11-14.
Saxe, G. B. 1988 Candy selling and math learning. *Educational Researcher*, **17**, 14-21.
Simons, P. R. J. 1984 Instructing with analogies. *Journal of Educational Psychology*, **76**, 513-527.
鈴木宏昭　1996　説明と類推による学習　波多野誼余夫（編）　認知心理学5　学習と発達　東京大学出版会　149-179.
高垣マユミ　2000　小学生は高さをどのようにとらえているのか——「日常的経験から得た高さ」と「平面図形における三角形の高さ」との関連　発達心理学研究, **11**, 112-121.
高垣マユミ　2001　高さのプリコンセプションを変容させる教授ストラテジーの研究　教育心理学研究, **49**, 274-284.
Vosniadou, S., & Brewer, W. F. 1987 Theories of knowledge restructuring in development. *Review of Educational Research*, **57**, 51-67.
Wong, E. D. 1993 Self-generated analogies as a tool for constructing and evaluating explanations of scientific phenomena. *Journal of Research in Science Teaching*, **30**, 367-380.
Wood, P., Bruner, J., & Ross, G. 1976 The role of tutoring in problem solving. *Journal of Child Psychology*, **17**, 89-100.
山口武志　1992　数学的概念の形成過程における不整合に関する研究（1）——不整合の類型化を中心に　数学教育学研究紀要, **18**, 19-27.

▼ 3章

Alper, T. G. 1946 Task-Orientasion vs Ego-Orientation in learning and retention, *Amer. J. Psychol.*, **59**, 236-24.
荒井龍弥・宇野　忍・工藤与志文・白井秀明　2001　小学生の動物概念学習における縮小過剰型誤概念の修正に及ぼす境界的事例の効果　教育心理学研究, **49**, 230-239.

荒井龍弥・宇野　忍・斎藤　裕・工藤与志文・白井秀明・舛田弘子　2004　誤った知識の保持状況と修正改訂に関する研究──小学生の誤概念はひとりでに修正されるのか　平成14, 15年度科学研究費補助金基盤研究C（1）研究成果報告書

Ausubel. D. P., & Robinson, F. G.　1969　School Learning : An intoroduction to Educational Psychology. New York : Holt, Rinehart and Winston, INC.

Gagné. R. M.　1964　The conditions of learning. New York : Holt, Rinehart and Winston, INC.　吉本二郎・藤田　統（共訳）1969　学習の条件　文理書院

細谷　純　2002　教科学習の心理学　東北大学出版会

細谷　純・高橋金三郎　1976　植物のつくりとはたらき　高橋金三郎（編）理科わかる教え方5年　国土社　pp. 9-40

加藤幸男　2003　植物の発芽と生長（5年）　極地方式研究会　第34回定期研究集会レポート

工藤与志文　2001　学校教育によって形成された縮小過剰型誤概念の一例──「ピーマンの実は光合成するか？」という問題について　教授学習心理学研究会研究報告，1，2-9

佐藤康司　1988　「音」東北大学教育心理学研究室授業検討会「水曜会」資料

白井秀明　1994　「いつつばし教室」日記（その1）　わかる授業の創造 2 - 1　44-49.

宇野　忍・工藤与志文・荒井龍弥・白井秀明　2003　授業による理科学力形成とその変化に関する縦断的研究──小学校理科における単元進行に伴う学力差は正をめざして　平成14年度科学研究費補助金特定領域研究『新世紀型理数科教育の展開研究』研究成果報告書

若菜　博・鈴木伸和・大日向純・辻　岳人　1995　植物の葉以外の部分は光合成しているか？──光合成教材化のための検証実験の方法・結果およびその意義　北海道教育大学附属教育実践研究指導センター紀要，14，21-27.

▼ 4章

安藤寿康・福永信義・倉八順子・須藤　毅・中野隆司・鹿毛雅治　1992　英語教授法の比較研究──コミュニカティヴ・アプローチと文法的アプローチ　教育心理学研究，40，247-256.

Biggs, J. B., & Telfer, R.　1981　The Process of learning. New South Wales, Australia : Prentice-Hall of Australia Pty.　並木　博・岩田茂子・藤谷智子・長井　進（共訳）1985　教師と親のための心理学──教育と学習の過程 A : 基礎編　啓明社　57-54.

Carpenter, T. P., Fennema, E., Peterson, P. L., Chiang, C-P., & Loef, M.　1989　Using knowledge of children's mathematics thinking in classroom teaching : An experimental study. American Educational Research Journal, 26（4），499-531.

Cronbach, L. J. (Ed.)　2002　Remaking the concept of aptitude : Extending the legacy of Richard E. Snow. LEA, New Jersey : Mahwah. pp.117-123.

Cronbach, L. J. Gleser, G. C., Nanda, H., & Rajaratnam, N.　1972　The dependability of behavioral measurements : Theory of generalizability for scores and profiles. New York : Wiley.

Glaser, R.　1976　Components of a psychology of instruction : Toward a science of design. Review of Educational Research, 46, 1-24.

鹿毛雅治・並木　博　1990　児童の内発的動機づけと学習に及ぼす評価構造の効果　教育心理学研究，38（1），36-45.

倉八順子　1993　コミュニカティブ・アプローチ，及び外国人講師とのティームティチングが学習成果と学習意欲に及ぼす効果　教育心理学研究，41，209-220.

倉八順子・安藤寿康・福永信義・須藤　毅・中野隆司・鹿毛雅治　1992　コミュニカティブ・アプローチと学業意欲　教育心理学研究，40，304-314.

Lepper, M. R., Drake, M., & O'Donnell-Johnson, T. M.　1997　Scaffolding techniques of expert human tutors. In K. Hogan & M. Pressley（Eds.），Scaffolding student learning : Instructional approaches and issues. New York: Brookline Books. 108-144.

Lepper, M. R., & Woolverton, M.　2002　The wisdom of practice : Lessons learned from the study of highly effective tutors.In J.Aronson（Ed.），Improving academic achievement : Impact of psychological factors on education. London, UK : AP. 135-158.

Matthews, G., Davies, D. R., Westerman, S. J., & Stammers, R. B.　2000　Human performance : Cognition, stress, and individual differences. Sussex, UK : Psychology Press. 164-176.

並木　博　1993　教授・学習研究におけるATIパラダイムと適性理論　教育心理学年報　日本教育心理学会，32，117-127.

並木　博　1997　個性と教育環境の交互作用──教育心理学の課題　培風館

並木　博（編）2004a　教育心理学へのいざない（第2版）　八千代出版

並木　博　2004b　教授・学習と学習指導　「学校心理士」認定運営機構（企画・監修）　講座「学校心理士

──理論と実践」1　学校心理士と学校心理学　北大路書房　pp.89-94.
Namiki. H., & Hayashi, J.　1977　Determination of optimal instructional treatment in ATI of two aptitude dimensions and multiple treatments. *Japanese Psychological Research*, **19**（2）, 56-67.
並木　博・安藤寿康・鹿毛雅治・中野隆司・福永信義・倉八順子　1993　コミュニカティブ・アプローチの方法論とその成果に関する実証的研究　平成3，4年度科学研究費研究報告書（課題番号：03610137）
Peterson, P. L.　1976　Interactive effects of student anxiety, achievement orientation, and teacher behavior on student achievement and attitude.（Doctoral dissertation）, Stanford University, Dissertation Abstracts International, **37**A, p.2750.
Peterson, P. L.　1977　Interactive effects of student anxiety, achievement orientation, and teacher behavior on student achievement and attitude. *Journal of Educational Psychology*, **69**, 779-792.

▼ 5章

馬場敏男　2000　算数を創る力を育てる指導　埼玉大学教育学部附属小学校（編）　小学校教育研究協議会要項
　　──自らの学びをつくる授業の創造　埼玉大学教育学部附属小学校　pp.195-204.
金本良通　1998　数学的コミュニケーション能力の育成　明治図書
金本良通　2002　学び方・考え方に重点を置いた新領域の提案　新算数教育研究会（編）　新しい算数研究，**372**, 108-109.
国立教育政策研究所　2002　小学校理科評価規準の分析表をホームページより見ることができる
　　・http://www.nier.go.jp/kaihatsu/houkoku/saisyu.htm
国立教育政策研究所教育課程研究センター　2003　平成13年度小中学校教育課程実施状況調査報告書・小学校算数　東洋館出版社
教育出版　2002　小学算数編集の趣旨と特色　教育出版
夏井第一小学校　2004　平成16年度算数科授業研究会要項　福島県小野町立夏井第一小学校
八嶋真理子　2002　変化に着目して追究する子どもを支援する話し合いの場の設定　森本信也（編）　論理を構築する子どもと理科授業　東洋館出版社　p.65.

▼ 6章

Brown, G. A., & Edmondson, R.　1984　Asking questions. In Wragg, E. C.（Ed.）, *Classroom Teaching Skills*. New York : Groom Helm.
Chang, D., & Wilson, C.　2004　Towards criteria for visual layout of instructional multimedia interface. *Journal of Educational Technology System*, **32**, 3-29.
Dwyer, F. M. Jr.　1967　Adapting visual illustration for effective learning. *Harvard Educational Review*, **37**, 250-263.
市川寛子・牧野順四郎　2004　刺激表情に対する観察者の同調表情　心理学研究, **75**, 142-147
海保博之　1992　一目でわかる表現の心理技法──文書・図表・イラスト　共立出版
Knapp, M. L.　1972　*Nonverbal communication in human interaction*. New York : Holt, Reinehart and Winston.　ナップ，M. L.　牧野成一・牧野康子（共訳）　人間関係における非言語的情報伝達　東海大学出版会
河野義章　1988　教師の親和的手がかりが子どもの学習に及ぼす影響　教育心理学研究，**36**, 161-165.
河野義章　1991　授業者はいかなるジェスチャーを使うか　日本教育心理学会第33回総会発表論文集, 583-584.
河野義章　1995　文章題解答中の非言語的行動の表出と読みとりに関する研究　風間書房
河野義章　1998a　非言語的手がかりによる授業者の不安の読みとり　第40回日本教育心理学会総会発表論文集 p.284.
河野義章　1998b　授業者の不安評定において利用される非言語的手がかり──表情を中心に　シンポジウム：子どもの顔・教師の顔　第62回日本心理学会大会発表論文集　S61
河野義章　2001　子どもたちは教師の姿勢を読みとれるか　第43回日本教育心理学会総会発表論文集
河野義章　2004　高不安授業者の非言語的行動の表出──自然な微笑みと不自然な微笑み　第46回日本教育心理学会総会発表論文集
河野義章・新野泰顕　2002　教師の姿勢の分類基準（TP2002）の開発　第18回日本教育工学会発表論文集，627-628.
南本長穂　1984　教師の板書技能に関する調査研究　視聴覚研究，**15**, 19-25.
Neill, S.　1989　The effect of facial expression and posture on children's reported responses to teacher nonverbal communication. *British Educational Research Journal*, **15**, 195-204.
大河原　清　1983　教師の言語的行動に伴う身体動作が児童・生徒の学習に及ぼす影響　日本教育工学雑誌，**8**, 71-85
大塚講話會　1926　實演お話集9　隆文館
大塚講話会創立七十五周年記念事業実行委員会　1989　復刻版　實演お話集　大空社

Robinson, D. H., & Kiewra, K. A. 1995 Visual argument : Graphic outlines are superior to outlines in improving learning from text. *Journal of Educational Psychology*, **87**, 455-467.
Rowe, M. B. 1974 Wait time and reward as instructional variables : ; their influence on language, logic, and fate control. *Journal of Research in Science Teaching*, **11**, 81-94.
清水康敬・安隆　模　1976　板書文字の適切な大きさに関する研究　日本教育工学雑誌，**1**，pp.169-176.
Smith, K. U., & Smith, M. F. 1966 *Cybernetic Principles of Learning and educational Design*. New York : Holt, Rinehart and Winston. 長谷川淳世（訳）1968　教育工学入門　上　明治図書
田村菜穂子　2004　授業者の板書技術に関する研究　平成16年度卒論中間発表レジュメ集（東京学芸大学教育心理学講座）**12**
Wragg, E .C., & Brown, G. 2001 *Explaining in the Primary School*. London : Routledge Falmer.

▼ 7章

秋田喜代美　1995　教えるといういとなみ──授業を創る思考過程　佐藤　学（編）教室という場所　国土社　pp.46-85.
有川　誠・丸野俊一　1998　発熱体に対して中学生が持つメンタルモデルの分析　教育心理学研究，**46**，58-67.
Doyle, W. 1986 Classroom organization and management. In M. C. Wittrock (Ed.), *Handbook of research on teaching*, 3 rded. New York : Macmillan. pp.393-431.
Holt-Reynolds, D. 1992 Personal history-based beliefs as relevant prior knowledge in course work. *American Educational research Journal*, **29**（2）, 325-349.
Kagan, D. M. 1992 Professional growth among preservice and beginning teachers. *Review of Educationa Reserach*, **62**（2）, 129-169.
丸野俊一　1996　プロとしての教師への道のり（1）（2）（3）──熟達研究からの提言　児童心理（特別企画）2〜4月号　金子書房
丸野俊一　2002　自己表現力と創造的・批判的思考を育むディスカッション教育に関する理論的・実践的研究　平成11〜13年度科研（基盤研究A：課題番号11301004）　成果報告書
Mercer, N. 1996 The quality of talk in children's collaborative activity in the classroom. *Learning and Instruction*. **6**, 359-377.
O'Connor, M. C., & Michaels, S. 1993 Aligning academic task and participation status through revoicing: Analysis of a classroom discourse strategy. *Anthropology and Education Quarterly*, **24**, 318-335.
佐藤　学・岩川直樹・秋田喜代美　1990　教師の実践的思考様式に関する研究（1）──熟練教師と初任教師のモニタリングの比較を中心に　東京大学教育学部紀要，**30**，177-198.
Shuell, T. J. 1996 Teaching and learning in a classroom context. In D. C. Berliner & Calfee. R. C. (Eds.), *Handbook of educational psychology*. New York : Macmillan. pp.726-764.
Sternberg, R. J., & Horvath, J. A. 1995 A prototype view of expert teaching. *Educational Research*, **24**, 9 -17.

▼ 8章

Alexander, P. A., & Murphy, P. K. 1998 Profiling the differences in students' knowledge, interest, and strategic processing. *Journal of Educational Psychology*, **90**, 435-447.
Alexander, P. A., & Murphy, P. K. 1999 Learner profiles : Valuing individual differences within classroom communities. In P. L. Ackerman, P. C. Kyllonen, & R. D. Roberts (Eds.), *Learning and individual differences : Process, trait, and content determinants*. Washington, D. C. : American Psychological Association. pp.413-436.
Bellack, A. A., Kliebard, H. M., Hyman, R. T., & Smith, F. L. 1966 *The language of the classroom*. New York : Teachers College Press. 木原健太郎・加藤幸次（訳）1972　授業コミュニケーションの分析　黎明書房
Cazden, C. 1988 Classroom discourse : *The Language of teaching and learning*. Portsmouth, NH : Heinemann.
Flanders, N. A. 1970 *Analyzing teaching behavior*. Reading, Mass. Addison-Wesley.
Gee J. P. 1999 *An introduction to discourse analysis : Theory and method*. London : Routledge.
八田昭平　1961　授業における集団と個の思考の発展過程──授業分析試論（3）　名古屋大学教育学部紀要，**10**，187-203
八田昭平　1962　授業における目標の設定とその実現──授業分析試論（2）　名古屋大学教育学部紀要，**9**，123-146.
八田昭平　1963a　授業におけるつまづきと子どもの思考の発展──授業分析試論（1）　名古屋大学教育学部紀要，**7**，94-117.
八田昭平　1963b　授業分析の立場と視点　重松鷹泰・上田　薫・八田昭平（編著）授業分析の理論と実際　黎明書房
八田昭平　1990　授業分析　細谷俊夫・奥田真丈・河野重男・今野喜清（編集代表）新教育学大辞典　第4巻

第一法規出版　pp.76-77.
Hicks, D.　1995　Discourse, learning and teaching. *Review of Research in Education*, **21**, 49-95.
Horwitz, E. K.　1987　Surveying students' beliefs about language learning. In Wenden, A & Rubin, J. (Eds.) *Learner strategies in language learning*. London : Prentice Hall. 119-129.
磯田貴道　2004　生徒のプロファイリング　三浦省五（監修）　英語教師のための教育データ分析入門──授業が変わるテスト・評価・研究　大修館書店
加藤幸次　1977　授業のパターン分析　明治図書
木原健太郎　1958　教育過程の分析と診断　誠信書房
Kojic-Sabo, I., & Lightbown, P. M.　1999　Students' approaches to vocabulary learning and their relationship to success. *Modern Language Journal*, **83**, 176-192.
岡田　猛　1997　発話の分析　中澤　潤・大野木裕明・南　博文（編著）　心理学マニュアル観察法　北大路書房　pp.122-133.
齋藤幸一郎　1986　個に帰する教育　齋藤幸一郎・並木　博（編）　教育心理学──個に帰する教育のために　慶應通信　149-161.
柴田好章　2002　授業分析における量的手法と質的手法の統合に関する研究　風間書房
重松鷹泰　1961　授業分析の方法　明治図書
下山幸成・磯田貴道・山森光陽　2002　学習観がCALL教室における英語学習の成果に及ぼす影響──クラスター分析を用いた学習者プロファイリング　*JALT Journal*, **24**, 155-166.
Snow, R. E., Corno,L., & Jackson, D. III　1996　Individual differences in affective and conative functions. In D.C. Berliner,& R. C. Calfee (Eds.), *Handbook of educational psychology*. New York: Macmillan Library Reference USA. 243-310.
髙垣マユミ　2004　理科授業の協同学習における発話事例の解釈的分析　教育心理学研究, **52**.
當眞千賀子　2001　教室の談話分析　やまだようこ・南　博文・サトウタツヤ（編著）　カタログ現場（フィールド）心理学：表現の冒険　金子書房　pp.20-27.
Turner, J. C., Thorpe, P. K., & Meyer, D. K.　1998　Students' reports of motivation and negative affect : A theoretical and empirical analysis. *Journal of Educational Psychology*, **90**, 758-771.
宇佐見まゆみ　1999　談話の定量的分析　日本語学　40-56.
渡辺雅子　2003　歴史の教授法と説明のスタイル──日米小学校の授業比較から　渡辺雅子（編）　叙述のスタイルと歴史教育──教授法と教科書の国際比較　三元社　pp.41-70.
Wertsch, J. V.　1998　*Mind as action*. New York : Oxford University Press.　佐藤公治・黒須俊夫・上村佳世子・田島信元・石橋由美（訳）　2002　行為としての心　北大路書房

▎9章

安藤輝次　2003　ポートフォリオで総合的な学習を創る　図書文化
Bloom. B. S., Hastings, J. T., & Madaus, G.　1971　*Handbook on Formative and Summative Evaluation of Student Learning*. New York : McGraw-Hill.　梶田叡一・渋谷憲一・藤田恵爾（訳）　1973　教育評価法ハンドブック──教科学習の形成的評価と総括的評価，学習評価ハンドブック（上），（下）　第一法規
中央教育審議会　2003　初等中等教育における当面の教育課程及び指導の充実・改善方策について
福岡県教育委員会・福岡県教育センター（編）　2003　学習指導の改善をめざす目標に準拠した評価の在り方1　国語科，社会科，算数・数学科，理科，英語科　福岡県教育センター研究紀要, **142**.
福岡教育大学附属福岡中学校　1978　形成的評価による授業改造　明治図書
福岡教育大学附属福岡中学校　1982　情意面の評価を生かした授業設計──関心・態度の評価をめざして　明治図書
福岡教育大学附属福岡中学校　1985　「個のよさ」を伸ばす授業の展開──個別化・個性化をめざして　明治図書
福岡教育大学附属福岡中学校　1991　自己を創る選択学習の展開──中学校における個性化教育の実践　黎明書房
福岡教育大学附属小倉小学校　2003　豊かな学びをひらく教育課程の創造──各教科・領域における「学び方」に着目した評価と支援の工夫　コロニー印刷
福岡教育大学附属教育実践総合センター（編）　2003　目標に準拠した評価の進め方
Glauert, E.　1996　*Tracking Significant Achievement in Primary Science*. London : Hodder & Stoughton Limited　鈴木秀幸（訳）　1999　教師と子供のポートフォリオ評価　論創社
井上正明　1986　教育評価を理解する　池田貞美（編）　教育実践心理学　北大路書房　pp.209-223.
井上正明　1988　教育評価の対象　松原達哉・小熊　均（編）　教育評価　実践教職課程講座11　日本教育図書センター　pp.37-67.
井上正明　1995　新学力観と支援システム　近代文藝社

井上正明　1997　学生の理解状況を確認する「自由コメント法」の実践——「支援システム論」に立つ大学授業の改善（Ⅰ）　福岡教育大学紀要，**46**（4），135-155.

井上正明　1997　学生の自ら学ぶ意欲を重視する自学の実践——「支援システム論」に立つ大学授業の改善（Ⅱ）　福岡教育大学紀要，**47**（4），101-117.

井上正明（編）　2000　教育評価読本　教育開発研究所

井上正明　2003a　絶対評価とその活用の仕方　高階玲治（編）　誰もが活用したい「確かな学力の形成」100の実践ポイント　教育開発研究所　pp.182-183.

井上正明　2003b　3-15. 関心・意欲・態度の評価　安彦忠彦（編）　校長・教頭教育課題・学力向上の最新課題　管理職教養ミニマム・エッセンシャルズ4　教育開発研究所　pp.117-119.

井上正明　2004　「教育評価学」連続講義（Ⅴ）——学校の自己点検・自己評価から学校評価へ　福岡教育大学紀要，**53**（4），113-148.

井上正明　2005　「確かな学力」の育成・向上を目指した指導と評価——実践的教育評価学の構築の試み　福岡教育大学紀要，**54**（4），157-191.

梶田叡一・愛知県東浦町立緒川小学校　1985　自己学習能力の育成と評価　明治図書

梶田叡一・下館市立下館小学校　1986　形成的評価の目標分析と授業設計　明治図書

梶田叡一・下館市立下館小学校　1988　形成的評価による学力保障と成長保障　明治図書

梶田叡一・静岡大学附属浜松中学校　1981　子どもが生きる確かな授業：多様な学習活動と形成的評価　第一法規

梶田叡一・静岡大学附属浜松中学校　1984　自己学習能力の育成　明治図書

加藤幸次・安藤輝次　1999　総合学習のためのポートフォリオ評価　黎明書房

北尾倫彦　1993　新しい学力観を生かす先生　図書文化

国立教育政策研究所教育課程研究センター　2002　評価規準の作成，評価方法の工夫改善のための参考資料（小学校）（中学校）——評価規準，評価方法等の研究開発（報告）

教育開発研究所編集部（編）　2001　新指導要録全文と要点解説　教育開発研究所

教育課程審議会　2000　児童生徒の学習と教育課程の実施状況の評価の在り方について

文部科学省　2001　小学校児童指導要録，中学校生徒指導要録，高等学校生徒指導要録，中等教育学校生徒指導要録並びに盲学校，聾学校及び養護学校の小学部児童指導要録，中学部生徒指導要録及び高等部生徒指導要録の改善等について（通知）

西岡加名恵　2003　教科と総合に活かすポートフォリオ評価法——新たな評価基準の創出に向けて　図書文化

小田勝巳　1999　ポートフォリオ学習と評価　学事出版

大阪学芸大学心理学教室　1966　学業不振児の教育心理学的研究　教育心理学年報　pp.43-62.

大隅紀和　2000　総合学習のポートフォリオと評価　黎明書房

Puckett, M. B., & Black, J. K.　1994　*Authentic Assessment of the Young Child*, New York : Macmillan.

Shaklee, B. D., Barber, N., Anbrawth, R., & Handsford, S.　1977　*Designing and Using Portfolios*, Boston : Allyn and Bacon　田中耕治（監訳）　2001　ポートフォリオをデザインする——教育評価への新しい挑戦　ミネルヴァ書房

渋谷憲一　2003　教育評価の基礎　教育出版

下村哲夫（編）　1996　新しい学力観　下村哲夫（編）　シリーズ・現代の教育課題に挑む1　ぎょうせい

高階玲治（編）　2004　今日から始める「確かな学力」指導の基礎・基本　今日から始める実践課題の基礎・基本6　教育開発研究所

高浦勝義　2000　ポートフォリオ評価法入門　明治図書

田中耕治（編）　2002　新しい教育評価の理論と方法［Ⅰ］理論編　［Ⅱ］教科・総合学習編　日本標準

田中耕治（編）　2003　教育評価の未来を拓く——目標に準拠した評価の現状・課題・展望　ミネルヴァ書房

有働一　2002　第6学年学習指導案　黒木町立田代小学校（編）　自ら学び自ら考えよりよく問題を解決する学習指導——子供の問いが連続・発展する学習過程の工夫を通して　福岡県黒木町立田代小学校

Wiggins, G. P.　1998　*Educative Assessment : Designing Assessment to Inform and Improve Student Performance*. SanFranciso : Jossey-Bass.

▼ 10章

Engeström, Y. A.　1987　*Learning by Expanding*. Helsinki : Orienta-konsultit.　山住勝広・松下佳代他（訳）　1999　拡張による学習　新曜社

市川伸一（編著）　1997　学習を支える認知カウンセリング——心理学と教育の新たな接点　ブレーン出版

市川伸一　1998　開かれた学びへの出発　金子書房

市川伸一　2004　学ぶ意欲とスキルを育てる　小学館

授業を考える教育心理学者の会　1999　いじめられた知識からのメッセージ——ホントは知識が「興味・関心・意欲」を生み出す　北大路書房

小泉秀夫　1987　「考えさせる発問」を考える　理数――中理編　**26**（1）　啓林館　pp.8-9.
小泉秀夫　1994　新しい学力観の下における学力の維持と向上　教育展望　**40**（1）　教育調査研究所　pp.30-39.
小泉秀夫　1997　新しい授業のあり方をめぐって　理科教育学会（編）　理科の教育　**46**（5）　pp.54-57.
小泉秀夫　1997　授業における教育目標レベルと学習活動レベルについて――教育内容・教材概念に関わって　日本教育方法学会紀要**22**　pp.67-75.
小泉秀夫　2002　学習カウンセリング実践報告集　小泉研究室
国立教育研究所　1997　中学校の数学教育・理科教育の国際比較――第三回数学・理科教育調査報告書　国立教育研究所紀要**127**
国立教育政策研究所（編）　2001　数学教育・理科教育の国際比較・第3回数学・理科教育調査の第二段階調査報告書　ぎょうせい出版
国立教育政策研究所（編）　2002　生きるための知識と技能――OECD生徒の学習到達度調査（PISA）2000年調査報告書　ぎょうせい出版
国立教育政策研究所（編）　2004　生きるための知識と技能2――OECD生徒の学習到達度調査（PISA）2003年調査報告書　ぎょうせい出版
松下佳代　2003　〈2つの学力〉論を超えて――学力の活動論的アプローチ　新しい学びと知の創造　日本教育方法学会（編）　図書文化　pp.85-98.
中村桂子　1999　NHK人間講座　4～6月テキスト序文
佐伯胖　1993　考えることの教育　国土社　pp.176-177.
佐伯胖　1982　学力と思考　教育学大全集16　第一法規
佐藤学　1995　学びの対話的実践へ　学びへの誘い――シリーズ学びと文化①　東京大学出版会　pp.49-91.
Stigler, J. W. & Hiebert, J.　1999　*The Teaching gap : best ideas from the world's teach for improving education in the classroom*. New York : Free Press.　湊三郎（訳）2002　日本の算数・数学教育に学べ　教育出版　p.74.
渡辺良　2000　OECD「生徒の学習到達度調査（PISA）」のフレームワーク　国立教育研究所紀要**129**　pp.23-41.

人名索引

●A
アレクサンダー（Alexander, P.A.）　163,164
オルパー（Alper, T.G.）　43
オーズベル（Ausbel, D.P.）　38

●B
バーコヴィッツ（Berkowitz, M.W.）　6,9
ブルーム（Bloom, B.S.）　192
ブラウン（Brown, A.L.）　3
ブラウン（Brown, G. A.）　106

●C
カーペンター（Carpenter, T.P.）　65
キャズデン（Cazden）　170
チャン（Chang, D.）　117
クレメント（Clement, J.）　26
コール（Cole, M.）　3

●D
ドイル（Doyle, W.）　132
ドワイヤー（Dwyer, F.M.Jr.）　119

●E
エンゲストローム（Engeström, Y.A.）　3

●F
フランダース（Flanders, N.A.）　160

●G
ガーニエ（Gagné, R.M.）　34
ジー（Gee, J.P.）　169
グレーザー（Glaser, R.）　56,62

●H
ハッシュウェー（Hashweh, M.Z.）　22

八田照平　160
ヘレンコール（Herrenkohl, L.R.）　28
細谷　純　35,39,41,42

●I
市川伸一　215,216,219
井上正明　182,183,191

●K
海保博之　106,120
梶田叡一　192
金本良道　81
河野義章　110,111,112,114
北尾倫彦　182
ナップ（Knapp, M.L.）　110
小泉秀夫　214
コジック－サボ（Kojic-Sabo, L.）　163

●L
レッパー（Lepper, M.R.）　58,60
ライトバウン（Lightbown, P.M.）　163

●M
麻柄啓一　210
丸野俊一　5,6,134
マーサー（Mercer, N.）　144
マーフィー（Murphy, P.K.）　163

●N
中村桂子　219
ネイル（Neill, S.）　114
ノバック（Novak, J.D.）　12

●O
オコーナー（O'Connor, M.C.）　146

●オルソリーニ（Orsolini, M.） 6,7

●P
パリンサー（Palincsar, A.S.） 28
ピーターソン（Peterson, P.L.） 67
ポンテコルボ（Pontecorvo, C.） 6,8

●S
佐伯胖 207,216
佐藤学 135,211
渋谷憲一 189
白井秀明 36,51
シュエル（Shuell, T.J.） 131,150
スキナー（Skinner, B.F.） 57,75
スミス（Smith, K.U.） 119
スミス（Smith, M.F.） 119

●T
高垣マユミ 8,9,11,13,14,20,21,24,171
田中耕治 189
ターナー（Turner, J.C.） 164

●U
有働功一 186
宇野忍 50

●W
ワーチ（Wertsch, J.V.） 175
ウイルソン（Wilson, C.） 117

●Y
山本俊輔 138

事項索引

●あ
新しい学力観 182,217
アナロジー 25

●い
一斉授業 74
一般化可能性理論 69
INSPIREモデル 60

●え
ATI 64,65,72,76
援助者 52

●お
教えずに考えさせる授業 215
教えて考えさせる授業 215
オペラント条件づけ 57

●か
回帰直線 63,65,69,71,75
階層的クラスター分析 163
概念地図作成法 12
概念変容モデル 22

鍵概念 106
学習環境 212,218
学習機能 150
学習指導計画 85
学習者の対人関係 185
学習者プロファイリング 163,167
学習相談 219
学習内容の構造化 81
学習評価 97
学習プリント 202
学習目標の設定 80
覚醒水準 64
拡張による学習 3
学力論 207
隠れた教授スキル 132
課題関与状況 43
課題の引き出し方 88
価値づけ 96
カリキュラム 206
観察・実験の技能・表現 98
観察法 195
鑑賞する活動 217
関心・意欲・態度 97,190

●き
機械的学習　38
聞き取る力　151
聴く力尺度　155
記号のレベル　40
既得特性　184
技能・表現　190
教育内容　206
教育目標　183,207
教訓帰納　220,221
教材　206
教材の提示法　115
教師のジェスチャー　112
教師の姿勢　111
教師の表情　114
教師のプランニング　134
教授学習過程　161
教授活動　183
教授スキル　126
教授方略　29
吟味する活動　217

●く
具体物のレベル　40
クラスター分析　163
グラマティカル・アプローチ（GA）　72

●け
形成的評価　193
結果の知識　59

●こ
交互作用　65,69,74
交叉　66
交叉のあるATI　67
構造　106
構造化　67,68,76
誤概念　18
国際学習到達度調査　209
個人差　162
個人差要因の暫定的分類　162
個人指導　57
個人指導　76
子どもの姿　215
コミュニカティブ・アプローチ（CA）　72
コミュニケーション場面　110
誤ルール　45

●さ
再生的問題解決　36
最適化　67
作品法　196
参加者の構造　30

●し
CALL　164
自我関与状況　43
思考・判断　190
自己形成　125
自己啓発　125
自己説明　220
自己内対話　125
自己評価　71
自己評価法　197
実行過程　126
実践的思考　129
指導案　87,90
指導計画　93
指導要録の改訂　185
指導枠組み　28
社会の構成主義　131
社会的相互作用　5
社会・文化的アプローチ　175
重回帰分析　73
習熟度別指導　199
収束型問題　212
集団に準拠した評価　189
授業過程のモニタリング　154
授業分析　160
熟達者　134
熟練教師　134,137
主効果　65,74
状況依存的　133
ジョンソン－ネイマン・テクニック　66
真偽法　202
真正な質問　30
診断的評価　193
新任教師　136

索　引

●す
school learning　56
図版オーガナイザー　117
図表の種類　119
図表のレイアウト　117
スモール・ステップ　57

●せ
生産的問題解決　36
生態学的妥当性　70,71
世界図絵　119
絶対評価　189
説明　104
説明の要素　106
先行オーガナイザー　117
先制攻撃　107
前提項の選びすぎ　47
前提項の選びまちがえ　46

●そ
総括的評価　193
相互教授　27
相互教授モデル　27
相互作用のスタイル　9
相互作用分析　160
相互評価法　197
操作的トランザクション　6
相対評価　71,189
即時強化　58
ソクラテス的方法　60
即興的思考　137
素朴概念　18

●た
高さの概念　21
他者間対話　125
単元目標　90
談話分析　169

●ち
チェックリスト　202
知識・理解　190
知の起源　149
長期断続的な活動　218

●て
訂正法　202
ティーチング・マシン　57,75
適応範囲の拡大過剰　48
適応範囲の縮小過剰　49
適性処遇交互作用　64,65,72,76
テスト法　196

●と
到達度評価　71
討論過程　11
TD（トランザクティブ　ディスカッション）　6

●に
認知的葛藤　14,23
認知的構成主義　131

●は
橋渡しモデル　25
発展的な学習　85
発話カテゴリー　6
半記号・半具体物のレベル　40
板書　115

●ひ
PISA調査　209
BALLI　164
非言語的行動　110
評価活動　183
評価基準　189,191
評価の方法　194
評価の役割　183
表象的トランザクション　6

●ふ
振り子型モデル　10
プリコンセプション　18,19
プログラム学習　57,68

●ほ
ポートフォリオ評価法　197
補充的な学習　85

●ま
マッチング　74
学びの文化　218
学びを開く　215
マルチメディア　115

●み
ミスマッチング　74,76
未来志向的　147

●め
メタ認知　220

●も
目標に準拠した評価　189
問題解決　40,213
問題の与え方　88

●や
ヤーキス・ダッドソンの法則　64

●ゆ
有意味学習　38
ゆさぶり　170

●よ
よい説明の条件　108
予測的妥当性　63

●り
リアリズム論争　120
リテラシー　209
リボイスイング　146

●る
ルールシステム　35
ルールづくり　144
ルバー・システム　46

●わ
分かちもたれる認知　2

▼ 執筆者紹介 (執筆順)

高垣マユミ	津田塾大学国際関係学科教授・博士（心理学／教育学）	
	編集，序章，1章，2章	
宇野　　忍	仙台白百合女子大学人間学部教授	
	3章	
並木　　博	早稲田大学名誉教授・教育学博士	
	4章	
金本　良通	埼玉大学教育学部教授	
	5章	
森本　信也	横浜国立大学教育人間科学部教授・博士（教育学）	
	5章	
河野　義章	昭和女子大学人間社会学部特命教授・博士（心理学）	
	6章	
丸野　俊一	九州大学大学院人間環境学研究院教授・教育学博士	
	7章	
山森　光陽	国立教育政策研究所初等中等教育研究部研究員	
	8章	
富田　英司	愛媛大学教育学部准教授	
	8章	
井上　正明	元第一福祉大学教授・教育学博士	
	9章	
小泉　秀夫	横浜国立大学教育人間科学部教授	
	10章	

授業デザインの最前線
理論と実践をつなぐ知のコラボレーション

| 2005年3月10日 | 初版第1刷発行 |
| 2013年9月20日 | 初版第7刷発行 |

＊定価はカバーに表示してあります。

編　著　者　　高垣マユミ
発　行　所　　㈱北大路書房

〒603-8303　京都市北区紫野十二坊町12-8
電　話　(075) 4 3 1 - 0 3 6 1 ㈹
F A X　(075) 4 3 1 - 9 3 9 3
振　替　0 1 0 5 0 - 4 - 2 0 8 3

©2005　　　　制作／見聞社　印刷・製本／シナノ書籍印刷㈱
検印省略　乱丁・落丁本はお取り替えいたします。
　　　　ISBN978-4-7628-2423-4　　Printed in Japan

・ JCOPY 〈㈳出版者著作権管理機構 委託出版物〉
本書の無断複写は著作権法上での例外を除き禁じられています。
複写される場合は，そのつど事前に，㈳出版者著作権管理機構
（電話 03-3513-6969,FAX 03-3513-6979,e-mail: info@jcopy.or.jp）
の許諾を得てください。